Memorias De Don Manuel Godoy, Príncipe De La Paz, Ó Sea Cuenta Dada De Su Vida Política, Para Servir A La Historia Del Reinado Del Señor Don Carlos Iv De Borbón, 3...

Manuel de Godoy

Nabu Public Domain Reprints:

You are holding a reproduction of an original work published before 1923 that is in the public domain in the United States of America, and possibly other countries. You may freely copy and distribute this work as no entity (individual or corporate) has a copyright on the body of the work. This book may contain prior copyright references, and library stamps (as most of these works were scanned from library copies). These have been scanned and retained as part of the historical artifact.

This book may have occasional imperfections such as missing or blurred pages, poor pictures, errant marks, etc. that were either part of the original artifact, or were introduced by the scanning process. We believe this work is culturally important, and despite the imperfections, have elected to bring it back into print as part of our continuing commitment to the preservation of printed works worldwide. We appreciate your understanding of the imperfections in the preservation process, and hope you enjoy this valuable book.

MEMORIAS

DE

DON MANUEL GODOY

PRÍNCIPE DE LA PAZ.

TOMO III.

Paris. — Imprenta PANCKOUCKE, calle des Poitevins, 14.

MEMORIAS
DE
DON MANUEL GODOY
PRÍNCIPE DE LA PAZ,

Ó SEA

CUENTA DADA DE SU VIDA POLÍTICA;

PARA SERVIR

A LA HISTORIA DEL REINADO

DEL SEÑOR DON CARLOS IV DE BORBON.

ÚNICA EDICION ORIGINAL,
Publicada por el mismo Príncipe.

Semper ego auditor tantum? Nunquamne reponam?

TOMO TERCERO.

PARIS
LIBRERIA AMERICANA DE LECOINTE Y LASSERRE,
Quai des Augustins, n° 49.

1839

·308978

MEMORIAS

DEL

PRÍNCIPE DE LA PAZ.

PARTE SEGUNDA.

CAPITULO PRIMERO.

Breve reseña de los trabajos de la Europa en los dias de la dominacion de Bonaparte.—Recuerdos de aquel tiempo acerca de la España.

Muchos fueron los que al rayar del nuevo siglo, se imaginaron ver la aurora de una larga serie de dias claros y felices para el mundo de la Europa; muchos los que pensaron que el cielo suspendia ó revocaba sus decretos de plagas y trabajos al linage de los hombres. Dios envia al mundo, á lo largo de los tiempos, ciertos hombres extraordinarios, unos para remedio, y otros para castigo de la tierra. ¿Cuál de estas dos misiones le fué dada al domador y al heredero de la república francesa? Los que creian de buena fé en el progreso indefinido de la virtud humana, saludaron su aparicion como un presente de lo alto, como el alumbramiento ya llegado de tres siglos de labor y de faena de las luces. El prestigio fué tal, que de uno y otro campo de hombres nuevos y hombres viejos, de amigos y enemigos de la vuelta que daban nuestros tiempos, la expectacion fué igual entre un gran número de pensadores y políticos. Esta ilusion tenia colores poderosos. ¿Quién como el nuevo gefe de la Francia tuvo mas á su mano dar al mundo la iniciativa y el estímulo del ejemplo para todo lo bueno, para todo lo provechoso, para todo lo grande y elevado en la prosecucion tranquila de los bienes que faltaban á los gobiernos y á los pueblos? ¿quién dar á las ideas y á los principios extremados que proclamó la Francia su verdadera inteligencia? ¿quién poner de acuerdo con mayor poder y con influencia mas segura lo pasado y lo presente, quitando de ambas partes las pretensiones imposibles? ¿quién templar y corregir las pasiones turbulentas, purificar los sentimientos patrióticos, apartar las escorias y hacer salir el oro puro? ¿quién dar al mundo el espectáculo de un imperio asentado sobre la voluntad reunida y bien ganada de los pueblos, fuerte en principios sanos de administracion y de gobierno, fuerte en armas, fuerte sobre todo por la adopcion de las ideas eternas de religion, de moral, de justicia y de una cuerda libertad de que la Europa entera se encontraba sedienta? ¿quién en los fastos de la historia, dentro de la esfera humana, tuvo mas medios y recursos para cambiar la tierra sin violencias ni trastornos, y realizar los siglos fabulosos de Saturno y de Astrea? ¿quién dió en fin á la Europa mejores esperanzas en alguna edad pasada? Reprimida como por encanto, á una voz suya, la anarquía de las pasiones, restablecido el órden público, escombradas las ruinas del vandalismo demagógico, aplacadas las iras y los bandos que dividian la Francia, abiertos los caminos y las puertas de la patria á los proscritos, vueltos á las conciencias los consuelos religiosos, enjugadas todas las lágrimas, hecha ya cesar la liga de los pueblos contra la república francesa, adquiridos para la Francia los lindes naturales en que debia encerrarse con anchura para labrar su dicha, resignados por todas partes los demas imperios á verla grande y floreciente, oida en fin la voz de paz de la Inglaterra misma, y cerrado ya en la Europa el templo del dios Jano, permitido fué pensar que la tempestad daba fin y que una larga primavera iba á salir de entre los suspiros postrimeros del tenebroso invierno de diez años. La paz de Amiens ensanchó esta esperanza: el primer hombre ó el primer gobierno que intentase romperla, ó diese mano ó causa para verla rota, merecia el anatema de *los siglos*. Tanto como pareció ser deseada aquella paz por el gefe de la república francesa, tanto mas se aguardó de su política que cuidaria de conservarla aun á costa de sacrificios, si es que no habria bastado de su parte una conducta sabia y moderada.

No porque escriba tarde despues que todo pasó ya como una ráfaga de viento, será el decir yo ahora que no participé de la grata esperanza que en España, en Francia y en muchas partes de la Europa inspiró Bonaparte: muchos viven de aquellos que me oyeron por entonces. En las guerras civiles es cosa bien leida y bien sabida, que el que coge el fruto de ellas, por maravilla acierta á moderarse: el poder que ha juntado, poder de un pueblo hirviendo que rebosa, es muy ocasionado y muy temible cuando se encuentra todo entero entre las manos de un soldado. Bastaba ver sus años anteriores, su espíritu guerrero, sus talentos militares, su pasion y delirio por las empresas gigantescas, su altivez, su carácter, la inconstancia de sus ideas, la veleidad de sus caminos, su manejo ambidextro, su indiferencia de los medios para llegar á cabo de sus triunfos, sus proclamas y sus promesas en Italia, su conducta con Venecia y con Malta, su vuelta del Egipto. La paz que en Luneville llegó á hacerse con la Francia, unida esta cual se hallaba, como los huesos de una piña, al guerrero feliz que la hizo suya, no fué una paz como la

España y Prusia concibieron y la hicieron (ellas solas p[or] desgracia) cuando la Francia estirajada y dividida con m[il] gefes y opiniones, la rogaba ella misma: la que hubiero[n] despues los pueblos humillados ante el dictador podero[so] de la Francia, mas que un don del cielo, me pareció u[na] nueva seña de su cólera. Nueva era se habia creido, y e[ra] nueva en efecto, la que despues de un sol falso que alu[m]bró la madrugada del siglo en que vivimos, repitió c[on] mas fuerza las tormentas, é hirió del rayo todas las nacio[nes] nes de un extremo al otro de la Europa; era que vi[ó] formarse, á pura pérdida para los pueblos, un grande imperio momentáneo sobre el llanto y la turbacion de cien millones por lo menos de habitantes á quien tocó su cetro; era que vió correr rios y mares de sangre para trovar la gloria de un siglo viejo y semibárbaro; era en fin, por no tocar las demas cosas lamentables ya pasadas, que en pos de aquella gloria, gloria como de un fuego suntuoso de artificio que se apaga por una lluvia repentina, vió venir por precio de ella la vergonzosa bastardía de los tiempos que alcanzamos, el desmayo de las virtudes, el profundo egoismo, la indiferencia por la patria, el cruel escepticismo, la moral de los intereses, la ausencia del honor, el cinismo de las costumbres, la obediencia forzada, el disgusto de los que sirven, el recelo de los que mandan, el temor de las luces, y la vara de hierro en todas partes, preferida por los gobiernos para evitar trastornos nuevos. Sea quien fuere el historiador que se encargare de defender aquellos años de que han venido los presentes, no hallará en verdad, para citarla, una nacion siquiera donde el guerrero de la Francia hubiese puesto un fundamento estable de su dicha, ni un distrito, ni una aldea, ni una cabaña donde el paso de sus banderas hubiese sido bendecido, dentro, en los corazones de los hombres: lo que quitó á la Francia en derechos, en garantías y en libertades públicas, mal podia darlo al extrangero. Adentro servidumbre, afuera hierro, incendio, devastacion ó peso de tributos, imperios derrocados, diademas dadas y quitadas, feudos de nueva fecha, vasallos coronados, gobiernos militares, nada fijo y durable, ningun derecho cierto, ningun tratado firme, por auxiliares de sus armas la traicion y el engaño, empresas sobre empresas, ninguna bien prevista, ninguna bien zanjada, casi todo al acaso y al impulso nuevo que ofrecia cada instante. De aquí el odio de las naciones, de aquí las guerras renacientes, de aquí la perdicion y la horrible catástrofe.... Templos, arcos, trofeos y monumentos inmortales al valor de la Francia y á su honor no manchado con que venció tantas veces las legiones amontonadas que atrajo sobre ella la insensata ambicion de su mal proseguido Carlomagno: de la Francia es la gloria toda entera, gloria que sin él la Francia la habria guardado intacta, como sin él y antes de él, guardadas sus fronteras con catorce ejércitos y con generales ciudadanos, desafió toda la Europa. Del emperador Napoleon (primero y último de este nombre, porque en pueblos civilizados á tan alto grado como lo estan los de la Europa, no podrian nunca prosperar ni Alejandros, ni Césares, ni Atilas, ni Tamerlanes nuevos), se dirá que pasó como un gran metéoro, luminoso y sangriento, masa informe y ardiente de los elementos todos del bien y el mal reunidos; se dirá de él que fué un aborto y un portento de los siglos, un hombre prodigioso, con medios y poder para haber hecho la restauracion del mundo entero; pero que erró su vocacion, que malogró su encargo, y no dejó en pos suyo sino largos desastres, el humo de su gloria, y la triste conviccion, peor que todo, de que jamas la especie humana hará mejores sus destinos.

Al haber de contar los nuevos siete años de mi vida política, no he podido menos de tocar estas cuerdas dolorosas á la Francia, bien ageno de culparla ó de ofenderla; ella fué la primera que probó el duro yugo del poderoso dictador que arrebató sus libertades, y ella fué parte en los trabajos con las demas naciones sobre quien lanzó despues su carro tropelloso. Bonaparte, mas bien que hechura de la Francia, fué un producto eventual de la guerra obstinada que aun sufrió la república cuando la revolucion hizo alto y tendió á conciliarse la amistad de los demas gobiernos: sin la prolongacion inútil que fué hecha de la primera liga de la Europa, Bonaparte no habria quizá tenido mas renglon en la historia que el trece vendimiario. Sin detenerme en esto que es ocioso, yo traigo á cuentas aquel tiempo, que para juzgar los hechos y los hombres es necesario sea tenido muy presente. Sobre esto, sí, me quejaré, no de la Francia, sino de algunos de sus escritores, que hechos voz y lenguas de mis enemigos, fáciles é indulgentes con los demas gobiernos y personas que figuraron por entonces, cualesquiera que hubiesen sido sus faltas ó sus yerros; contra mí solo se han mostrado injustos y violentos, contra mí que fuí sincero amigo de la Francia mientras el honor de mi patria y su incolumidad se hicieron compatibles con la union de los dos pueblos; contra mí que firmé la primera alianza que la Francia nueva obtuvo de los monarcas de la Europa; contra mí que trabajé para mantener aquella union y ahorrar la sangre de las dos naciones; contra mí, en fin, en quien si halló la Francia un verdadero amigo, nunca pudo decir que esta amistad fué servidumbre, ni temor, ni bajeza, ni la España otra cosa, frente de ella, que una buena aliada, no un feudo suyo ó del imperio. A estos historiadores son guiados mayormente los recuerdos que dejo hechos de aquel tiempo, en que evitar tan solamente los peligros y los desastres nuevos que afligian la Europa, era un gran merecimiento. Con la historia en la mano quiero preguntar á tantos detractores de mi vida, á los propios y á los extraños, ¿en qué, mientras fuí libre y dueño de mis actos, se pareció la suerte de la España á la de tantos pueblos y gobiernos humillados por el coloso de la Francia? No quisiera hacer comparaciones, ni al hacerlas es mi intencion vituperar á nadie, mas ¿qué se vió en aquellos tiempos?

La Holanda, pueblo generoso y patriota, que tanto amó su libertad, que á tantos sacrificios se prestó por ella cuando sacudió el dominio de la España, que mantuvo por tantos años su nacionalidad é independencia; innovada despues y hecha un satélite de la república francesa, cambiada muchas veces su forma de gobierno, tal como le era impuesto, paró en fin en un reino feudatario del imperio, y despues en provincia de la Francia.

Génova corrió la misma suerte, y el Piamonte igual destino.

La Suiza, poco menos encorvada bajo la dictadura de la Francia, trabajada por la república, y alteradas sus antiguas leyes, rindió el cuello á Bonaparte bajo el título especioso de mediador del cuerpo helvético.

La Italia, ufana un poco tiempo con el nombre de república, será despues un reino nominal y hará parte del imperio de la Francia.

El padre de los fieles, despues de cercenado en sus dominios, tomará sin embargo su cayado, pasará los montes, y vendrá á ungir y á proclamar en nombre del Dios vivo al pretendido sucesor de Carlomagno.

¿Se escaparán de este dominio ó esquivarán esta influencia los dos grandes emperadores del norte de la Europa?

Distante el largo espacio de quinientas leguas, dos veces derrotado, y sus banderas humilladas, el famoso Alejandro busca en fin la amistad del hombre de la Francia; á esta amistad la llama *un favor de los dioses*, se hace su complaciente, une con él sus armas y las vuelve contra sus propios aliados, feliz si fuera dable que su nuevo amigo aceptara por esposa una princesa de su sangre.

Mas cercano de la Francia, cuatro veces vencido por las armas de Bonaparte, disuelto el sacro Imperio, y los mas de sus príncipes convertidos en feudatarios de la Francia, el sucesor de los Césares romanos transige todavía y da su propia hija al soldado feliz que ha diezmado sus reinos y dominios.

Nápoles, destronados sus señores, y un nuevo reino de Vesfalia levantado sobre las ruinas de la Prusia y del viejo imperio de Alemania, recibirán por reyes dos hermanos del César de la Francia.

Pueblos á centenares serán dados á sus ministros y soldados; Roma será una parte del imperio; París es un mercado de coronas; las antesalas del grande suzerano de la Europa se verán llenas de monarcas.

¿Qué es la España entre tanto? Una aliada solamente de la Francia para hacer la guerra á los Ingleses enemigos de una y otra; una aliada respetable y respetada, á quien no falta ni una piedra de su corona augusta ni una aldea ni una cabaña de su sagrado territorio.

¿No habia ministros y consejos en los otros reinos y repúblicas, que dirigiendo la política ó las armas, alcanzasen á conservar la integridad é independencia de las soberanías que les estaban confiadas? Cierto los hubo en todas partes y todos dieron sus consejos ya para la paz ó ya para la guerra, si bien todos fueron desgraciados. ¿Pues porqué á un hombre de la España que alcanzó á precaverla muchos años de tales infortunios, le han maldecido y maltratado los que escribian la historia? ¿Qué hubo en España semejante á las condescendencias, á las humillaciones y á los abatimientos con que halagó la Europa al gefe de la Francia? Cuando toda cerviz se doblegaba bajo la voluntad omnipotente de aquel hombre extraordinario, la España mantenia con él de igual á igual sus relaciones en los lindes tasados de su alianza con la nacion francesa, alianza antigua, anterior al consulado y al imperio, inofensiva al continente, necesaria á nuestro interes, porque asi lo quisieron los Ingleses. ¿En qué faltó la España á las demas naciones por-

complacer á Bonaparte? ¿con quién fué injusta ó inconsecuente mi política? ¿ó á quien dí márgen ó pretexto para quejarse de nosotros? ¿Es acaso que fuí insensible á los trabajos de la Europa? No, en verdad, que no lo fuí tampoco, y que á la hora y al punto en que vista la marcha del emperador de los Franceses, juzgué que era un deber acudir á remediar el mal ageno y á precaver el de mi patria, apellidé la España para tomar las armas. ¿Fué mi culpa no haber llevado á efecto aquel designio generoso? Nó, que me lo impidieron; nó, que mis enemigos, posponiendo la patria á sus intrigas y rencores, intimidando al rey y extraviando la opinion de la nacion magnánima con quien debia contarse, me hicieron un pecado de aquel acto, y en lugar de ayudarme y de ayudar la monarquía en el comun peligro, al mismo contra el cual se debian mover las armas, al que la codiciaba y meditaba hacerla suya, le llamaron á que viniese á remediarla. Perdida la ocasion de dar un golpe cierto, que de muchas partes lo habrian correspondido y ayudado mientras la *larga y cruda guerra de Polonia*, triunfante nuevamente el feliz caudillo de la Francia, acallada la tierra ante sus pasos, y su vista lanzada al occidente, vendido cual me hallaba, y minada de mano de mis enemigos, por la atroz discordia, la casa de mis reyes, la posicion de España fué horrorosa, y lo fué tanto mas, cuanto gracias á los manejos de la faccion traidora, el peligro por casi nadie fué creido. *Si un momento en tal crisis*, no del todo por mi dictámen, fué escuchada la voz falaz del enemigo; á las primeras muestras de perfidia que ofrecieron sus actos, á muerte ó vida, sin admitir mas tratos, resolví hacerle frente, y mi primer medida fué la de salvar mis reyes y contramandar las tropas. Dado este primer paso y seguros sus príncipes, yo habria entonces hablado á la nacion magnánima. Mis enemigos no quisieron, persuadidos como se hallaban de que el hombre que habian llamado, venia tan solo á destruirme y á servirles (á ellos!) de instrumento! A su rey destronaron, y á mí me encadenaron para saciar sus iras, y al rey que proclamaron, á su augusto padre y á la real familia toda entera, los pusieron entre las manos del que llegó á Bayona sin saber lo que haria, dispuesto á todas las perfidias, mas cuidando evitar y temiendo una guerra que podia llegar á ser, como despues fué visto, el escollo y la ruina de su gloria.

Tal es en suma y en bosquejo el argumento principal de esta segunda parte. Todos los actos mios y todos los sucesos de aquel tiempo los ofreceré á la historia, con la misma fidelidad que he observado, cuanto á hechos y personas, en lo que he escrito en la primera. A mi patria adorada le recordaré de paso cuáles fueron en aquellos nuevos años, tan procelosos y difíciles, los constantes esfuerzos con que trabajé por procurarle dias mejores y gloriosos, en que nada habria tenido que envidiarles á las demas naciones de la Europa. No estaba lejos esta época, ni era de mi parte un sueño: los hombres que despues se señalaron en los años del torbellino, tantos amigos de la patria, tantos talentos malogrados, tantas virtudes perseguidas, tantos héroes maltratados ó perdidos, y una rica generacion de hombres nuevos que empezaba ya á formarse, estos sean mis testigos: todo despues ha sido envuelto en la espantosa ruina que sufrió Cárlos IV. Mis contrarios han dicho que yo arrastré á la patria en mi caida, y en verdad es un hecho que ella cayó conmigo: mas yo no fuí la causa; ellos la dirruyeron, y con ella fuí su víctima. Su existencia á la verdad no estaba atada con la mia, pero sí con el sistema de luces y mejoras que floreció en mi tiempo y que ellos destruyeron entre sangre y lágrimas.

CAPITULO II.

De algunos sucesos que precedieron á mi nueva entrada en el servicio de la corona. — Ocurrencias desagradables de la corte con el Nuncio apostólico. — Mis oficios en favor suyo. — Asunto de la Toscana.

Los que han dicho que mi retiro del mando y de la corte fué caida del aprecio que debí á Cárlos IV, se engañaron: otros que han escrito que mi dejacion del mando fué tan solo una apariencia, y que durante mi retiro seguí dando la direccion á los negocios del gobierno ó influyendo en su marcha, se engañaron igualmente. La primera especie ofrecia algunos visos de verdad para creerla verdadera: la segunda se hallaba desmentida con la sola observacion del sistema (en las mas de las cosas ó contrario ó diferente del que en mi tiempo fué seguido), que adoptó el nuevo ministerio, ya en los negocios de la hacienda, ya en el disfavor y las persecuciones que sufrieron muchos hombres de mi eleccion y mi cariño, ya en el descuido que se tuvo del ejército, ya en la política exterior, excedida la regla de la amistad con la república francesa, y malamente vuelta en sumision y dependencia. De estas cosas tengo hablado largamente en los capítulos XLVIII, XLIX y L de la primera parte.

Tal vez dió márgen á pensar que gobernaba yo en oculto, la correspondencia por cartas, mas ó menos frecuente, que siguió conmigo Cárlos IV durante aquel período. Yo quisiera tenerla para añadirla en este escrito; pero estas cartas y las mias, ó á lo menos sus minutas, habrán debido hallarse, y es probable se conserven. Mis enemigos y asesinos que las tuvieron á placer entre sus manos, no han publicado nada de ellas; sobrada prueba de que nada hallaron en su contenido con que poder dañarme. Desde abril de 1798 hasta setiembre de 1799 siguiente, la mayor parte de estas cartas fueron del todo agenas de materias de gobierno; muchas de ellas versaban sobre asuntos puramente familiares. En las que el rey mezclaba especies de política, mis respuestas eran sencillas, consiguientes siempre á mis principios; pero en términos generales, evitando cuidadosamente improbar ó censurar los actos de los nuevos ministros en aquellas cosas en que opinaba yo distintamente; puesto, lo primero, que yo podia engañarme en mi modo de apreciarlos; y que, lo segundo, no era justo, por opiniones mias particulares, alterar el ánimo del rey y entorpecer la marcha del gobierno. De esta reserva cuidadosa con que excusé mezclarme en los negocios del estado, me aparté una vez tan solo : referiré el motivo y el asunto.

Ocurrida la dolorosa muerte del piadoso pontífice Pio VI, tal como se hallaban por entonces los negocios de la Italia, dos cosas fueron de temer con sobrado fundamento, la primera un retardo indefinido en la eleccion del nuevo papa; la segunda, que dispersos los cardenales en diferentes puntos y bajo varias influencias, se procediese á su eleccion sin la libertad necesaria, ó faltando á los usos recibidos en la Iglesia; peor que todo, si formándose mas de un cónclave, se llegaba á elegir dos ó mas papas y se engendraba un cisma. Para precaver la turbacion que por cualquiera de estas circunstancias podia sobrevenir al interes de las familias y al reposo de las conciencias en cuanto á las dispensas é indultos apostólicos que en la moderna disciplina se hallaban reservados á la Santa Sede, se expidió en 5 de setiembre de 1799 el famoso decreto real por el cual fué mandado, que hasta tanto de llegar á realizarse la eleccion canónica de un nuevo papa y que esta fuese publicada en la debida forma por parte del gobierno, los obispos, en conformidad y con arreglo á la antigua disciplina, ejerciesen con entera plenitud sus facultades en materia de gracias, concesiones é indultos apostólicos, salva la confirmacion de obispos y arzobispos, acerca de la cual y demas puntos de alta gravedad que pudieran presentarse, se reservaba el rey determinar, ofrecidos los casos y en presencia de las circunstancias, lo que cumpliese mas para el bien de sus dominios, precedida consulta de la cámara y los informes convenientes. Esta disposicion, considerada solamente en su objeto manifiesto, y atendido el estado de la Europa, fué ciertamente necesaria. Las reservas se introdujeron, y de parte de los obispos fueron consentidas, por el bien de la Iglesia : si se volvian en daño de ella por cualquier motivo que esto fuese, mucho mas por faltar al frente de ella el supremo inspector de las leyes canónicas y las costumbres eclesiásticas, la autoridad de los obispos, solidaria en todo caso de necesidad y urgencia, debia usar de su derecho. Mas desgraciadamente, con aquello que se adoptó como un recurso temporario en el conflicto de los fieles, se mezcló el espíritu de escuela y de partido que debió alarmar muchas conciencias delicadas : se creyó por algunos que en aquella horfandad que padecia la Iglesia, se presentaba el tiempo apto de reformar su disciplina; mala manera de pensar, la de sacar partido de una calamidad que afligia en todas partes á la comunion católica. Hízose entonces pasar de mano en mano con misterio *el Concilio Pistoyano*, con mas los libros y polémicas concernientes á las doctrinas y mudanzas que en él fueron promovidas; se hizo traducir con gran prisa la famosa obra del sabio portugues Pereira relativa á estas cuestiones intrincadas (1), y se procuró excitar el calor de sus

---

(1) Don Juan Llorente fué encargado de esta traduccion, el cual la realizó en poco mas de dos meses.

doctrinas en las aulas, y en los colegios eclesiásticos: breve, lo que por entonces debiera ser tan solo una medida provechosa para quietud de las conciencias y consuelo de las almas, se volvió ruido y alboroto de un partido, tanto mas animoso, cuanto se hallaba protegido por el primer ministro, que lo era entonces interino, Don Mariano Luis de Urquijo. De aquí se produjeron las mas vivas reclamaciones por el nuncio apostólico Don Felipe Casoni, agrias las mas de ellas, no menos ásperas y duras las contestaciones del ministro, empeñadas de entrambas partes por tal modo, que el ministro, por última razon, le envió los pasaportes y la órden de salir del reino en dias contados. En la adopcion de estos caminos y medidas tenia parte la influencia particular que el directorio de la Francia ejercia sobre Urquijo. La cuestion del clero constitucional se hallaba entonces en su fuerza, y se buscaba un nuevo apoyo entre nosotros para imponer sus pretensiones al primer papa que viniese. Los diarios de la Francia, y á la cabeza de ellos el severo Monitor, hicieron mil elogios del ministro español, y el embajador de aquel tiempo Mr. Guillemardet recibió órden de entibarlo y sostenerle en el favor de Cárlos IV. De este modo parecia buscarse un cisma cierto por los mismos medios con que se intentó precaver un cisma eventual que podria ocasionarse, si la discordia malograba la eleccion canónica del nuevo gefe de la Iglesia.

He aquí pues el nuncio que vino á mí con lágrimas, pretendiendo que yo escribiese al rey y le rogase en favor suyo. Yo no encontré sino un reparo para dar aquel paso, y era el temor de que en España se pensase que tomaba yo en esto una ocasion de hostilizar á aquel ministro para suplantarlo, y que un acto de piedad y de política que aconsejase al rey contra la órden que le habian arrancado, se atribuyese á ambicion mia. Cierto empero de mí mismo me decidí á escribir al rey, sin impugnar las obras del ministro, ni tocar á opiniones, intercediendo solamente, y rogando á Cárlos IV se dignase revocar la órden y volver su gracia al nuncio. El electo fué al instante conseguido sin ninguna quiebra del ministro, prueba de ello y del modo que yo tuve de dirigir aquellos ruegos, que aun siguió un año mas su despacho interino sin perder la confianza del monarca, mas bien con auge que con pérdida. Urquijo, solamente, no me perdonó aquellos pasos que le impidieron un mal triunfo : enemigo del ministro Caballero, y este suyo, se unió con él no obstante por vengarse en perseguir de nuevo algunos protegidos mios. Triste union imposible! Caballero le mullia la tierra para hundirlo cuando fuese tiempo.

Muchos meses pasaron todavía sin que el rey me ocupase en asuntos de gobierno ó de política; el rey sabia muy bien cuanto me hallaba lejos de querer volver al mando. Pero aun así, por el año de ochocientos, comenzó á exigir de mí con cierto empeño que no me hiciese extraño, que frecuentase mas la corte, que estuviese mas cerca. El mal éxito de los planes de crédito y hacienda del ministro Saavedra, que habian costado tantos sacrificios al tesoro y le habian ocasionado tantas pérdidas, le tenia consternado. Inquietábale tambien sobremanera la incerteza del carácter político que tomaria el gobierno nuevo de la Francia, porque si bien en cuanto á lo interior lo calmaba algun tanto la enemistad abierta que mostraba el *primer* cónsul contra las ideas y las pasiones demagógicas, no se escapaban á su prevision los nuevos riesgos que amenazaban á la Europa por el poder inmenso de la Francia concentrado en las manos de aquel hombre emprendedor, mas peligroso aun que la república, si reunidos cual parecian todos los ánimos y sometidas á su imperio todas las voluntades, daba en la tentacion de extender su dictadura á las demas naciones. Muchos decian al rey, que el primer cónsul no era mas que un intermedio para volver la Francia á sus reyes legítimos, que su ambicion no iria mas lejos de aquella empresa generosa, mejoradas las ideas, establecida con grandeza la antigua monarquía, ensanchados sus límites, fuerte en armas y montada su existencia nueva sobre principios saludables, religiosos y políticos. Tal era la opinion á manera de un sueño en que abundaron algunos emigrados, cuando vieron que el nuevo órden se acercaba á grandes pasos á las formas monárquicas. Cada dia que pasaba y cada accion de Bonaparte, aumentaban esta creencia del deseo: el primer negocio que se ofreció en España con el nuevo gabinete de la Francia dió nueva boga á esta creencia.

Era el tiempo en que superada ya por los Franceses la segunda coalicion, y tratándose de las paces con el Austria, empezó Bonaparte á dar carrera á sus proyectos. Poderoso en Europa, esperanzado todavía de guardar el Egipto y desde allí alcanzar mejor al Asia, aun le faltaba un apeadero y una tienda sobre el continente de la América. Para poner este piquete nuevo, hele allí proponer una corona refulgente para un infante de Castilla, el gran ducado de Toscana convertido en reino, el centro de las artes, la margarita de la Italia, la bella y docta patria de Galileo, del Dante, del Petrarca y tantos grandes hombres en las ciencias y en las letras, la sucesion en fin de los Medicis ofrecida en cambio de los vastos desiertos del Misisipi y del Misouri. No estaba yo presente cuando la primer palabra fué soltada. ¡Cuál fué la alegría que vi lucir en los ojos de Cárlos IV y de su real esposa, cuando llamado con tres luegos para comunicarme aquel contento, me pidieron albricias del brillante rasgo por donde comenzaba Bonaparte sus relaciones con España! El príncipe heredero del ducado de Parma, hijo político y sobrino del monarca español, un Borbon sobre todo, era llamado por la Francia para reinar en las riberas deliciosas del Arno sobre el pueblo que en otro tiempo extendia su comercio por todo el mundo conocido y regia la política de Italia; pueblo de los mas cultos de la tierra, pueblo no degenerado, gente humana y pacífica, foco tranquilo y apacible de las luces, tierra clásica de las letras y las ciencias. Cárlos IV inflamado mas y mas en su gozo por el ministro Urquijo favorable con extremo á aquel proyecto, en el primer impulso de su amor paternal habia aceptado la propuesta, salvo consultar su consejo y proceder con su acuerdo en lo que habia de hacerse. El enviado frances, que era el general Berthier venido solamente para aquel negocio, pidió al rey que se evitasen, cuanto fuese dable, las formalidades de las leyes en tal asunto como aquel, cuyo buen logro pendia absolutamente del secreto, y secreto tan bien guardado, que no pudiesen penetrarlo ni aun sospecharlo los Ingleses. El rey le prometió que serian pocas y seguras las personas de quien tomaria consejo.

La pretension del primer cónsul no era nueva. La Francia, á poco tiempo de la cesion que hizo á España de la Luisiana, comenzó á echarla menos y á volver á desearla como nacion marítima. El favor que prestó el conde de Vergennes á la insurreccion de las colonias de Inglaterra, mas bien que una venganza por la pérdida del Canadá, fué un medio y un recurso con que esperó llegar á recobrarlo. Empeñada la guerra, los sucesos que esta ofreció desfavorables á la Francia mucho mas que á la España, le frustraron aquel designio. La paz fué hecha y la España quedó mas gananciosa en la América por la restitucion que le fué hecha de as dos Floridas. El ministro frances, confiado en la union ntima de los dos gabinetes por el pacto de familia, y conforme á su espíritu, no dejó piedra por mover para que España, tan sobrada de dominios en América, le volviese á la Francia su colonia antigua. Cárlos III y su ministro conde de Floridablanca, no estuvieron lejos de acceder á sus instancias, pero puesta la condicion de que nos fuesen satisfechos los dispendios que para conservarla y mejorarla habia sufrido nuestro erario. La falta de dinero fué la sola causa de que la Francia no adquiriese nuevamente su colonia.

Doce años despues de esto, cuando por la paz de Basilea fué cedida á la Francia la parte española de la isla de Santo Domingo, la república habria querido mucho mas bien la Luisiana; pero esta pretension, desde el principio mismo de las negociaciones fué resistida y apartada.

Hecha despues nuestra alianza con la nacion francesa, el directorio ejecutivo tentó un camino nuevo para recobrar la Luisiana tanto tiempo deseada. Este camino pensó hallarlo en mi solicitud constante y afanosa por los Borbones de la Italia. La familia de Parma, que era la mas endeble y mas necesitada de un apoyo, colocada como se hallaba en medio del incendio de la guerra, me ocupaba especialmente. Mi intencion no fué tan solo conservar aquella casa y mantenerla ilesa, mas tambien agrandarla, si al fijarse la suerte de la Italia, me ofrecian las circunstancias alguna buena coyuntura para procurar su aumento. La Francia disponia de los paises conquistados para formar repúblicas; yo no tuve por imposible componer que el ducado de Parma, de Plasencia y Guastalla adquiriese mas extension y se erigiese en reino. Este cálculo no fué un sueño. Paso á paso de los sucesos que ofrecia la guerra y de los triunfos de la Francia, la primera ocasion de realizar aquella idea, si nos hubiese convenido, se vino entre las manos : el directorio mismo tomó la iniciativa y nos propuso para Parma, en cambio de la Luisiana, las legaciones pontificias (1) y una fraccion pequeña del ducado de Módena. Barthelemy y Carnot decidieron al directorio á presentar esta propuesta á nuestro

---

(1) La Francia las habia adquirido pocos meses antes por la paz de Tolentino ajustada con el Papa en 19 de febrero de 1797.

gabinete. Yo habria admitido, ciertamente, si en lugar de ofrecernos las legaciones pontificias, hubieran sido estados seculares los propuestos: la paz definitiva de la Francia con el Austria se contaba ya muy cerca. Desechadas las legaciones, se trataba todavía de subrogar otros estados, cuando la jornada del 18 de fructidor derribó á los dos directores que promovian aquel negocio. Pocos meses despues fué mi dimision del ministerio. Bonaparte que se habia mostrado sumamente favorable á aquel proyecto, partió luego para Egipto (1).

Vuelto á Francia, no tardó, como se ha visto, en volver á producirlo con toda la eficacia que le daban sus ideas para contrarestar á la Inglaterra. Berthier no perdonó ningun medio de lisonja para llevarlo á cabo. « El primer « cónsul, dijo al rey, quiere probar á España y á la Eu- « ropa, que los tiempos de frenesí de la república francesa « han pasado enteramente, que con ninguna especie de « gobierno es antipática, y que la casa de Borbon no es « un objeto de su odio. Un tratado á que accedió la Es-

---

(1) Yo no dejaré pasar en este sitio la ligereza inexplicable con que Mr. Pradt en una nota, página 12, de sus Memorias que llama *históricas* sobre la revolucion de España, tantas veces desmentidas ya, asegura paladinamente *que yo ofrecí la Luisiana al directorio sin ninguna compensacion*. Para deshacer esta mentira bastaria preguntarle, ¿cómo fué que el directorio no admitió el regalo? Pero por fortuna hay mas con que rebatir esta impostura, y es que el director Carnot, en una apología que publicó de su conducta despues del 4 de setiembre de 1797, hace larga mencion de las negociaciones que promovió con la España para recobrar la Luisiana, de las legaciones pontificias que se ofrecieron para el cambio, y « de su intencion, « añade, por tal medio, de crear una influencia poderosa de la Francia « en aquel punto de la América sobre los estados anglo-americanos. » ¿Qué dirá á esto Mr. Pradt? ¿Qué interes ó qué paga ó qué influencia dirigió su pluma para escribir en contra mia tantas falsedades y calumnias?

« paña por obsequio á la Francia, le hizo perder el gran
« ducado de Toscana (1): pasados ya sesenta y tres años,
« la Francia va á volvérselo, y la condicion de esta vuelta
« será tambien en su provecho. En presencia de la Ingla-
« terra se necesita mas que nunca fortificar la union de la
« Francia y de la España: el modo mas seguro de afir-
« marla y hacerla ventajosa es enlazar y combinar de en-
« trambas partes sus intereses mutuos. La España necesita
« mayormente esta alianza por sus posesiones de América:
« ciertamente la Francia no le faltará en los mares, mas
« no teniendo de su parte ninguna cosa que guardar en
« el continente americano, careceria de interes propio
« para ayudar á España en la conservacion de sus vastos
« dominios en aquellas regiones. Vuelta la Francia á entrar
« en posesion de su antigua colonia, nada seria mas fácil
« que el concierto de una triple alianza entre los estados
« de la Union, la Francia y la España. Les Ingleses se-
« rian echados del Golfo Mejicano, y aun quizá tambien
« del Canadá y de la Acadia, dado que se obstinasen en
« mantener sus tiránicas pretensiones contra la libertad
« marítima.» Berthier añadia á esto la esperanza de agran-
dar la alianza que proyectaba el primer cónsul, por la
agregacion de las demas potencias comerciantes que
tenian interes en sacudir el duro yugo de la nacion británica. « Francia y España, decia luego, podrán tener
« la gloria de haber sido las primeras en la grande em-
« presa de libertar los mares. En cuanto al continente de
« la Europa (y esto lo decia de un modo que probaba al
« menos su creencia), la intencion decidida del hombre
« de la Francia, hechas que hubieren sido las paces ge-

---

(1) Aludia en esto al tratado de 3 de octubre de 1735 entre Francia y el Austria por el cual fué cedido el ducado de Bar y el de Lorena al rey desposeido de Polonia Estanislao Leczinski, cediendo España el gran ducado de Toscana para el duque de Lorena.

« nerales, es de entregarse todo entero á hacerla disfrutar
« de la prosperidad que habia adquirido por el vigor y la
« constancia de sus armas. Para haber de lograrlo, hay
« obra larga en Francia que necesita muchos años de una
« paz constante. Conseguido este bien, y rebosando ya de
« gloria, la felicidad de la Francia y de sus aliados será el
« objeto único del primer magistrado de la Francia. »

Aun creidas estas cosas, y encontrádose ventajosa la propuesta del primer cónsul, como en la realidad lo era bajo ciertas luces, una buena politica debiera haber mostrado mas reserva en el modo de oirla, excusando demostraciones de contento y dejando la diligencia y el deseo al que venia de pretendiente. No fué asi, porque cambiados los papeles, tal se condujo Urquijo como si él mismo hubiese sido quien rogase. Esta falta de conducta diplomática dió lugar á que Berthier cobrase mas aliento y que pidiese luego, por añadidura al cambio, seis navíos de línea cuya tripulacion y armamento seria de cuenta de la Francia. Nada contento el rey de esta nueva pedidura, y temiendo que en el progreso de las negociaciones se intentase abusar de su noble confianza, me mandó llamar y me pidió mi parecer sobre todo aquel asunto, encargándome que fuese por escrito y sin perder instante. Este informe lo entregué en su mano á los dos dias. Fuerza me será hablar de este informe, y que del convenio que por último fué hecho, cuente yo y distinga lo que fué dictámen mio, y lo que fué la obra del ministro que celebró el tratado sin concurrencia alguna de mi parte. M. Pradt, en la nota que cité poco antes, lo atribuye todo á Urquijo y le prodiga sus elogios; yo no le envidio esta alabanza. Mas he aquí otro escritor, M. Barbé-Marbois, en su Historia de la Luisiana, que ignorante del tal Urquijo, me atribuye á mí el tratado que en 1º de octubre de 1800 celebró aquel ministro, y con desden irónico que no sienta bien á un autor circunspecto, dice que á Bonaparte « *le fué fácil el hacer*

« *entender* al príncipe de la Paz, ministro todo poderoso
« del rey católico, que la Luisiana vuelta á ser francesa se-
« ria un muro de defensa para Méjico y una verdadera
« garantía de la paz del golfo. » Mis lectores encontrarán
en el capítulo siguiente, no tan solo una respuesta á este
tiro poco digno y nada justo de M. Barbé-Marbois, sino
tambien alguno hechos y noticias que este autor tocó de
paso, y otros que omitió conducentes al objeto de su
obra.

CAPITULO III.

Continuacion del mismo asunto.

Nadie ignora la mala estrella que cobijó por largo tiempo
las empresas dirigidas á beneficiar el pais vírgen y feraz
conocido antes de ahora, sin ninguna division, con el nombre de Luisiana en el inmenso espacio de las tierras ba-
ñadas por el Misisipi y por sus grandes afluentes. Al primero que lo avistó y tomó posesion en nombre de la España
fué funesto. Fernando de Soto, primer descubridor de las
Floridas, despues de tres años de rodeos, de trabajos horribles y de encuentros furiosos con las indomables tribus
de salvages que vagaban en aquellos desiertos, reconocida
y visitada la parte mas meridional de aquel rio, cumplió
allí sus destinos con los mas de los valientes que hasta en número de mil quinientos á dos mil hombres le habian
acompañado. Su sucesor el capitan Moscoso, no habiendo
hallado el oro que buscaba, falto de medios y escaso de
soldados para seguir mas adelante, construyó barcas, bajó
el rio, encontró el golfo y regresó á la Nueva España.
Cerca de siglo y medio transcurrió despues, sin que de

parte nuestra ni de nadie se volviesen á visitar las regiones del Misisipi, si bien quedó aquel parage registrado en los archivos como dominio nuestro, tierra todavía sin nombre y sin confines conocidos. El derecho de primer ocupante, y la toma de posesion en el nombre del soberano del que hacia el descubrimiento, era la ley que gobernaba entonces. Mas faltaba saber si un pais adquirido de aquel modo y despues abandonado enteramente, pertenecia en rigor al soberano que adquirió en un principio aquella suerte de dominio. Bajo de este respeto no quedaba en verdad ningun derecho racional y efectivo; pero España siguió mirando como suyo aquel antiguo hallazgo por la famosa bula de Alejandro VI (1).

Era ya el año de 1672 cuando los Franceses del Canadá descendieron la primera vez á lo largo del Misisipi hasta el rio de los Arcansas. Hecha despues á los diez años otra nueva exploracion, levantaron un fuerte en el pais de los Chicasas y bajaron hasta el golfo. Dos años mas tarde, Luis XIV hizo poner el primer fundamento de la nueva colonia con trecientos individuos entre soldados y paisanos. La Salle al frente de esta expedicion tomó la posesion de aquel pais en nombre de la Francia, construyó algunos

---

(1) «Motu proprio» (decia en ella el romano pontífice), «non ad «vestram, vel alterius pro vobis super hoc nobis oblatæ petitionis in- «stantiam, sed de nostra mera liberalitate, et ex certa scientia, ac de «apostolicæ potestatis plenitudine, omnes insulas et terras firmas, «*inventas et inveniendas, detectas et detegendas versus occiden-* «*tem et meridiem*, autoritate omnipotentis Dei, nobis in beato Petro «concessa, ac vicariatus Jesu Christi quo fungimur in terris cum «omnibus illarum dominiis, civitatibus, etc., vobis hæredibusque et «successoribus vestris Castellæ et Legionis regibus, in perpetuum «tenore præsentium donamus, concedimus, assignamus, vosque et «hæredes ac successores præfatos, illorum dominos, cum plena, libera «et omnimoda potestate et jurisdictione, facimus, constituimus et «deputamus.»

fuertes, y estableció el puesto de San Luis á corto trecho de los puntos donde el Ilines y el Misouri se incorporan con el Misisipi.

D'Yberville, fundador de otra nueva colonia por debajo de la primera, extendió los límites de la Nueva Francia desde la orilla izquierda de la Móbila hasta la bahía de San Bernardo. Esta larga adquisicion y estos lindes que nos daban tambien á los Franceses por vecinos en el Nuevo Mundo, sufrió contradicciones de parte de la España: la posesion de aquellos no fué pacífica del todo, mientras reinó en España la dinastía austriaca. La sucesion de los Borbones puso fin á las disputas, salvo algunas contestaciones sobre límites nunca bien determinados de ambas partes.

Los primeros pobladores que envió Luis XIV no habian hecho ningun progreso. Enviáronse otros nuevos, mas por un grande yerro del gobierno, la mayor parte de entre estos fueron llevados á la fuerza, gente perdida y sin costumbres, levas de vagos, de tramposos y mugeres de mala vida. La revocacion del edicto de Nantes pudiera haber surtido aquel pais de excelentes colonos que habrian tomado aquel refugio de buen ánimo para vivir reunidos sin perder el prestigio de una patria francesa. Pero el ejemplo de Inglaterra no fué tomado en Francia: las colonias inglesas establecidas pocos años antes al otro lado de los montes Alleghanis, formaban un contraste el mas extraño con la endeble y desdichada fundacion francesa. Sabidos son los inútiles esfuerzos que fueron hechos por Crozat para darle importancia, y los mezquinos resultados de la compañía de Occidente. Sabido es igualmente, fundada ya Nueva Orleans y llamados á aquel pais un gran número de codiciosos tras las mentidas minas de oro y plata que fueron anunciadas, hasta donde llegó el descrédito de la colonia hecha servir de base á los errores y locuras de Juan Law; sabido en fin el desacierto y la torpeza con que despues la administró la compañía de Indias. La fama que corrió por todas partes de estos tristes resultados, y la miserable suerte de los muchos que volvieron arruinados á la Europa, alejaron por largo tiempo de acudir allí mucha gente industriosa que hubiera cultivado aquel magnífico desierto : la mala voz que habia adquirido le siguió dañando muchos años adelante.

Dada en fin libertad á todos los Franceses para poder establecerse allí por cuenta suya bajo la administracion directa que tomó el gobierno, los restos que aun quedaban de individuos laboriosos, franceses y alemanes, otros pocos franceses que llegaron ayudados por el mismo gobierno, y otra parte de aquellos que llevaron sus capitales para beneficiar las minas de oro y plata que se habian soñado, continuaron el cultivo, ancha base y principal fundamento de la riqueza con que brinda aquel suelo inagotable. El progreso fué lento ; las alternativas del bien al mal, y de este al bien, variaban segun las manos encargadas de la administracion de la colonia, sujeta siempre al monopolio y á los errores de aquel tiempo. Cuando en 1763 fué cedida á España por la Francia, no hizo esta mas en realidad sino endosarnos una carga que le era insoportable, y sin embargo por entonces se encontraba la Luisiana en su mayor grandeza. Poco mas de dos mil cultivadores esparcidos aquí y allí con sus familias, unos doce mil negros, y los habitantes de la capital que llegaban hasta seis mil, dedicados los mas de ellos al negocio, pocos de estos en grande, ancheteros la mayor parte, de regatones, corredores y chalanes un buen número, y algunos artesanos harto pocos, componian el total de brazos y habitantes que debian mantener la agricultura y el comercio en el inmenso y pingüe territorio de la Luisiana.

La corte de Madrid puso un gran cuidado en enviar á aquella nueva adquisicion hombres especiales, que á sus conocimientos sobre el régimen conveniente á las colonias, añadiesen una gran dulzura con aquellos habitantes. Por desgracia la resistencia que opusieron estos á plegarse bajo el dominio castellano, hizo necesario sostenerlo por las armas, si bien el general O-Reilly, encargado de reducir la colonia á la obediencia, excedió su mandato empleando sin gran necesidad los rigores militares. Esta excepcion fué de un momento; revocado aquel gefe prontamente, los demas gobernadores é intendentes que se sucedieron, reconciliaron aquel pueblo con su nuevo soberano.

Cuanto al régimen comercial y al sistema del fisco, nuestro gobierno mitigó desde un principio las leyes prohibitivas que regian en otras partes, mejoró el sistema de aduanas, favoreció la libertad, y le concedió á aquel pais gracias y favores que nunca habian gozado bajo el gobierno de la Francia. Desde un principio, en cuanto la colonia fué reducida á la obediencia, se le concedió la importacion de sus productos en España con el módico derecho de un cuatro por ciento, reducido al tres y al dos con respecto á algunos frutos. Las mercancías de España que eran llevadas en retorno entraban francamente sin pagar ningun derecho : si las vendian afuera, no pagaban tampoco por aquellas ventas. Poco tiempo despues, visto que la metrópoli no consumia del todo los productos de la colonia, se añadió la libertad de traficarlos con los buques franceses que llegarian en lastre : no bastando este medio todavía para dar salida pronta y ventajosa á los productos de aquel suelo, la restriccion les fué quitada, y el cambio de ellos por mercancías francesas fué autorizado en toda anchura : los artículos importados y exportados de este modo, no pagaban mas allá del seis por ciento. Vino luego el famoso reglamento del ministro Galvez por el año de 1778, y por él alcanzó la Luisiana no tan solo las ventajas comunes que produjo aquella ley en el sistema comercial de las Américas, sino tambien algunas especiales, dirigidas con gran tino á su fomento : el comercio de peleterías fué libertado de derechos por diez años: la introduccion de negros que podrian procurarse aquellos habitantes en las demas colonias amigas de la España, fué tambien exenta de derechos de entrada; permitióseles traficar directamente con las islas francesas, y en fin se derogó de tal manera en favor de ellas á las leyes prohibitorias, que la Nueva Orleans, porque los colonos gozasen de cuanto les pudiera ser, ó necesario ó agradable sin apelar al contrabando, fué abierta al tráfico directo con los buques genoveses, holandeses y hamburgueses, facultados estos á llevar allí sus mercancías, aun las de ilícito comercio en otras partes, con igual favor en las tarifas al que se hallaba establecido con los géneros franceses.

Se ve bien que el gobierno español prefirió enteramente el interes local de aquellas poblaciones al interes del fisco y aun del comercio mismo de sus súbditos; pero nada fué bastante para dar á la colonia el vigor y el aumento deseado. De la España fueron raros los que codiciaron aquel suelo; de entre los extrangeros acudieron algunos Irlandeses y Alemanes; de los estados de la Union emigraron allí algunos Anglo-Americanos de la opinion realista; de Franceses fueron pocos los que llegaron nuevamente. De los capitalistas que llegaban, negociantes los mas de ellos, fueron muy contados los que resolvieron fijarse y tomar parte en el cultivo. Los colonos podia decirse que trabajaban para aquellos con la sola ventaja de asegurar la venta de sus frutos, pero con poco aumento en sus economías: se veian los mas de ellos obligados á tomar dinero anticipado, y sus ganancias eran cortas. Los que hacian el comercio y se enriquecian por este medio, luego que aseguraban un buen fondo de fortuna metálica, se volvian á sus paises. Cuanto al gobierno, la colonia era una carga; todos los años se necesitaban suplementos del tesoro para pagar los empleados, satisfacer la tropa y mantener los puntos de defensa marítima y terrestre.

Estos gastos y estos cuidados de defensa que requeria la guarda de la Luisiana, se acrecieron por la revolucion americana. Antes que esta nos hubiese dado un grande estado independiente á nuestras puertas, no habia allí mas vecino de quien poder temer sino tan solo la Inglaterra. Emancipadas sus colonias, hubo en estas un poder nuevo contra el cual fué necesario guarecerse aun con mayor cuidado. Mientras pendian de la Inglaterra, poseyendo esta entonces las Floridas, gozaban anchamente de sus rios para salir al Golfo Mejicano; pero adquiridas nuevamente por nosotros aquellas dos provincias, los estados meridionales de la Union se encontraban aislados careciendo de una salida libre y franca para el golfo. Sus pretensiones, en verdad justas é innegables bajo muchos títulos, no tardaron en producirse: suscitáronse al mismo tiempo diferentes cuestiones sobre límites á la izquierda del Misisipi y á lo largo de las Floridas. El conde de Floridablanca, arrepentido y asombrado de la obra á que prestó ayuda, no acertó á resignarse con sus consecuencias naturales. Toda concesion que pudiese aumentar la prosperidad de aquellos pueblos, era á sus ojos un peligro nuevo. Desvelábase en pensar como podria desconcertar aquella union sembrando en ella la discordia, y creyó encontrar el medio de lograrlo en las mismas pretensiones de los estados fronterizos nuestros. A este fin hizo correr la especie, bajo mano, de que la libre navegacion del rio, juntamente con el ensanche que pedian sus fronteras y un buen tratado de comercio, les seria concedida con tal que se erigiesen en un gobierno aparte de los estados del Atlántico.

Esta pérfida tentativa harto mal calculada, que despues se vió obligado á desmentir y á atribuirla á los malévolos, alarmó á aquel gobierno, le puso en vigilancia, y fué causa de que moviese con mayor actividad las pretensiones de los estados fronterizos y del centro. Floridablanca, sin negarse del todo á concederlas, halló modo de entretener al gobierno de la Union á pretexto de los informes que debian tomarse sobre el difícil punto de los límites, y so color tambien de reglamentos de comercio y de aduanas que se necesitaba preparar para hacer libre el Misisipi. De esta suerte se hallaba aquel negocio, en que dió grandes pruebas de su sinceridad y su paciencia aquel gobierno moderado, cuando entré al ministerio. Declarada despues la guerra con la república francesa, un incidente nuevo amenazó á la Luisiana de un trastorno grave. El enviado de la Francia cerca de la Union, llevaba encargo reservado de revolucionar la colonia y de ganarla para la república. Contó á este fin con los estados fronterizos, enganchó soldados, casi sublevó el Kentucky y el Teneseo, prometió á aquellos pueblos la libertad del rio y una parte en la conquista de la Luisiana, insultó á Washington, holló todos los derechos, y sin la gran prudencia y la firmeza de aquel ilustre presidente y la actitud severa que tomó el congreso, se habria cumplido aquel proyecto. Revocada la mision de aquel hombre turbulento á instancias del gobierno americano, no por eso cesaron las amenazas y clamores de los pueblos del oeste sobre la navegacion del Misisipi y las demas cuestiones sobre lindes.

Por la razon, por la justicia, por la buena política, por la tranquilidad y prosperidad de la colonia, por su entera seguridad, por la navegacion de aquellos mares, por precaucion contra la Gran Bretaña que disuelta nuestra alianza nos podia atacar en aquellos parages, y tambien por gratitud á la honradez y á la lealtad que el gobierno de la Union habia observado con nosotros, persuadí á Cárlos IV la aprobacion del proyecto del tratado que con el excelente ciudadano Tomas Pinckney concluí dichosamente en San Lorenzo el Real á 27 de octubre de 1795, designados en él los límites de las dos partes al occidente y mediodia, concedida de parte nuestra á los súbditos americanos la navegacion del Misisipi libre y franca desde su orígen hasta el

golfo, señalada Nueva Orleans para depósito de las mercancías que trajesen ó llevasen, por espacio de tres años, sin perjuicio de prorogarlos ó de substituir otro parage conveniente, y ajustada un acta de navegacion en aquellos estados equivalente casi á una alianza. De intento se omitió el hacerla en términos explícitos, por evitar envidias y pretextos contra los Estados de parte de Inglaterra; mas quedó concertado que intentado que pudiera ser por esta invadir la Luisiana, aquel gobierno federal interpondria su mediacion en favor de aquel punto, y que puesto el caso de que la Inglaterra persistiese en su intento, se uniria á nuestra causa en contra de ella con las armas (1). Demas de esto, aquel tratado fué concebido de tal modo, que favorable como era para España bajo todos aspectos, á los mismos Ingleses les producia ventajas para la provision y el comercio de sus islas : en mi política no estuvo nunca renunciar á las ventajas positivas de un negocio por no dejar ninguna al enemigo. De este tratado fué del que escribió M. Bourgoing, « que puesto fin por él á una negociacion
« espinosa que habia durado trece años, tuvo de singular,
« y de único tal vez en los anales de la diplomacia, que no
« fué dirigido contra nadie, y que fué ventajoso á todo
« el mundo (2). »

---

(1) La celebracion de este tratado y la estrecha amistad que por él fué entablada entre la España y el gobierno de la Union, tuvo en respeto á los Ingleses para no acometer la Luisiana y las Floridas como habrian querido, no tan solo para dañarnos á nosotros, sino aun mucho mas para tapiar al norte, al occidente y mediodia los Estados confederados, y oprimir de todas partes su libertad marítima. Pero cortadas las desavenencias y unidos los Americanos con nosotros por los intereses recíprocos que fueron combinados, el ministerio ingles no osó llevar allí sus armas.

(2) « Le traité, dice Mr. Bourgoing, par lequel le prince de la
« Paix et Mr. Pinckney ont terminé en 1795 une négociation très-épi-
« neuse qui durait depuis près de treize ans, aura eu cela de singulier,

Fuélo asi visiblemente para la Luisiana cuya capital empezó á hacerse desde entonces un gran centro de comercio. No faltó mas sino hacerla puerto franco, gran medida que la guerra con los Ingleses obligaba á diferir para otro tiempo mas sereno. El cultivo que hasta aquella época se habia mostrado estacionario, comenzó á ensancharse. De Santo Domingo, plagado de tormentas y desastres, nos habia llegado un cierto número de gente provechosa, y algunos extrangeros comenzaron, por decirlo asi, á gotear de las emigraciones europeas; pero este aumento de cultivadores no era nunca proporcional con la afluencia de individuos y familias que acudian de todas partes á los distritos de la Union. Por cien cultivadores que aspiraban á establecerse en aquellos dominios se contaba apenas uno que viniese á los nuestros. No eran por cierto aquellas tierras mas codiciables que las nuestras, ni por su feracidad, ni por la variedad de objetos que ofrecian al cultivo, ni por su cercanía á los rios navegables : al contrario su inmediacion á las corrientes del Misisipi (reunion inmensa de otros cien rios y lagos tributarios á derecha y á izquierda en extensiones infinitas) su camino hasta el golfo, y el despacho que ofrecia la capital de toda suerte de productos, parecian pedir la preferencia. No habia renglon alguno de cultivo y grangerías á que aquellas tierras fecundísimas no ofreciesen el galardon, desde lo necesario hasta lo útil y hasta lo caprichoso en los gustos y las necesidades del lujo y de las artes. Granos de toda especie, abundancia inagotable de ganados y bestiage, las mejores maderas de construccion aplicables á todos usos, lanas, linos, cáñamos,

---

« d'unique peut-être dans les annales de la diplomatie, qu'il n'aura
« été dirigé contre personne, et qu'il aura fait l'avantage de tout le
« monde. » *Tableau de l'Espagne moderne, deuxième volume,
chap. VIII.* El texto literal de este tratado se contiene entre los documentos justificativos de la primera parte.

agaves, mieles exquisitas, cera vegetal, toda suerte de frutos deliciosos en plantas y arbolados, y sobre todo esto el algodon, la seda, las azúcares, las gomas exquisitas, las peleterías de toda especie, el añil, de calidad mejor que el de la Carolina y de las Islas, los tabacos, superiores á los de Mariland y la Virginia, he aquí en breve la copiosa suma de riquezas ofrecidas en aquel pais al trabajo de los hombres y á que la España convidaba con la mano abierta. Los que observaron desde cerca el especial favor y la dulzura con que la administracion española gobernó la colonia en los tiempos de Galvez y en los mios, se preguntaban muchas veces cuál podia ser la causa de que tantas emigraciones de Europeos mirasen con desden aquella tierra prodigiosa. Muchos creian que era un descrédito que le alcanzaba todavía desde la antigua bancarrota de la Francia; otros que era un temor de la memoria que dejó O-Reilly en el principio de pasar la colonia á nuestras manos, otros que era evitada por el aire enfermo y contagioso que ofrecian muchos puntos, sobre todo en el bajo Misisipi. Pero ninguna de estas cosas era en la realidad el motivo de posponer aquel suelo al Anglo-Americano. Los que podian elegir, á igualdad, mas ó menos, de ventajas y desventajas en el desmonte y laborío de tierras peregrinas, preferian establecerse en tales puntos donde hallaban mucho mas adelantado el beneficio de la libertad y de las luces, donde existia un gobierno soberano y popular por excelencia, allí mismo en los lugares, sin tener que acudir en último recurso, para hallar justicia, á una corte situada á la otra parte del Atlántico; donde la bondad de las leyes no pendia de la voluntad mudable y oscilante del poder arbitrario, donde todos tenian parte ó la debian tener mas adelante en la legislacion y en el gobierno, en donde la igualdad reinaba por principios y de hecho, donde no hallaban los abusos de que venian huyendo, donde el pensamiento era libre, libres las conciencias, y libre á cada uno el ejercicio de su culto y su creencia en templos y en escuelas. La tolerancia religiosa, ella sola, era bastante para llevar allí por millaradas pobladores nuevos. ¿Cómo poder luchar con tales pueblos para aumentar colonos y enganchar brazos útiles? Yo habia logrado por el año de 1797 aquel decreto real, tan murmurado entonces, que abria las puertas de la España á los religionarios industriosos que le traerian algun provecho; yo hice mas en esto de lo que podia creerse y esperarse en aquel tiempo, y lo hice general para la América como en España; pero de tolerarlos, á *permitirles tener* templos y gozar á su modo y á su salvo de los consuelos religiosos, quedaba un largo trecho. Esta necesidad del corazon tan poderosa en todas situaciones, es mayor, mucho mas fuerte, entre los habitantes de los campos : si los que debian labrar las tierras solitarias de la Luisiana, hubieran sido de otro rito que el católico, no podian tener iglesias donde juntarse los domingos, ni escuelas erigidas para la enseñanza de sus hijos. ¿Fué mi culpa no hacer mas? Fué la culpa de los siglos que pesaban y que aun pesan sobre España.

Mas de una vez en mis conversaciones por la noche con los reyes, les proponia mis desvaríos sobre la Luisiana, el de una monarquía, libre y franca, emancipada de los trenes y de las vanidades de las cortes de Europa, con leyes apropiadas á las circunstancias de una nacion nueva que aun *se hallaria* en mantillas, leyes tan generosas y tan sabias *que pudiera* rivalizar con los felices pueblos de la Union americana, que pudiera excederlos por la fuerza y el vigor de la unidad monárquica. « Este rey, decia yo, seria un
« infante de Castilla con hombres especiales por ministros
« de entre tantos sabios y varones virtuosos é ilustrados
« que cuenta hoy dia la España. ¿Podrian faltar en seme-
« jante caso capitalistas extrangeros que acorriesen á una
« empresa tan generosa y que quisiesen asociar la fortuna
« de sus hijos á ese nuevo reino, cuya inmensa extension

« en tierras pingües y feraces, cuyos medios de comuni-
« cacion y cuyos rendimientos en toda suerte de productos
« podrian hacer felices treinta millones de habitantes
« bien holgados? Con Españoles solos no es posible
« formar tan grande imperio, ni tampoco una parte:
« demasiadas emigraciones ha sufrido ya la España,
« cuyo terreno propio se halla inculto casi en dos terceras
« partes, cuyos demas dominios de ultramar la han diez-
« mado de habitantes; pero hay pueblos en Europa
« que rebosan de poblacion, y hay tambien muchos
« pueblos oprimidos, de costumbres puras, donde mi-
« llares de individuos, hechos á las habitudes del go-
« bierno monárquico, bien asentado el nuevo reino sobre
« leyes justas, protectoras é imparciales, volarian al gran
« campo de riqueza, de libertad y de fortuna que les
« ofreceria la Luisiana. ¿Quién que hubiere calculado la
« inclinacion innata hácia la propiedad, la dificultad de
« adquirirla y de aspirar á mejor suerte en que se encuen-
« tran hoy casi por todas partes las grandes masas prole-
« tarias, la multitud de brazos que se encuentran de sobra
« en no pocos estados por los progresos de las máquinas,
« y los largos padeceres y aflicciones que trabajan á algu-
« nos pueblos subyugados duramente; quién podria dudar
« que faltasen pobladores para un estado nuevo, donde
« cada individuo que acudiese no tendria mas tasa de for-
« tuna que aquella que él pusiese á su industria y su tra-
« bajo, en donde por mas grande que fuese la afluencia
« de familias que acudiesen á explotar aquel suelo, pasaria
« un siglo y otro siglo sin poder llenarse, y donde, en
« fin, la concurrencia, lejos de dañar á nadie ni estre-
« charlo, traeria al contrario la ventaja de aumentar los
« medios de existencia y de progreso? Tal es la perspec-
« tiva y el porvenir dichoso que ofreceria la Luisiana en
« sus inmensas extensiones desde el rio de los Arkansas
« hasta las fuentes del Misouri en las montañas de las

« Rocas, y desde allí al Océano en nuevas extensiones
« solitarias, sin contar todavía las que le quedan á la
« izquierda del Misisipi, con mas la vecindad de las Flo-
« ridas y los rios de estas navegables, con salida los unos
« al Atlántico y los otros al Golfo Mejicano. Pero aquellas
« ricas soledades necesitan del brazo de los hombres y
« de su paciencia y su constancia para hacerlas habita-
« bles. Tienen en contra suya, en las partes mas codi-
« ciosas, las crecidas de los rios, las lagunas y los panta-
« nos que produce la inundacion, la insalubridad del aire
« que ocasionan aquellas aguas corrompidas, los enjam-
« bres de insectos que pululan, y el mefitismo de las
« tierras tantos siglos incultas, donde mas de una vez ha
« sido visto, á los primeros golpes de la azada, abrir su
« sepultura el robusto bracero que empezó el descuajo;
« junto á esto todavía el peligro siempre amenazante de
« las feroces bandas de salvages contra las cuales es nece-
« sario guarecerse. Solo un gobierno soberano, residente
« allí mismo, dueño de reunir grandes fondos para ayudar
« y proteger los nuevos pobladores, y ancho y pródigo
« ademas en leyes favorables á la libertad del hombre,
« podria llevar á cabo la fundacion de un grande imperio
« en aquellas regiones. De otra suerte pasarán siglos sin
« llenarse, y serán una carga sin ningun provecho al que
« tenga tan solo el título de su dominio de aquende de los
« mares; título ademas inseguro y arriesgado en presen-
« cia de una república bien asentada que prospera allí á
« la puerta, y que mas despues ó mas antes, podria in-
« tentar arrebatarlo (1). »

---

(1) Este pensamiento mio, imposible de llevarle á efecto en los dias
procelosos que alcancé mientras tuve el ministerio, hubiera sido practi-
cable tiempo antes, si el ministro Floridablanca lo hubiese concebido,
y en lugar de asociarse con la Francia á la guerra insensata que empo-
breció las dos potencias sin otro resultado que establecer en nuestros

Todo lo que dejo dicho, lo contenia mi informe á Cárlos IV mas extensamente. Despues puse las cuestiones necesarias de resolverse para acceder ó no con luz bastante á la propuesta hecha á nombre de la Francia por el primer Cónsul: las indicaré brevemente con las respuestas que yo daba á cada una.

1ª ¿Corre peligro en nuestras manos la colonia, de la parte de la Inglaterra?

R. Esta podria atacarnos, tanto por mar como por tierra, con fuerzas ventajosas; pero el gobierno de la Union por su propio interes nos ayudaria á sostenernos y á libertar la Luisiana y las Floridas del poder de los Ingleses.

2ª ¿No habria peligro que temer de la parte de los Estados?

R. La moderacion y la justicia que ha tomado por divisa aquel gobierno y que hasta de presente ha mantenido con nobleza, nos podria confiar de parte suya; mas los pueblos del mediodia nuestros vecinos codician la Luisiana y nos producen inquietudes, tanto mas fundadas cuanto es menor en ellos la docilidad y el respeto al gobierno general de los Estados. De parte de estos pueblos no son tanto las armas lo que podia temerse, como la seduccion con que podrian tentar la lealtad de la colonia.

---

propios lindes un gobierno peligroso, y sembrar el espíritu de insurreccion en los demas estados de la América, hubiera destinado para acometer tan bella empresa los caudales que consumió aquella guerra y el valor de las pérdidas que hicimos. Neutral la España en aquel caso, habria podido no tan solo realizar en grande aquel proyecto, sino precaver los riesgos venideros y recobrar los límites antiguos que tenia la Luisiana á la izquierda del Misisipi. La Inglaterra misma nos habria sido favorable en todo esto, y lo que es mas, los realistas de las colonias sublevadas habrian buscado entre nosotros un asilo y habrian traido sus costumbres puras, sus caudales y su industria.

3ª ¿Los habitantes de esta se hallan gustosos y contentos bajo el dominio de la España?

R. Por tales se nos muestran en sus palabras y en sus obras. Libres casi de toda carga como los Anglo-Americanos, libres y protegidos en su industria y su comercio, y hasta disimulado por parte del gobierno el contrabando, inevitable en las presentes circunstancias, nada podria añadir á su prosperidad el pasar á otros dueños. Hay ademas en todos ellos un horror grande á la anarquía, advertidos por los estragos que han padecido sus vecinos de Santo-Domingo. La multitud de esclavos que posee la colonia, es un motivo mas para alejar sus dueños de toda idea de levantarse y hacerse independiente.

4ª ¿Prospera la colonia?

R. La colonia se ha triplicado por lo menos en habitantes útiles con respecto á lo que era cuando fué cedida á España, y aunque el progreso es lento, va creciendo. Todos los que trabajan estan ciertos de encontrar el premio y lo reportan abundantemente.

5ª ¿Esta prosperidad se extiende al interes de la metrópoli?

R. Hasta el presente no ha rendido ni es de esperar que rinda en mucho tiempo los gastos que nos cuesta. Nuestro comercio esparcido en tantos puntos que le ofrece la América, frecuenta poco esta colonia, no encuentra en ella simpatías, ni abandona por ella los caminos que tiene ya trillados. Nuestros soldados sufren mucho en aquel suelo mas ó menos pernicioso á los que llegan de la Europa, y no obstante es preciso tener de ellos un número crecido. De los habitantes, hasta hoy dia, no ha sido dable contar con mas milicia que un solo regimiento, y siete compañias tituladas de *las dos costas*.

6ª ¿La posesion de esta colonia será al menos provechosa para guardar por aquel lado las regiones de la Nueva España?

R. La colonia, bien defendida por las armas de mar y tierra que nos tienen grandes costos, es sin duda una vanguardia para la Nueva España; pero la guarda de esta no depende esencialmente de la Luisiana. Detras de ella hay soledades muy extensas, grandes rios, y ventajosos puntos de defensa para cubrir aquellos reinos (1).

7ª ¿La retrocesion á la Francia de la Luisiana podria comprometer la Nueva España?

R. La Francia no haria poco en guardar la Luisiana contra los Ingleses que serian sus fronterizos por la parte del norte. Dado caso de intentar aventuras y expediciones grandes en la América, aspiraria mas bien al Canadá y demas posesiones que disfrutó en lo antiguo hasta la bahía de Hudson. Todo cabe en la ambicion humana cuando encuentra medios y recursos grandes; pero la invasion de Nueva España seria una expedicion, á mas de superior á sus fuerzas, la mas descabellada al traves de los desiertos cuyas entradas y salidas no podrian hallarlas sin defensa.

---

(1) A propósito de estos desiertos que separan la Luisiana de la Nueva España, Mr. Barbé-Marbois no ha encontrado reparo en escribir « que la España habia seguido la política de las naciones bárbaras « que no estiman seguras sus fronteras sino cuando las separan vastas « soledades de los pueblos poderosos. » Yo no quisiera haber hallado esta invectiva tan injusta en su historia de la Luisiana. ¿Por ventura las soledades de que habla fueron obra de la España? ¿No venian de los siglos? ¿No extendió y adelantó la colonia mucho mas de lo que hicieron y pudieron sus antiguos dueños? No quitó el monopolio y las leyes prohibitivas con que estos la oprimieron sin dejar nunca que medrase? ¿No abrió á los extrangeros puerta franca hasta á los mismos protestantes para buscarle pobladores? ¿Estaba en nuestra mano poder llenar tantos páramos y yermos que aun hoy dia estan vacios y habrán de estarlo largo tiempo? ¿Debió la España despoblarse para llenarlos de habitantes? Mr. Barbé-Marbois me ha hecho alargar este capítulo para reformar sus yerros y defender mi patria.

Una invasion de tal especie en los dominios mejicanos se podria mas bien temer de los estados de la Union que sin mares que atravesar podrian llevar ejércitos, y proveerlos llenamente y guardar sus espaldas.

8ª ¿ Seria por esto una ventaja para los dominios mejicanos la interposicion de la Francia entre aquellos dominios y los estados de la Union, y otra ventaja para España por sacudir asi los gastos que le trae la Luisiana?

R. Nuestro ahorro en gastos seria cierto. Por lo demas, si los tratados de alianza, y los intereses recíprocos, aun mas que los tratados, valen alguna cosa, se deberá esperar que allí como en Europa se comporte la Francia como amiga nuestra.

9ª ¿ No será impiedad traspasar á otras manos el dominio de una colonia que se halla bien con su metrópoli?

R. Como estos cambios, y aun mas duros, los ha admitido en todas partes la política. Demas de esto una gran parte de aquellos habitantes son franceses de orígen, y conservan su lengua y sus costumbres. Para los Anglo-Americanos seria este cambio ciertamente mucho menos llevadero, por la inquietud que podrian darles las pretensiones de la Francia con las llaves del Misisipi.

10ª ¿ La retrocesion de la colonia podrá dañar á nuestro honor ó á nuestros intereses?

R. Como acto enteramente voluntario y como transaccion que nos convenga, el traspaso de la Luisiana no podria dañar á nuestro honor de modo alguno. Cuanto á los intereses, faltándonos los medios para procurarle un grande aumento en proporcion con los demas dominios españoles de las dos Américas, no rindiendo utilidad á nuestra hacienda ni buscándola allí nuestro comercio, y ocasionando grandes gastos en dinero y en soldados sin ningun provecho nuestro, recibiendo en fin en cambio de ella otros estados, la retrocesion de la colonia lejos de ser un sacrificio, puede tenerse por ganancia.

11. ¿ El gran ducado de Toscana con el título de reino, será un justo equivalente de la Luisiana?

R. La Toscana con el título de reino para coronar en ella un infante de España nos ofrece ventajas atendibles: la primera, de aumentar el poder, el honor y la influencia de la casa reinante, despues que el tronco de ella perdió el trono de la Francia; la segunda, recibir de ella esta especie de desagravio á la dinastía borbónica, y tener cerca de sus puertas otra rama de esta familia que le pueda ser querida; la tercera, la consistencia que este nuevo trono añadiria al de Nápoles, sobre todo si el gobierno de las Dos Sicilias mejoraba y hacia mas cuerda su política; la cuarta, de resucitar nuestra antigua influencia en los estados de la Italia donde tanta sangre española ha sido derramada por tenerla y mantener el equilibrio de la Europa contra las ambiciones del Austria y de la Francia; la quinta, ser un punto la Toscana donde los Españoles podrian ir á cultivar las bellas artes como si fuese en casa propia; la sexta, en fin, porque el comercio de la España disfrutaria en Liorna á sus anchuras aquel mercado general, uno de los primeros de la Europa, y tendria allí nuestra marina un puerto mas en donde hacer escala y abrigarse. Cuanto á valores materiales, los de la Luisiana podrán ser de los mas altos á lo largo de los tiempos para quien pueda tener medios de crearlos, mas su estadística presente no es comparable en ningun modo con la de Toscana. Casi todo por hacer, un principio de vida solamente en aquellas regiones despobladas: en la Toscana todo hecho, el cultivo perfecto, la industria floreciente, su comercio extendido, el clima sano y delicioso, las costumbres benignas, la civilizacion á un alto grado, pais rico en monumentos y en prodigios de las artes, en preciosas antigüedades, en magníficas bibliotecas y en academias célebres; de habitantes cerca de millon y medio; la renta del estado, por lo menos tres millones de pesos fuertes, sin ninguna deuda; su superficie cuadra, seis mil quinientas millas.

« Mas no por esto, decia yo, deberemos darnos por
« contentos con la Toscana sola: nosotros somos los ro-
« gados. Si para España, señora como es de la mayor
« parte y la mas rica de la América en los dos hemisferios,
« puede la Luisiana ser mirada como un dominio inútil y
« superfluo; al contrario, para la Francia, privada de colo-
« nias útiles en aquel continente, podrá ser el fundamento
« de una prosperidad incalculable en su marina y su co-
« mercio. La inutilidad para nosotros de aquella vasta
« posesion en el norte de la América, no le quita nada á su
« valor intrínseco: nadie que cambia ó vende alhajas que
« le son superfluas, baja por esto el precio, mientras la
« necesidad no le obligue á deshacerse de ellas. Esta ne-
« cesidad no la tenemos: la Francia si la tiene, y siendo
« ella la que pide, y no la España, se le debe exigir una
« paga bien cumplida. Fuera de esto la Luisiana tiene un
« valor para nosotros que aun no está recompensado, y
« es el de haberla recibido de la Francia el augusto padre
« de V. M. como indemnidad de las enormes pérdidas que
« fueron hechas en la guerra con la Gran Bretaña, á que
« por el año de 1761 comprometió á la España el ga-
« binete de Versalles (1). La Francia nos ofrece la Toscana,
« pero cediéndole nosotros, junto con la Luisiana, los du-
« cados de Parma, de Plasencia y Guastala. Mi opinion

---

(1) En aquella guerra desgraciadísima, la isla de Cuba fué invadida por los Ingleses, y nos tomaron la Habana con todos los tesoros que se tenian allí guardados, nueve navíos de á setenta cañones, tres fragatas y otros buques menores. Por el mismo tiempo invadieron la opulenta ciudad de Manila y las demas islas Filipinas. A estas pérdidas se añadió la del famoso galeon de Acapulco cuyo valor subia á tres millones de pesos fuertes. Para recobrar la Habana y las islas Filipinas fué necesario ceder á la Inglaterra las Floridas.

« contra la cual no hallo razon que se le oponga, es que
« de parte nuestra se le debe pedir la reunion de estos du-
« cados con el de Toscana, tal como en otro tiempo por el
« tratado de Londres de 1717, y despues el de Sevilla
« de 1729, fueron declarados pertenencia de la España para
« un infante de Castilla; siendo esta pretension tanto mas
« justa, cuanto que el ducado de Parma con sus depen-
« dencias fué traido á la rama borbónica de España por
« derecho de sangre, y que ha sido en ella un heredage
« no interrumpido hasta el presente. Hecho el concierto
« de este modo, en lo cual á mi ver, debe insistirse con
« firmeza, la España habrá sacado un gran partido, á
« todas luces ventajoso; y la Francia habrá tenido una
« ocasion de dar á España una prueba indudable de amis-
« tad verdadera y generosa. Bajo esta condicion siendo
« justo corresponderle con igual nobleza, se le podrian
« ceder los seis navíos que ha deseado: de otra suerte
« deberá apartarse esta demanda.

« Ademas de estas bases, seguia yo, puestas por funda-
« mento del tratado, deberá añadirse por condicion,
« cuanto á la Luisiana, que el comercio español gozará en
« ella, indefinidamente, la misma libertad y los mismos
« favores que han gozado hasta ahora los Franceses; y
« otra mas, muy esencial, es á saber, que si la Francia, por
« cualquier motivo que pudiera asistirle, se quisiese des-
« hacer de la colonia nuevamente, no lo pudiese realizar
« de otra manera, que retrocediéndola á la España (1). En

(1) Aseguro aquí ingenuamente, que al señalar esta condicion, ni aun me vino por sueño la idea de que un hombre como Bonaparte seria capaz de vender la Luisiana, como despues lo hizo, acto infeliz de una política cobarde y apocada, sin contar la felonía que cometió por tal medida con la España. Yo no propuse aquella cláusula sino tan solo en vista de la instabilidad que ofrecian en la Francia todas las formas de gobierno que ensayaba la república.

« cuanto á la Toscana, deberá estipularse que la pose-
« sion de aquel estado será reconocida como un derecho
« propio de la dinastía española, é inherente á la corona
« de tal modo, que llegado el caso de extinguirse la ac-
« tual línea del príncipe de Parma, entraria en igual de-
« recho otro infante de Castilla á eleccion del rey de
« España á quien tocaria en todo tiempo dar la investi-
« dura de la monarquía toscana. Demas de esto será cargo
« de la Francia poner á nuestro infante en posesion pací-
« fica del nuevo reino, y hacer lo reconozcan las demas
« potencias amigas y aliadas de la república francesa,
« juntamente con el Austria.

« Una vez convenido, añadí todavía, este importante
« negociado, deberia diferirse el concluirle hasta la paz,
« si llega á realizarse, entre el Austria y la Francia, por
« manera que la cesion de la Toscana hiciese parte del
« tratado entre aquellas potencias, ya fuese consentido
« por el duque actual, ó ya en su nombre al menos lo
« fuese por el Austria con el deber de indemnizarle. El de-
« coro y la dignidad de la política española hacen preciso
« este retardo, pues no seria bien visto que la España
« pareciese haber tenido parte en el despojo de aquel
« príncipe calculando sobre su desgracia, ni que iba men-
« digando tras de las conquistas que podria hacer la Fran-
« cia. El gran ducado no es suyo todavía ni aun por
« derecho de conquista: la convencion de Alejandría le
« dejó dentro de la línea que debian ocupar las tropas im-
« periales durante el armisticio; y al presente (1) es sa-
« bido que la Toscana se encuentra en movimiento levan-
« tada en masa contra los Franceses. Sea cual fuere el
« resultado de estas nuevas hostilidades, y dado como
« habrá de suceder, que esta insurreccion sea sofocada

---

(1) En setiembre de 1800.

« por las armas francesas, falta todavía que la paz sea
« ajustada, en contra de la cual batalla la Inglaterra,
« comprometida el Austria por su tratado de subsidios
« como lo está con ella para no tratar de paces sin concur-
« rencia suya. En tales circunstancias, nuestro tratado
« con la Francia sobre la Toscana seria un acto prematuro
« y nos causaria un gran desaire, si encendida la guerra
« nuevamente, que es la contingencia mas probable, cam-
« biase la fortuna en contra de la Francia. Tengamos paz
« con ella, seamos sus aliados; pero no la acostumbremos
« á imponernos por su buen placer sus deseos y volunta-
« des. Mientras mas circunspectos, mejor seremos respe-
« tados. En política, los favores, es talento y es un medio
« de hacerlos estimables, el saber regatearlos. »

Este fué mi dictámen. Mal se querrá llamar mi influjo omnipotente, pues contra mi opinion, despues á pocos dias, se celebró el tratado, se concedió á la Francia con la Luisiana el ducado de Parma, se pactó al mismo tiempo dejar á favor suyo la parte que gozaba la Toscana en la isla de Elba, se otorgó la peticion de los seis navios de linea, y se hizo al primer cónsul un regalo de diez y seis magníficos caballos. ¿Quién celebró el tratado? El general Berthier por parte de la Francia; Don Mariano Luis de Urquijo por parte de la España, fecho en San Ildefonso á primero de octubre de mil ochocientos. Díjose en aquel tiempo del ministro Urquijo que le fué hecha una inscripcion en la renta francesa : yo lo tengo por una fábula. Se juntaron dos circunstancias para que se ajustase aquel tratado como fué pedido, la una fué la inexperiencia del ministro y su flaqueza ante el prestigio que causaba Bonaparte; la otra el amor y la ternura de los Reyes por sus hijos. Tal vez se añadió á esto, cuanto á Urquijo, la esperanza de obtener la propiedad de su mando interino, recomendado y sostenido por la Francia. Como quiera que hubiese sido, la negociacion fué concluida con el mayor secreto, de tal modo, que aun á mí me fué ocultada por los reyes hasta un mes de estar ratificada de ambas partes. Mi insistencia con Cárlos IV en la necesidad de consultar al decoro de la España, fué despues un motivo para exigir y obtener del primer cónsul, lo primero, que en la paz de Luneville se incluyese un artículo relativo á la cesion del gran ducado (1); lo segundo, que el tratado de San Ildefonso, que permanecia secreto, fuese renovado por lo tocante á la Toscana con fecha posterior á la paz de Luneville, y con las circunstancias que en aquel faltaban, sin dejarse ambigüedades ni materia alguna de disputas para en adelante. Este nuevo tratado *lo hice yo en Madrid con Luciano Bonaparte en 21 de marzo de 1801*, cuarenta dias despues de la paz de Luneville. Contenia el tratado ocho artículos. Por el primero, harto á pesar mio, se reproducia la renuncia de todos sus estados por el duque de Parma á favor de la república francesa, y la nueva soberanía del gran ducado de Toscana en cuya posesion habia de entrar su hijo el príncipe heredero. Por el segundo quedaba estipulada la inmediata toma de posesion que seria dada del gran ducado á aquel infante,

---

(1) No tan solo busqué yo en esto el decoro de la España, sino la seguridad de aquella adquisicion, afianzada de tal modo, que no pendiese de la Francia solamente, ni de parte del Austria pudiera reclamarse en adelante con ningun pretexto la reversion del gran ducado. El artículo V del tratado de Luneville concluido en 9 de febrero de 1801, decia á la letra de esta suerte: « Se conviene ademas en que « S. A. R. el gran duque de Toscana renuncia para sí y por sus here-« deros, descendientes y sucesores, al gran ducado de Toscana, y á « la parte de la isla de Elba que de él depende, como tambien á todos « los derechos y títulos que dimanan de sus derechos á dichos esta-« dos, los cuales en adelante los poseerá con toda soberanía y pro-« piedad S. A. R. el infante duque de Parma. El gran duque recibirá « en Alemania una indemnizacion plena y entera de sus estados de « Italia. Dispondrá el gran duque segun su voluntad de los bienes y « propiedades que posee particularmente en Toscana, etc. etc. »

obligándose el primer cónsul á la consumacion pacífica de aquel acto con todo el lleno de sus fuerzas. El tercero contenia la ereccion en reino del gran ducado con todos los honores y prerogativas de la monarquía, siendo cargo del primer cónsul hacer reconocer por tal rey de Toscana al príncipe de Parma por las demas potencias de quien habria lugar de reclamarlo, previamente á la entrada y á la toma de posesion por el infante. Por el cuarto, cedia la Francia el principado de Piombino para unirlo al reino de Toscana como compensacion de la parte que gozaba el gran ducado en la isla de Elba y se cedia á la Francia (1). Por el quinto las dos partes contratantes confirmaban las estipulaciones contenidas en el tratado de San Ildefonso en 1º de octubre de 1800 con respecto á la Luisiana. El artículo sexto decia de esta manera : « Siendo de la familia real de « España la casa que va á ser establecida en la Toscana, « será considerado este estado como propiedad de la Es- « paña, y deberá reinar en él perpetuamente un infante « de la familia de sus reyes. En el caso de faltar la suce- « sion del príncipe que va á ser coronado, será esta reem- « plazada por otro de los hijos de la casa reinante de la « España. » El artículo 7º imponia la obligacion de concertarse las dos partes contratantes para indemnizar al duque reinante en Parma, de una manera conveniente á su dignidad, en posesiones ó en rentas. El postrero señalaba el término de tres semanas para ratificar de entrambas partes el tratado.

Este acto por el cual se puso fin al asunto de Toscana,

---

(1) El principado de Piombino pertenecia entonces al reino de Nápoles; pero despues del armisticio de Foligno en 6 de febrero de 1801 exigió la Francia que le fuese cedido como una de las condiciones de las paces que á poco tiempo se firmaron en Florencia entre el rey de las Dos Sicilias y la república francesa. Cedida luego á la Toscana por la Francia, si mudó de dueño, se quedó siquiera en la familia.

fué la sola parte que yo tuve en aquellos negociados. Para evitar que la Inglaterra, llegando á penetrarlos, no invadiese la Luisiana, se guardó un gran secreto acerca de ellos, y este secreto ha sido causa de que muchos, no teniendo medios de informarse, hayan confundido las personas, los actos, y el objeto respectivo de cada uno de estos actos. El que yo autoricé fué dirigido especialmente, como ya lo he hecho ver, á hacer correlativa con la paz de Luneville la adquisicion de la Toscana, á reparar olvidos importantes que se habian tenido en el primero, á sacar mejor partido, como fué logrado por la agregacion á la Toscana del principado de Piombino, y á asegurar la ejecucion de lo pactado por parte de la Francia hasta poner al príncipe de Parma en posesion pacífica del nuevo reino de la Etruria.

CAPITULO IV.

Incidente penoso sobre las cuestiones de disciplina eclesiástica agitadas en España mientras la vacante de la silla romana. — Carta al rey del nuevo pontífice Pio VII. — Caida del primer ministro interino don Mariano Luis de Urquijo. — Oficios que de órden del rey practiqué con el nuncio apostólico para tranquilizar al papa y cortar las desavenencias ocurridas. — Recepcion de la bula *Auctorem Fidei*. — Intrigas y manejos del ministro Caballero. — Nombramiento de don Pedro Ceballos para el ministerio de estado.

El asunto de la Toscana fué el único suceso que por un momento distrajo al rey de las graves aflicciones que agobiaron su corazon desde el principio hasta el fin del año de 1800. Habria bastado ciertamente para consternar el ánimo mas firme el empobrecimiento, ó por mejor decir la ruina que causó al erario la creacion de las cajas de descuento, establecidas, en verdad, con miras generosas para sostener el crédito, pero erradas hasta el punto de haberle destruido, sin tener las arcas reales á mediado del año casi mas recurso que la multitud de resmas de papel desapreciado que llegaron de todas partes en cambio de moneda (1). En medio de estas penas, vino luego la epidemia que asoló á Cádiz, á Sevilla y tantos otros pueblos comarcanos. Con tan grande calamidad se juntó á poco tiempo aquel bloqueo inhumano que pusieron á Cádiz los Ingleses, viniendo allí á vengar sus derrotas del Ferrol sobre enfermos y cadáveres, atreviéndose á pedir en tan amargas circunstancias los navíos ya equipados ó que estuviesen equipándose, preparando el bombardeo para lograr esta demanda, y amenazando aquí y allí por todas partes el desembarco de sus tropas (2). La constancia he-

---

(1) Véase acerca de esto el capítulo L de la 1ª parte.

(2) Segun las notas oficiales de aquel tiempo, las fuerzas británicas que amenazaron á Cádiz y toda aquella costa epidemiada, se componian de ciento cuarenta y ocho buques, los sesenta de guerra, que fondearon en el placer de Rota el 4 de octubre con veinte mil hombres de tropas, al mando estas del general Albercombrie, y á la cabeza de las fuerzas navales y de la expedicion, el almirante Keith. Su objeto era apoderarse de nuestra escuadra, destruir el arsenal de la Carraca, imponer á Cádiz una larga contribucion y acabar de desolar aquella plaza. El comandante de esta, que lo era entonces don Tomas de Morla, escribió al almirante ingles la acerba situacion en que se hallaba Cádiz y toda la provincia bajo el azote de la fiebre amarilla, en cuya extincion era interesado el mundo entero y mas inmediatamente la Europa. Le añadia no quisiese cubrirse de ignominia, si en lugar de aliviar aquellos pueblos, como un noble enemigo, ofreciéndoles auxilios en tan extraordinarios conflictos, prefería hostilizarlos y aumentar sus agonías, bien entendido que si insistia en tan inaudita resolucion, la guarnicion y el vecindario se curarian de la epidemia por la excitacion que les darian su indignacion y sus esfuerzos generosos, mas contentos de morir peleando, que al rigor de aquella plaga que estaban

róica y proverbial de los pechos españoles cuando arrecian los trabajos y peligros, bastó á triunfar y á libertar á Cádiz; ¡pero qué de sacrificios y de gastos no causó allí la necesidad de proveer á la defensa de la plaza y de las costas en medio del incendio y los estragos de la fiebre!

He aquí pues, para aumentar las tribulaciones del monarca, los conflictos que por el mismo tiempo acarrearon las disputas inconsideradas y las pretensiones importunas que se habian promovido en materia de dispensas y reservas á la Silla apostólica. La eleccion del nuevo papa el cardenal Gregorio Bernabé Chiaramonti que tomó el nombre de Pio VII, hecha con toda paz en Venecia por el mes de marzo, desvaneció los temores y motivos con que se dió el decreto real de 5 de setiembre del año antece-

---

padeciendo. La respuesta del almirante fué pedir los navíos y todos los objetos de marina que tendrian los almacenes y arsenales. A esta intimacion acompañada de horribles amenazas, correspondió Morla con su carta de 6 de octubre, digna de conservarse para ejemplo y gloria de la España. Su tenor fué el siguiente: « Señores generales de tierra y
« mar de S. M. Británica: Escribiendo á vuestras Excelencias la triste
« situacion de este vecindario á fin de excitar su humanidad, no me
« pude imaginar que jamas se creyera flaqueza y debilidad semejante
« procedimiento; pero veo, por desgracia, que vuestras excelencias han
« interpretado muy mal mi corazon, haciéndome una proposicion que
« aun deshonra mas á quien la hace, que á aquel mismo á quien se
« ha osado dirigirla. Esten vuestras excelencias entendidos de que si
« intentan llevar á efecto sus amenazas, aprenderán á escribir en
« adelante con mas decoro á generales españoles. Todas las tropas que
« tengo el honor de mandar dentro y fuera de este recinto, con mas
« sus generosos habitantes, sino han bastado las lecciones recibidas
« en poco tiempo en Puerto-Rico, en las Canarias y el Ferrol por las
« armas inglesas, sabrán hacer esfuerzos nuevos, todavía mas gloriosos,
« para grangearse el respeto y el aprecio de vuestras excelencias, de
« quienes queda su atento servidor Tomas de Morla. » Esta heróica respuesta desanimó al enemigo y salvó á Cádiz de la brutal irrupcion que intentaron los Ingleses.

dente invitando á los obispos á ejercer la plenitud de las facultades apostólicas en punto á las dispensas y necesidades graves de los fieles durante la vacante. En cuanto fué sabida la eleccion, por otro real decreto de 29 de marzo se mandó que fuesen vueltos los asuntos eclesiásticos al mismo pie en que se hallaban antes del fallecimiento del señor Pio VI, pero añadiéndose en el texto del decreto que despues de felicitar y rendir el debido homenage al nuevo pontífice, se debería tratar con su santidad *de los grandes objetos que requerian las circunstancias para asegurar la buena armonia y concierto entre las dos cortes*. Esto fué llevado á efecto, de seguida, por el ministro Urquijo, como si pudieran faltar mas adelante dias mejores y mas propios para pretensiones nuevas, que ademas de su gravedad, y aun suponiendo que fuesen convenientes, no ofrecian ninguna urgencia. Se trataba no tan solo de disminuir las reservas en los negocios eclesiásticos, sino, lo que era mucho mas, de restablecer la disciplina antigua cuanto á la confirmacion de los obispos, grande objeto, poco antes, de disturbios en la Iglesia francesa, y ocasion del cisma y de la guerra que se encendió en el clero galicano. El calor y el espíritu de escuela que le inspiraron muchos y entre ellos mayormente el canónigo Espiga, hizo cerrar los ojos al ministro, sin considerar que al rendir al nuevo papa los primeros oficios de felicitacion y de respeto del gobierno español, habia una falta de nobleza en comenzar sus relaciones con la Santa Sede exigiendo su desprendimiento de un gran número de prerogativas á que estaba asida fuertemente, y en favor de las cuales regia ya la prescripcion de muchos siglos. Tal manera de pretender parecia que era quererse aprovechar del estado de incertidumbre que ofrecian los sucesos de la Europa sobre la suerte venidera de la corte romana, incertidumbre que al contrario debia ser un motivo para que España no fuese la primera en promover cuestiones que tocaban á los atributos mas preciados de la silla pontificia. Junto con la indicacion de estas pretensiones se añadió por el ministro español una peticion, en que expuestas al señor Pio VII las calamitosas circunstancias en que se encontraba nuestra hacienda, se le rogaba concediese sobre las antiguas pertenencias que disfrutaba la corona en las masas decimales, una novena parte mas por el tiempo que fuese necesario para amortizar los vales. Trasladado á Roma el santo padre por el mes de julio, y empezado ya el curso de los negocios de la curia, su primer acto con España fué conceder al rey aquel noveno extraordinario sobre toda especie y propiedad de frutos decimales, por su bula de 3 de octubre de 1800; acto grande de nobleza, y tambien de política, porque en seguida de esto escribió á Cárlos IV de una manera afectuosa, pero enérgica y altamente sentida, lamentándose del espíritu de innovacion con que parecian abusar algunos malos consejeros del amor que profesaba á sus súbditos, esparciendo aquellos, ó dejando gustosamente esparcirse doctrinas depresivas de la Silla Romana, y llevándolas á efecto en los mismos dias en que la divina Providencia comenzaba ya á hacer aparecer el arco de paz para su Iglesia, combatida tan reciamente por las tormentas que habia ofrecido el siglo antecedente. La excitacion hecha á los obispos por el real decreto de 5 de setiembre la graduaba el papa de prematura, puesto que no habria debido hacerse sino cuando las circunstancias posteriores hubiesen justificado los temores que infundian las agitaciones de la Europa. Se quejaba en general de los obispos, y añadia que algunos de ellos, sin haberse limitado á conceder dispensas, habian favorecido las doctrinas contrarias á la Santa Silla, asunto sobre el cual daba á entender ser de su cargo el hacer prolijas inspecciones para asegurarse de su fé ortodoxa, reconocer las dispensas en materias graves que habrian sido hechas, anular las que podrian haberse concedido contra las reglas eclesiásticas y sin causa muy fundada, y corregidos los excesos promover y restablecer el principio de unidad católica comenzado á relajarse por algunos de aquellos mismos á quien estaba impuesto mantenerle; acerca de lo cual, añadia el papa, habia comunicado al nuncio las instrucciones convenientes y las facultades necesarias. Daba luego fin rogando al rey que apartase de su lado aquellos hombres, que engreidos de una falsa ciencia pretendian hacer andar á la piadosa España los caminos de perdicion donde nunca habia entrado en los siglos de la Iglesia, y que cerrase sus oidos á los que so color de defender las regalias de la corona, no aspiraban sino á excitar aquel espíritu de independencia, que empezando por resistir al blando yugo de la Iglesia, acababa despues por hacer beberse todo freno de obediencia y sujecion á los gobiernos temporales, con detrimento y ruina de las almas en la vida presente y en los dias eternos, quedando aparejado un gran juicio de estas cosas á aquellos que presiden y gobiernan.

No necesito contar mas para que infiera cada uno que esta carta fué la ruina del ministro Urquijo. Los que conocieron de cerca á Cárlos IV saben bien, que sin ser un rey fanático, ni mucho menos un devoto falso que afectase la religion como un medio de oprimir sus súbditos, era piadoso con extremo y católico sincero en toda la extension de esta palabra. Llamóme á solas, y me pidió consejo. Díjome que su intencion, lo primero de todo, era separar del mando al ministro que lo habia comprometido tan fuertemente con el papa; lo segundo, enviar á Roma los obispos y demas eclesiásticos que le señalaba el nuncio como promovedores de las doctrinas nuevas, á que diesen satisfaccion al romano pontífice ó que fuesen juzgados allí mismo; lo tercero, separar de todo empleo los seglares que habrian tomado parte en las disputas ó las hubiesen atizado, y hacer juzgar y castigar á los fautores: tales cosas habia puesto en su cabeza el ministro Caballero!

Yo le dije al rey que sin hacerme parte en pro ni en contra

del secretario Urquijo, no sabria nunca aconsejar que su magestad cambiase de ministro bajo ninguna indicacion de las cortes extrangeras, cualesquiera que estas fuesen, ni ofrecerles antecedentes de esta especie con que indirectamente pretendiesen ingerirse en el gobierno y tantear su independencia; que entre las doctrinas y disputas que se habian movido, ninguno habia negado el primado de honor y jurisdiccion que competia al pontífice romano, que estas doctrinas y disputas no habian salido de la esfera de un corto número de canonistas, ni trascendido afuera de las aulas, y que ningun obispo habia faltado en lo mas mínimo á la religion debida á la cabeza de la Iglesia. El rey me interrumpió diciendo: « Tú te engañas, ve y pregunta
« á Caballero; él te mostrará documentos, cartas y manus-
« critos perniciosos que obran en su poder; él te contará de
« Jovellanos, de Tavira (1), de Palafox (2), de Lizana (3),
« de los Cuestas, de Espiga, de Llorente.... qué sé yo
« quien mas!.... y esa escuela de jansenistas que se ha for-
« mado en San Isidro! »

« Pero, señor, por Dios, dije yo al rey, los que pa-
« decen de ictericia lo ven todo en amarillo. Caballero no
« hace justicia á esas personas: Jovellanos es un realista
« por principios, y es imposible serlo, sin disputar, salva
« la fé y la unidad católica, muchas de sus pretensiones
« á la curia romana: los prelados que V. M. acaba de
« nombrarme, son conocidos en todo el reino como ver-
« daderos sabios católicos, y estimados como otros tantos
« tipos y modelos de todas las virtudes: los adoran sus
« diocesanos; ¡qué seria si los viesen ir á Roma para ser
« juzgados! Ni estos, ni los eclesiásticos, ni los seglares que

---

(1) Obispo de Salamanca, uno de mis mas favorecidos.

(2) Obispo de Cuenca, varon ejemplar, grande amigo mio.

(3) Obispo auxiliar en Toledo, y electo de Teruel. A este le hice yo nombrar despues arzobispo de Méjico.

« han sostenido el real decreto de 5 de setiembre, han hecho
« mas que rebatir las opiniones de los que calumniaban
« ese mismo decreto con ofensa de V. M. Si alguno de
« esos mismos á quien se llama jansenistas sin tener nada
« de Jansenio, se han acalorado mas allá de lo justo, su
« lealtad y su adhesion profunda á la persona y los de-
« rechos de V. M., debe servirles cuando no de escudo, á
« lo menos de disculpa.»—« Yo quiero que sea asi, replicó
« Cárlos IV; pero ¡cuántos no habrá, como Caballero
« me lo afirma y me lo prueba con papeles y documentos,
« que á la sombra de esos prelados y esos sabios que tú
« dices, se hallen propagando mil doctrinas peligrosas! Yo
« no quiero cuestiones ni disputas sobre la fé católica bajo
« ningun pretexto. ¡Será bueno que hasta ahora se ha lo-
« grado evitar las disputas políticas, y que vengan á tur-
« bar la paz las disputas religiosas! Despues de esto, es
« necesario satisfacer al papa, necesario del todo. »

« ¿Pero quién ha dicho á V. M., repuse yo, que no hay
« mas medio de satisfacer á un pontífice tan ilustrado y
« tan benigno como el señor Pio VII, sino castigando y
« afligiendo? Este medio tiene un grande inconveniente
« para conseguir la paz que V. M. desea; la persecucion
« por opiniones, lejos de rematarlas, les da importancia y
« vida y fuerza; en los juicios y doctrinas de los hombres
« tiene mas parte el amor propio que la verdad misma.
« Yo no soy teólogo ni canonista, como pretende serlo Ca-
« ballero; pero entiendo mejor el Evangelio y sé mejor
« que él, consultando la historia, que las heregías mas
« violentas que han cundido y arraigado en Oriente y Oc-
« cidente han debido una gran parte de su fuerza y sus
« progresos á las persecuciones. No las haya jamas en el
« reinado del mejor padre de los pueblos el señor Don Cár-
« los IV. Este fué mi voto siempre; V. M. lo sabe, y este voto
« que hasta ahora habia logrado ver cumplido, lejos de da-
« ñar á la corona de V. M., la ha afirmado en sus sienes. »

« Pero yo he prometido, dijo el rey, satisfacer al papa.
« ¿Te querrás tú encargar de este negocio y entenderte
« con el nuncio? » — « Cuando V. M. tuvo á bien, res-
« pondí, mandarle retirar de España, acudí yo á invocar
« la real piedad de V. M. para que se dignase revocar
« aquella órden, y V. M. la revocó por mis súplicas: yo
« sé bien que el nuncio me conserva su agradecimiento. »
— « Yo te mando pues, dijo el rey, que te hagas cargo de
« componer ese asunto, y me quites ese peso que aflige
« mi conciencia y me desvela por las noches. »

Yo acepté esta comision con gran contento mio, por la esperanza que me daba de evitar muchos males y salvar muchas personas estimables. En verdad estaba el nuncio, no tan solo querelloso, sino envalentonado, la ocasion en su mano de oprimir sus enemigos ó los que juzgaba tales. Tenia una loma de papeles, de conclusiones escolásticas, de escritos y consultas en derecho, de investigaciones atrevidas, de críticas acaloradas de la curia romana, y lo que era mas, de sarcasmos personales contra él mismo, y aun algunas caricaturas. Yo le dejé que desfogase, y sin contradecirle, le pregunté si en su sabiduría y su cristiana mansedumbre, no encontraria mas medio de ver el fin de las disputas y de satisfacer al papa sino los rigores y los ruidos. — « Si pudiera encontrarle, yo le adoptaria, me
« respondió; pero ¿dónde está ese medio? » — « Y bien,
« le dije yo, ese medio lo he encontrado. » — « ¿Y cuál
« es? » me preguntó con interes y con muestras de un buen ánimo no cerrado para la paz. — « La recepcion, le
« contesté, en estos reinos, de la bula *Auctorem fidei*,
« darle paso en el consejo, y dirigirla á la adhesion de los
« obispos, salvas, dije, señor nuncio, las regalias de la
« corona y nuestra legislacion canónica bajo todos los pun-
« tos en que estamos concordados con la Silla Romana, ó
« hay costumbre legítima. » El sol de la mañana, despues de una tormenta, no le causa mas alegría al navegante,

como la que vi brillar en los ojos del nuncio. « La bula « *Auctorem fidei*, seguí yo todavía, recibida en España en « los términos que he dicho, será un testimonio relevante « de la paz de nuestra Iglesia con la Santa Sede, muy mas « bien que retractaciones y castigos sobre tal naturaleza « de opiniones, que en bien ó en mal dependen del sentido « bueno ó malo con que las profesa cada uno. »—« ¿Y se « podrá esperar, replicó el nuncio, que no habrá protes-« taciones ni escritos en contrario?»—« Yo he estado en el « gobierno algunos años, respondí; yo conozco bien á esos « prelados que una cáfila de ignorantes enemigos suyos « ha llamado jansenistas; yo respondo de todos ellos y « respondo de la España entera si se adoptan mis conse-« jos. » El nuncio me apretó la mano, me abrazó muchas veces, me afirmó que una idea tan feliz para llegar al fin propuesto por un medio tan sencillo no se le habia ocurrido; díjome que Dios me habia inspirado, que seria un dia de gozo para el papa aquel en que tendria la nueva de tan piadoso arbitrio de conciliacion, que iba á escribir á Roma, y que en su modo de juzgar, era un negocio terminado. Todo fué hecho en paz y con gran satisfaccion del pontífice romano. Yo conservo aun su carta con que se dignó favorecerme y darme un testimonio de su gratitud vivísima por aquella obra de paz que debia poner fin á todos los disgustos (1).

---

(1) Copiaré aquí una parte de esta carta de 23 de enero de 1801.

Pius P. P. VII.

« Dilecte fili. L'infinita consolazione, che il piissimo, religiosissimo « animo di S. M. Cattolica ci ha data coll' emanare il real decreto per « la pubblicazione e piena osservanza in tutti i suoi domini della bolla « *Auctorem fidei* dal glorioso nostro antecessore, è riguardata de noi « come un tratto della Divina Misericordia, che si è degnata di darci « questo grandissimo conforto in mezzo alle somme angustie ed ama-

He sido material, y prolijo tal vez, en contar estas cosas, pero muchos me han censurado la admision de aquella bula y han querido contarla como un paso retrogrado en el camino abierto ya de antiguo entre nosotros contra las usurpaciones de la curia romana. Pero lo primero, la bula *Auctorem fidei* fué recibida con la limitacion de estilo en los reinos de España, salvas nuestras leyes, sin ninguna derogacion de los usos, prácticas y costumbres recibidas en los negocios eclesiásticos y mixtos, y sin valer en

---

« rezze, che da ogni parte ci circondano. Ne abbiamo percio fatti
« i dovuti ringraziamenti con tutta l'effusione del nostro cuore, prima
« al signore Iddio, poi con nostra lettera alla Maestà di così pio ed
« augusto monarca.

« Noi conosciamo pero, che dobbiamo moltissimo in così santa
« empresa alla di lei degna persona, e ci sono stati fidelmente riferiti
« tutti i tratti coi quali la di lei religiosa pietà ed insieme la di lei di-
« vozione verso questa Santa Sede, ha promosso e condotto a fine un così
« edificante suo impegno. Il sommo Iddio sia quello que la rimuneri
« di un'opera si utile alla sua Chiesa, e si gloriosa al suo nome. Noi,
« dal canto nostro, non dimenticheremo mai le obbligazioni che le
« professiamo per questo ed altri molti segnalati piaceri che da lei
« abbiamo ricevuti. Vorressimo ch'ella ci somministrasse qualche modo
« onde potrei a lei dimostrare veramente affezzionato e riconoscente,
« perciò l'invitiamo a fornircene gli opportuni mezzi.

« Sapendo noi quanto ella è religiosamente divota delle sante reliquie
« per arricchirne la sua sacra Cappella, vogliamo inviarsene alcuna,
« che ci rammenti alla sua memoria quando in essa esercita gli atti di
« religione verso il Signore comune. Quindi è che ci diamo già tutto
« il pensiero per fargliela pervenire, e non altro desideriamo se non
« ch'ella gradisca il pensiero, nè altro risguardi che il cuore del
« donante, della cui affezione vogliamo ch'ella sia sempre sicura. Le
« raccomandiamo vivamente di proteggere col suo credito e potere la
« causa della religione, e unione constante di codesto cattolico regno
« con questa Santa Sede. Noi abbiamo la giusta opinione della di lei
« religione non meno, que della di lei sagacità e saviezza, ecc. ecc. »

La reliquia de que aquí se habla, era el cuerpo de un santo, contenido en una caja forrada de terciopelo carmesí frangeado de oro, que el mismo nuncio vino á colocar en mi oratorio.

cosa alguna contra las regalías de la corona; lo segundo, las cuestiones de disciplina agitadas y resueltas en el concilio de Pistoya, no fueron nunca objeto ni de las discusiones legislativas del consejo real, ni de las pretensiones de nuestro gabinete; lo tercero, era de ver que en la cristiandad entera, y aun en Francia, con la rigidez del antiguo clero galicano y de los parlamentos, no se gozaron nunca privilegios, gracias y libertades mas extensas en materia de regalías y concordatos eclesiásticos que gozaba España y siguió despues gozando en posesion pacífica. La confirmacion de los obispos por los papas, objeto principal sobre que Urquijo y algunos eclesiásticos dirigieron sus miras para obtener una mudanza, era un punto sobre el cual no habia camino para hacer ceder de su derecho á la Silla Apostólica. El mismo Bonaparte con todo su poder, de quien pendia en aquel tiempo la suerte temporal de la Corte Romana, no se atrevió á exigir innovacion, y si es que la exigió, no pudo conseguirla, en aquella preeminencia de la Silla Romana, afirmada y remachada por los siglos. Primero que cejar en esta parte, por no reconocer á ninguno de los obispos instituidos en Francia por sus comprovinciales, consintió mas bien Pio VII á interrumpir por un momento la sucesion del obispado en la Iglesia francesa, y á exigir la demision á todos los prelados que existian de institucion romana, con tal que el primer cónsul exigiera y obtuviese la misma demision de los obispos constitucionales consagrados sin la aprobacion de Roma, y asi es como fué hecho, reconocido al gefe del gobierno el derecho de presentar aquellos mismos ú otros nuevos, pero reservado al pupa el de aceptarlos y acordarles la institucion canónica. En tal estado de las cosas, no habria sido sino locura agitar en España pretensiones y disputas á que era visto renunciar los demas pueblos de la Europa católica. Por último de todo, el pase de la bula *Auctorem fidei* no fué un acto puramente oficioso y de mera lisonja, sino un medio, para nadie dañoso, de sosegar los ánimos comenzados á encenderse por disputas de doctrina, de quitar los encuentros con la corte romana, y de evitar persecuciones, escándalos y turbulencias en España. Yo no creé estas circunstancias, ni hice mas que buscarles un remedio pacífico, y salvar muchos hombres respetables.

No del todo enteramente, como yo habia querido, se hicieron estas cosas. Nuevos cuidados que asomaban para España y en que el rey volvió á ocuparme, entablada ya la paz por mi parte y la del nuncio, me hicieron olvidar que al ministro Caballero, por su oficio, le tocaba terminar aquel asunto. Este hombre duro y enconoso, que perdia la ocasion de maltratar directamente por sus manos mucha gente letrada, en vez de redactar un decreto simple y llano sobre la admision de la bula, derramó en él todo el veneno de su alma. Hízolo á espaldas mias, y sin embargo de llevar su firma, muchos de los que supieron mis oficios con el nuncio, se imaginaron que el decreto se habia puesto con mi acuerdo y anuencia. A cada uno lo que es suyo; he aquí el texto de este documento que pinta bien á Caballero, aquel hombre, de quien nunca por mas esfuerzos que yo hice, pude llegar á conseguir que el rey le conociese: conocióle luego, ya muy tarde, cuando no era rey de España.

Real decreto de 10 de diciembre de 1800.

« Como el religioso y piadoso corazon del rey no pueda
« prescindir de las facultades que el Todopoderoso ha
« concedido á S. M. para velar sobre la pureza de la reli-
« gion católica que deben profesar todos sus vasallos, no
« ha podido menos de mirar con desagrado se abriguen
« por algunos, *bajo el pretexto de erudicion ó ilustracion*,
« muchos de aquellos sentimientos que solo se dirigen á
« desviar á los fieles del centro de unidad, potestad y ju-
« risdiccion que todos deben confesar en la cabeza visible

« de la Iglesia, cual es el sucesor de san Pedro. De esta
« clase han sido los que se han mostrado protectores del
« sínodo de Pistoya condenado solemnemente por la san-
« tidad de Pio VI en su bula *Auctorem fidei*, publicada en
« Roma á 28 de agosto de 1794; y queriendo S. M. que
« ninguno de sus vasallos se atreva á sostener *pública ni*
« *secretamente* opiniones conformes á las condenadas por la
« expresada bula, es su real voluntad que inmediatamente
« se imprima y publique en todos sus dominios, encar-
« gando á los obispos y prelados regulares inspiren á sus
« respectivos súbditos *la mas ciega obediencia* á este real
« mandato, dando cuenta de los infractores para proce-
« der contra ellos, sin la menor indulgencia, á las penas
« que se hayan hecho acreedores, sin exceptuar la expa-
« triacion de los dominios de S. M., *en la inteligencia de*
« *que á las mismas se expondrán, si lo que no es creible ni*
« *espera S. M. de los obispos y prelados, hubiese alguno*
« *que en esta materia procediese con indolencia cautelosa, ó*
« *abiertamente contra lo mandado;* y al mismo tiempo es la
« voluntad de S. M. que el tribunal de la Inquisicion pro-
« hiba y recoja cuantos libros y papeles hubiere impresos,
« y que contengan especies ó proposiciones que sostengan
« la doctrina condenada en dicha bula, procediendo *sin*
« *excepcion de estados y clases* contra todos los que se atre-
« vieren á oponerse á lo dispuesto en ella; y que el con-
« sejo de Castilla circule esta soberana resolucion, con un
« ejemplar de la bula, á todas las audiencias y chancille-
« rías y demas tribunales del reino, para que celen sobre
« este punto, mandándose á las universidades que en ellas
« no se defiendan proposiciones que puedan poner en
« duda las condenadas en la citada bula; haciendo saber á
« todos, que asi como S. M. se dará por muy servido de
« los que contribuyeren á que tengan el debido efecto sus
« intenciones soberanas, procederá contra los inobedien-
« tes, usando de todo el poder que Dios le ha confiado.

« Lo que participo á V. E. (al gobernador del consejo)
« de órden de S. M. para que haciéndolo presente en el
« consejo, disponga su cumplimiento en la parte que le
« toca, *teniendo entendido* que por esta via se comunica á
« los obispos, prelados regulares y universidades del
« reino, á quienes cuidará el consejo de remitir cuanto
« antes un ejemplar de dicha bula; y de quedar ejecutada
« en todas sus partes esta resolucion de S. M. me dará
« V. E. aviso para ponerlo en su real noticia. »

El consejo de Castilla dió su cumplimiento á esta real órden, y mandó imprimir y publicar la bula, sin perjuicio, segun la forma acostumbrada en estos casos, de las regalías, derechos y prerogativas de la corona, guardando de este modo la dignidad y las justas reservas de la autoridad monárquica que Caballero habia olvidado. A todos dió que murmurar la aspereza del texto con que fué redactada la real órden, la conminacion indecorosa que se hacia á los obispos sin ningun motivo justo que la hubiese provocado (1), y el desaire que causó al consejo, usurpando sus atribuciones, y dirigiendo él mismo, por la via reservada, aquella órden á las autoridades eclesiásticas y á las universidades del reino, cual si hubiese desconfiado de la sabiduría y lealtad en que tanto abundaban los ministros de aquel cuerpo respetable. Ni paró en esto la dureza de aquel hombre perseguidor é intolerante, porque temeroso

---

(1) El nuncio mismo, cuando leyó el decreto, se incomodó de esta amenaza, y no se abstuvo de mostrarle su disgusto. « Se podrá creer,
« le dijo, que la conminacion se ha puesto á instancias mias, y los
« que lo crean asi, tendrán motivo de vituperarme. El papa es, señor
« ministro, y al dirigirse á los obispos, no acostumbra usar con ellos
« de estas conminaciones sino en casos extremados, cuando hecha
« inútil toda exhortacion, y apurados los ruegos, halla resistencia
« obstinada. La caridad lo exige asi, y lo exige no menos el respeto
« que es necesario mantenerles de sus súbditos. »

de mi influencia en favor de un gran número de sujetos ilustrados que él deseaba ver perdidos, desgració á cuantos pudo, calumniándoles con el rey de que improbaban su decreto. Uno de estos hombres, víctima de su aversion á las ilustraciones literarias, fué el benemérito Melendez, á quien despues de las persecuciones que le habia movido por espacio de dos años, le jubiló con medio sueldo á mediado de diciembre. Su despecho en fin contra aquellos que no alcanzó á perder directamente de su propia mano, le llevó hasta el extremo de buscarles mayor ruina, agitando en la Inquisicion los acalorados procesos que estallaron mas adelante cuando todo estaba en paz, y nadie se ocupaba mas en cuestiones y disputas eclesiásticas. Yo hablaré en su lugar de este suceso deplorable.

Mientras tanto el rey, conservando en el poder á Caballero, á quien tenia por necesario á su servicio en los negocios interiores de gobierno y vigilancia, exigia de mí que yo tomase nuevamente la secretaría de estado y dirigiese el gabinete. Una razon bastante obvia, un cierto sentimiento, llámese por su nombre, de dignidad, ó llámese de orgullo si se quiere, no fuera que pensasen los que tuvieron por caida mi retiro de aquel puesto, que aprovechaba yo las circunstancias del momento para volver á ocuparle, era para mí un gran motivo poderoso de rehusarlo. Cierto ademas, como yo estaba, de encontrar estorbos invencibles en el ministro Caballero, y en los hombres que él representaba, para sacar las ruedas del gobierno, como era necesario, de los viejos carriles, me negué fuertemente á aceptar el ministerio. No pudiendo vencer mi repugnancia por ningun camino, exigió de mí el rey que á lo menos le designase un buen ministro, y que no me alejase ni le abandonara en las premiosas circunstancias que ofrecia el estado. Era ya el tiempo en que agitaba Bonaparte sus designios de obligar al Portugal á romper su alianza con la nacion inglesa y cerrarle sus puertos. Los primeros que indiqué al rey, conforme me vinieron á la idea, fueron don Gregorio de la Cuesta, gobernador entonces del consejo, y á don Gonzalo Ofarril. « Buenos son, me « dijo el rey, pero mi ángel no confronta con el de ellos. » « Tal vez Azara... » dije al rey. « Es muy apasionado á « Bonaparte, » replicó Cárlos IV. « Pero ama mas su pa- « tria, » dije yo al instante. « Veamos otros, » siguió el rey. Yo tomé un guia de forasteros que estaba en el bufete y comencé á leer : « Duque de Osuna, duque de « Frias y Uceda, duque del Parque, marques de Santa « Cruz, conde de Noroña, marques de Iranda, don Mi- « guel Josef de Asanza, don Josef Anduaga, don Ignacio « Muzquiz, don Nicolas Blasco de Orozco, don Josef Onis, « don Josef de Ocariz, don Juan de Bouligni, don Leo- « nardo Gomez de Teran, don Pedro Ceballos Guerra.... » Iba yo á seguir, y el rey me preguntó qué pensaba de Ceballos. « Es mi primo político, » fué mi sola respuesta. « Tanto mas motivo, dijo Cárlos IV, para poder contar que « no deseche tus consejos : ¿ no lo creerás capaz de mane- « jarse con acierto... y con lealtad á mi persona? »—« Yo le « creo, respondí, un montañes honrado ; tiene capacidad ; « no le falta instruccion ; ha merecido ya algunos nombra- « mientos ; pero suena poco todavía, y hay personas de « merecimiento superior al suyo, mas antiguas en la car- « rera diplomática. Si V. M. lo eligiera, todo el mundo « pensaria que era ambicion ó interes de parte mia ; para « mi modo de sentir y de pensar seria un grande incon- « veniente. »—« Nadie deberá ignorar, replicó el rey, ni yo « quiero que se ignore, que en la direccion política de los « negocios cuento con tu asistencia, como consejero de « estado, como amigo leal, ó como quieran entenderlo.... « como un hombre que ha acertado, en circunstancias « espantosas, á preservar la España y la corona de los « trastornos de la Europa : yo te creo agradecido, y te « exijo el sacrificio de tu delicadeza, ó tu amor propio, á

«' la vista de las angustias nuevas que me cercan.»—«Pero,
« Señor, repuse yo, sin excusar á V. M. ni mi vida ni mi
« asistencia, y lo poco ó nada que yo valga, leamos to-
« davía si V. M. no se disgusta.» Yo seguí leyendo un gran
número de nombres de los consejeros de estado, de los
generales, de individuos del consejo real, etc. Cuando
hube ya acabado, dijo el rey : «Me haces titubear, me ator-
« mentas con tus escrúpulos; escríbeme una lista de otros
« nombres, digo los de provecho que haya en ellos : yo
« avisaré despues lo mejor que Dios me inspire.»

Mi suerte estaba echada : ¿quién resiste á la fatalidad, ó sea al arcano de la providencia que eslabona los actos de la vida? Rehusando ser ministro, me encontré sometido á todo el peso de aquel cargo, frente á frente de los nuevos riesgos asombrosos que se preparaban á la Europa. Ceballos fué nombrado, y el ministro Caballero autorizó el decreto: uno y otro, despues de siete años, acabaron por venderme.

CAPITULO V.

De la guerra de Portugal en 1801.

Mis antiguas previsiones sobre los grandes compromisos en que el Portugal debia ponernos con la Francia, se cumplieron finalmente como yo tenia anunciado á Cárlos IV tantas veces. Despues que fué empeñada aquella guerra capital con que la Francia y la Inglaterra, disputándose el poder del mundo, arrastraban la Europa entera en su querella; para España no habia otro medio de sacudirse de ella y mantener su independencia entre una y otra, sino sacrificar los miramientos de familia á su propia seguridad, sometiendo el Portugal á la ley de su política, cerrando aquel portillo á la Inglaterra, y quitando á la Francia los motivos y pretextos de enredarnos en sus guerras sobre el suelo de la Península. Hubo un tiempo en que la España pudiera haberlo hecho sin que la Francia se mezclase en esta empresa que á nosotros nos tocaba solamente. De parte de la Francia, mientras gobernó el directorio acosado por las guerras interiores y exteriores, la ocupacion del Portugal por nuestras armas, lejos de causarle celos, se habria mirado entonces por aquel gobierno con los mejores ojos, por el interes y la ventaja de tener á sus espaldas una nacion amiga y poderosa que le daria seguridad al occidente y mediodia, favorecida á la redonda su navegacion y su comercio. Nos sobraron los medios en aquella época para invadir el Portugal y añadirlo á la corona, ó conservarlo en prenda mientras durasen los peligros y trastornos de la Europa. Hecho asi, la Inglaterra, sobre las privaciones y desastres que habria sufrido su comercio, habria perdido el puente que tenia en Portugal para inquietarnos y comprometernos, mientras quitada por tal modo con la Francia toda ocasion de pretensiones y de encuentros para en adelante, y agrandadas nuestras fuerzas, la monarquía española habria sido doblemente respetada á la otra parte de los Pirineos. Si la conservacion del estado es y debe ser siempre la ley suprema y la primera entre todas las atenciones del gobierno, la ocupacion del Portugal, vecino peligroso que podia acarrearnos de mil modos nuestra *ruina*, y enemigo nuestro solapado, era una empresa justa que aconsejaba la política, aun sin mediar la circunstancia de haber sido en otro tiempo una provincia nuestra, doble motivo sin disputa en tales circunstancias para resucitar nuestro derecho y someterle nuevamente. Para desgracia nuestra, en la moral de Cárlos IV no encontró cabida este sistema de política, y esperando allí donde tenia una hija, que el gabinete portugues se vendria á buenas con nosotros, llegó el dia en que el remedio que estuvo en nuestras manos cerca de cuatro años, vino una mano agena á pretender cumplirlo, intentando hacer suya y agitar en su provecho una empresa que debia ser nuestra enteramente sin que se mezclase en ella un extrangero.

Bonaparte, firmados ya en Paris por el conde Saint Julien los preliminares de la paz entre la república y el Austria, vió frustrada su esperanza y humillado su orgullo, cuando el gabinete de Viena, negándose á ratificarlos, exigió que la Inglaterra fuese admitida en el congreso donde deberia tratarse de las paces. Mal que le pesase acceder á aquella pretension, siendo su interes entonces afirmar su poder procurándole á la Francia una paz tan deseada, consintió en la admision de la Inglaterra, visto lo primero, que el emperador de Alemania se encontraba ligado por el ajuste de subsidios á no tratar sin ella, y lo segundo porque admitida la Inglaterra, esperó obtener de esta un armisticio, durante el cual le seria dable socorrer á Malta y al Egipto. Pero el gobierno ingles se negó á toda tregua que pudiese malograr la rendicion de aquellos puntos, y despechado el primer cónsul, repasando en su mente los recursos con que podria estrechar á la Inglaterra, se acordó del Portugal y se propuso herirla en aquel lado que le era tan querido. Sobrábanle motivos por desgracia para justificar aquella empresa. Sin necesidad de fechas largas, aun sin tener cuenta al gabinete portugues de su conducta desleal, cuando en 1797 se negó á ratificar el tratado ventajoso que por la mediacion de España consintió el directorio (1), y aun sin ha-

---

(1) El tratado fué tan favorable que el gobierno portugues no quedó obligado á otra cosa que á observar una estricta neutralidad entre la Francia y la Inglaterra. Y el favor fué tal, que sin exigir del Portugal ninguna preferencia en favor del comercio de la Francia, le otorgó el directorio que pudiese mantener con la Inglaterra sus tratados y habi-

cerle cargo del constante abrigo que tenia en sus puertos la marina inglesa para dañar la de la Francia, bastábale tan solo á Bonaparte traer á su memoria que en Abukir habia visto la bandera lusitana, y que una escuadra portuguesa ayudaba entonces mismo á la Inglaterra para batir á Malta. En tales circunstancias, no ignorando por otra parte que el comercio español sufria tambien la deslealtad de aquel vecino ingrato, que la marina inglesa, abrigada en sus puertos, se surtia allí y se amparaba para caer por todos lados sobre nuestras costas, para bloquear nuestros puertos y establecer cruceros á su salvo, *se dirigió á la España proponiéndole un concierto para obligar al Portugal á separarse de la nacion británica y á cerrarle sus puertos.* Dado el caso que ni la persuasion ni la amenaza fuesen parte para reducir aquel gobierno, proponia obligarlo, sin mas contemplacion, por la fuerza de las armas hasta la extremidad, si se hacia necesario, de ocupar todos los puertos y una parte de aquel reino con las fuerzas combinadas españolas y francesas, todo el tiempo que podria durar la guerra con la Gran Bretaña.

La pretension de Bonaparte estaba concebida de tal modo que no podia negarse razonablemente. Circunspecto y medido en su demanda, renunciaba á vengarse de los Portugueses, si cedian en fin á las instancias de los dos gabinetes; la guerra era lo último. Como aliados de la

---

tudes de comercio sin ningunas restricciones, visto que el consumo de sus vinos y otras especies suyas comerciales no podria tener igual fortuna, en sus cambios con la Francia, á la que disfrutaba en Inglaterra. Igual desinteres le mostró el directorio en la designacion de nuevos límites en las Guayanas. Hecho asi, la Inglaterra que queria un aliado, y no un neutral, puso el *veto* al ministerio portugues, y la España y la Francia sufrieron el desaire. Esta quiso vengarlo, y Cárlos IV paró el golpe todo el tiempo del directorio. De esto tengo hablado largamente en la primera parte.

Francia nos pedia nuestro concurso en una causa donde el interes era mayor de nuestra parte, mucho mas vulnerables que la Francia por la vecindad de aquel reino vendido á la Inglaterra: como lo pedia el decoro de nuestras armas en nuestra propia casa, nos proponia ser gefes de la empresa, quedando la Francia de auxiliar nuestra solamente. Todavía, si doblegando su interes la España á relaciones de familia, preferia abstenerse de tomar parte con la Francia en aquella demanda, dejaba á nuestro arbitrio mantenernos neutrales, y pedia el paso inofensivo, que en tales circunstancias, entre amigos y aliados, era de justicia concederse. Habia respeto hácia nosotros en el modo de la propuesta, y habia tambien astucia; mas de aquel género de astucia que, rogando ó proponiendo, deja intacto el honor de una potencia independiente: pocas veces y con pocos gobiernos usó Napoleon tantos cumplidos. Cuento esto por los que dicen que Bonaparte envió sus órdenes á nuestra corte para hacer aquella guerra. Mr. Viennet ha escrito « que Luciano Bonaparte, al uso de la anti« gua Roma, fué á Madrid á intimarlas de parte de su « hermano (1). » Escribo por fortuna entre contemporáneos. Nunca vió Madrid en los dias de la república francesa un enviado de la Francia tan urbano y comedido como lo fué Luciano Bonaparte, ninguno mas ageno de palabras y

---

(1) En el *Diccionario de la Conversacion*, artículo de *Badajoz*, tomo IV, pág. 46. Despues de referir la oposicion que hizo España al directorio sobre darle paso para invadir el Portugal, sigue asi Mr. Viennet: « Pero una voluntad firme habia sucedido en el go« bierno frances á la blanda exigencia de los cinco directores de la « república. El vencedor de Marengo, fortificado por la victoria de « Hohenlinden, no consintió sufrir mas tiempo que el Portugal fuese « una provincia de Inglaterra. » (*Hasta en las fechas se engaña aquí Mr. Viennet, puesto que la batalla de Hohenlinden fué ganada en 3 de diciembre, y que un mes antes, en noviembre, Bonaparte habia ya dirigido sus proposiciones al gabinete de*

acciones del orgullo republicano. En todo el largo curso del asunto de Portugal no desmintió un instante su modestia, su respeto á la justicia, su deseo de la paz, y su propósito, que mostró desde un principio, de terminar aquel negocio á contento de la España, igual en todo su excelente secretario Mr. Felix Desportes. Tal conducta era un motivo que hacia mas difícil desechar la demanda de que venia encargado, y el enviarle Bonaparte, que conocia mejor que nadie las excelentes prendas y el carácter conciliador de aquel hermano suyo, fué una astucia mas de su política. Entre su comitiva hizo venir algunos sabios y literatos de la Francia que fraternizasen con los nuestros: nuestra academia de la lengua oyó á Mr. Arnaud pródigo de lisonjas al monarca español y al pueblo castellano: artificios sin duda de la política francesa, pero prueba manifiesta de que el primer cónsul de la Francia no envió órdenes á España como ha escrito Mr. Viennet.

Don Mariano Luis Urquijo, que aun regentaba el ministerio cuando llegó Luciano, dió principio á los oficios amigables con el gabinete de Lisboa. Se juzgaba imposible que el gobierno de Portugal en presencia de los peligros que amagaban aquel reino, no cesase ya despues de tanto tiempo de abusar de la paciencia de la España y de la Francia. Mas la Inglaterra dominaba siempre en sus consejos, y fiado en sus promesas se negó á romper con ella,

---

Madrid. («Ni aun esperó Bonaparte, sigue Mr. Viennet, á tener «concluidas las negociaciones de Luneville. En cuanto los progresos «de Moreau le fueron conocidos (*no se habia aun denunciado el* «*armisticio*) hizo partir á su hermano Luciano para Madrid, y *este* «*embajador*, *á la usanza de la antigua Roma*, llevó allí las ór-«denes del primer cónsul.»

Muchos son los lugares todavía de este artículo de Mr. Viennet donde me veré obligado á hacer notar la ligereza, y lo que es mas, la falta de crítica, de buena fé y de lógica con que llevó en él su pluma el soberbio académico.

pretextando siempre el riesgo de que aquella potencia invadiese sus colonias y le tomase sus escuadras. La aflicción del rey fué profunda, visto ya que la guerra era forzosa y que nada se hallaba preparado, el ejército disminuido, nuestro tesoro exhausto, el crédito arruinado, la tropa mal pagada, la caballería desmontada la mas de ella, y el material de guerra olvidado enteramente y malparado en nuestros almacenes y arsenales. Tal era entonces el estado de la España á quien yo habia dejado un ejército brillante; tal el descuido de las armas en un tiempo en que dejarlas de la mano equivalia á sufrir la ley de la Inglaterra ó de la Francia. ¿De qué manera concurrir con esta última á una guerra, donde el honor de la nacion y la seguridad del reino exigia de rigor que la parte principal de aquella empresa fuese nuestra enteramente? todos los generales se excusaban de tomar el mando del ejército sin que el servicio de él se encontrase asegurado; todos los inspectores de las diferentes armas, visto el estado en que se hallaban, pedian plazos dilatados para ordenarlas y ponerlas nuevamente bajo el pie de guerra y lucimiento que exigia la concurrencia con los ejércitos franceses.

Sucedió en tanto la separacion de Urquijo, no, como ha escrito Mr. Viennet, por mostrarse contrario á los designios de la Francia, para la cual no tuvo nunca un *no* en todo el tiempo que se halló á la cabeza del gobierno; ni porque hubiese entonces dos partidos en la corte que luchasen, uno por él y otro en favor mio; menos todavía porque Luciano Bonaparte me apoyase con el rey, porque á mi vez apoyase yo á la Francia. La amistad de mis reyes con que desde un principio me ví honrado hasta su muerte, no pendió nunca de partidos ni de influencias extrangeras: esto no hay nadie que lo ignore. Lo que ha escrito Mr. Viennet, lo ha escrito asi por haber consultado solamente los chismes y rincones de la imprenta cotidiana, porque en su artículo de historia sobre la paz de Badajoz, nada importaba la verdad donde su objeto ó su mandato era zaherirme solamente. Yo he dicho ya en el capítulo anterior lo que de pocos fué ignorado en aquel tiempo sobre la desgracia del ministro Urquijo. Yo no quise entrar en lugar suyo, ni de nadie, para tomar las riendas del gobierno, como el rey deseaba; yo no queria la herencia ni el sembrado de espinas que Saavedra y él habian dejado detras de ellos. En medio de esto Cárlos IV, á quien no debia rehusar por ningun motivo mis consejos, me encargó buscar salida honrosa á campo ancho de entre las estrechuras en que se veia el estado. Habia ya consultado muchas veces con sus mejores consejeros, tenia algunos pareceres por escrito; los encontraba unánimes. Convenian todos en afirmar, que no habia medio alguno de negar ó evadir las propuestas del primer cónsul, y que la concurrencia de la España á aquella guerra era de esencia necesaria, lo primero por nuestro honor que no estaria bien puesto, dejando al extrangero invadir solo el Portugal y dictar allí sus leyes á medida de su deseo sin contar con nosotros; lo segundo, por seguridad propia nuestra, visto que si la España rehusaba concurrir á aquella guerra, el número de tropas que arrojaria la Francia en la Península, por necesidad mas crecido, mas autorizado, y lo que seria peor, independiente de nosotros, nos pondria en contingencia con un hombre como el primer cónsul de la Francia, cuya lealtad y buena fé no era un artículo probado en los antecedentes de su vida; lo tercero, en fin, porque siendo la España la primera y principal en la gestion de aquella guerra, y la Francia auxiliar nuestra solamente, el derecho al mando seria nuestro, se evitarian las demasías de las tropas extrangeras, y la politica francesa se encontraria mas obligada á proceder de acuerdo con la nuestra. Uno de estos informes, el mas grave y mas fundado, y extendido por escrito, fué el del conde de Campomanes. Decia en él que nada hallaba nuevo, ni mucho menos de extraño ó de violento en las pretensiones de la

Francia; referia el caso idéntico que se ofreció en España, cuando por el año de 1762 se unió Cárlos III con la Fráncia para obligar al Portugal á romper su union con la Inglaterra; juzgaba que era un medio de salud para la España someter de una vez el Portugal á la ley de su política, hacerle resolverse de una vez á correr igual suerte con nosotros en la conservacion de sus colonias, procurarle ventajas comerciales con España y Francia, y obligarle á entrar en la alianza contra la Inglaterra, ó conquistarle de una vez y hacerle nuestro, como lo fué ya antes, si se hallaba incapaz de existir por sí mismo como nacion independiente; y que provincia por provincia, de la Inglaterra ó de la España, nuestra posicion geográfica exigia que fuese nuestro. Cuanto á medios para emprender la guerra, todos los consejeros proponian un nuevo empréstito, como pudiera negociarse lo mas pronto y con menos gravámen del erario. Campománes añadia que podria tal vez hacerse con ventaja hipotecando los caudales detenidos en la América, á pagar allí á los prestamistas nacionales ó extrangeros como pudiese convenirles; que mientras se adquirian estos medios y se ordenaban nuestras fuerzas, se debia retardar el rompimiento proponiendo á la Francia un plazo mas distante para emprender la guerra, y negociando en tanto con los Portugueses, sin exasperarlos á tal punto que tomasen la delantera para armarse y defenderse.

Cuanto á mí, consultado por el rey, desde un principio le habia dicho, que la guerra propuesta por la Francia no podia excusarse, si los medios diplomáticos no alcanzaban á traer á la razon los Portugueses. Visto luego que ninguna persuasion habia alcanzado para hacer desistir aquel gobierno de su amistad con la Inglaterra, mi dictámen fué no tan solo hacer la guerra, sino precipitarla y emprenderla por nosotros sin esperar á los Franceses, reuniendo nuestras fuerzas tal como se hallasen, y supliendo por el valor y la lealtad de los soldados españoles los medios que faltaban para entrar en campaña á toda prisa. Los motivos que yo ofrecia para obrar de este modo los diré brevemente.

Tanto como yo abundé otras veces en proponer al rey nuestra necesidad de someter el Portugal y hacerle nuestro, ó á lo menos de ocuparle hasta la paz marítima mientras pudimos realizar esta medida por nosotros solos sin que la Francia se mezclase en ella, otro tanto me parecia arriesgado acometer la misma empresa con la asistencia de la Francia. La ocupacion del Portugal, emprendida con las fuerzas combinadas de las dos potencias, era asunto de pocos dias, cierta enteramente la conquista de aquel reino; mas la Francia proponia guardar los puertos del Portugal con sus armas y las nuestras. He aquí pues, si esto se hacia, obligada la España á tener abiertas sus fronteras á las tropas francesas, y á darles paso franco y rutas militares tanto tiempo como tardase la paz con la Inglaterra, sin poder preverse por entonces cual seria esta época, ni la duracion y el carácter que podria tomar aquella guerra, si mas pronto ó mas tarde acudian los Ingleses á vengar sus aliados. En el tiempo que una familia misma, unida estrechamente por los vínculos de la amistad y el parentesco, reinaba en Francia y en España, no habria habido que temer ninguna cosa de la parte de aquella; mas con el dictador que tenia á su cabeza, no quedaba mas garantía que su voluntad buena ó mala, voluntad ambulativa que á cuanto podia, á otro tanto se arrojaba casi siempre, y que jamas se contenia en un designio solo, cuando le ofrecia la fortuna los medios de extenderlos. De un solo ovillo nacian mil en sus proyectos colosales, sin que tuviese cuenta con los medios, por injustos y violentos que estos fuesen, para llegar al fin de su política: su carácter, probado ya en Malta y en Venecia, no se apartaba de mis ojos. Y aun suponiendo todavía que por aquella vez respetase su palabra y sus deberes de aliado, se sabia bien que Bonaparte

no era de modo alguno escrupuloso en disfrutar á sus amigos, en cargarles sus tropas, en consumir sus medios y recursos, y en exigirles, dado, ó de prestado, que era una cosa misma, la subsistencia de sus tropas. Cercana ya á verificarse la paz del continente, mas suspensa despues é incierta la paz con Inglaterra, la ocupacion del Portugal debia ofrecer un medio á Bonaparte para mantener á expensas de aquel reino y á expensas tambien nuestras, una parte de su ejército. En la Italia, en la Holanda, en la Suiza, en todas partes se veian ejemplos de esto. «¿Qué remedio, decia yo á
« Cárlos IV, para evitar tantos peligros y gravámenes, sino
« anticipar nosotros la invasion proyectada, y tentar de
« reducir el Portugal, antes que la asistencia de nuestro
« aliado pueda ser para nosotros una plaga y una ocasion
« de diferencias y disgustos? Todo pende de un punto, de
« llegar nosotros antes y obtener de mano nuestra el ob-
« jeto principal de esta demanda. No preparado el Portu-
« gal á la defensa, poco importará que nosotros nos ha-
« llemos tambien mal dispuestos; las tropas españolas
« saben hacer milagros; con tres mil hombres solamente,
« casi desprevenidos para hacer la guerra cuando la hi-
« cimos á la Francia, invadimos el Rosellon y obtuvimos
« ventajas que mas tarde no se hubieran conseguido.
« ¿Quién le estorba á España dar un golpe de mano,
« que abrevie el compromiso en que ahora estamos? Los
« Ingleses ocupados y empeñados largamente en el Egipto,
« no podrian venir tan de lleno ni tan pronto á socorrer á
« sus amigos: improvistos estos para oponernos una
« grande resistencia, un esfuerzo arrojado de la parte
« nuestra podria dar fin á las disputas, y apartar de esta
« obra la intervencion de los Franceses. »

« Tu pensamiento es excelente, me dijo Cárlos IV; ¿pero
« á quién acudiremos por dinero, y dinero de pronto?»
« A las santas iglesias, respondi al instante: el clero
« mas que nadie tiene que temer de las idas y venidas y de

« las mansiones largas de Franceses en nuestro terri-
« torio; con el frecuente trato podrian aclimatarse sus
« doctrinas: los Franceses no pagan diezmos, sus ejem-
« plos no le convienen. Se les podrá pedir á los cabildos
« que nos presten, á descontar sobre el noveno extraordi-
« nario que nos tiene el papa concedido. La hipoteca en su
« mano para hacerse pagados, serán menos difíciles, y su
« lealtad probada nos acudirá en este apuro cuya pronta
« terminacion les conviene á ellos no menos que al es-
« tado. »

« Mas si carecen de dinero para aprontarlo de contado,
« replicó Cárlos IV, ¿qué nos servirá su lealtad por mas
« que quieran esforzarla? »—« Buscaremos, dije yo, quien
« les preste. La situacion del clero es mejor que la nuestra:
« sus rentas y sus medios sobrepujan hoy dia en mas de
« una mitad los recursos de la corona, y estas rentas y
« sus propiedades le aseguran un crédito, que por ahora no
« disfruta nuestra hacienda. Para prestar hay grandes ca-
« pitales en España que carecen de empleo; lo que falta es
« la confianza en el gobierno por los yerros que han sido
« cometidos; pero estando el clero casi intacto, y respon-
« diendo con sus rentas, sobrará dinero: despues de esto,
« si el clero no bastare, ofreceremos libramientos sobre
« América. Y en resúmen, si al fin de todo, aunque la
« guerra se retarde, es preciso buscar medios para haber
« de hacerla; busquémoslos de pronto, y aun asi ahorra-
« remos muchos gastos que traeria el retardarla. Invada-
« mos el Portugal sin perder la coyuntura del momento, y
« evitemos, si es posible, que los Ingleses tengan tiempo
« de venir á socorrerle: evitemos tambien, si nos es da-
« ble, que los Franceses tengan tiempo de venir á
« ayudarnos y á mezclarse con nosotros; seamos dueños
« en nuestra casa cuanto pueda estar de nuestra parte. »

« Yo convendré contigo, dijo el rey; pero tú no has que-
« rido ponerte nuevamente al frente del gobierno: los que

« deben obrar segun tu pensamiento, ¿acertarán á ejecu-
« tarlo? ¿No podrá frustrar la intriga tus proyectos, no
« siendo tú quien mande? ¿Te querrás encargar de este
« negocio y hacerlo tuyo enteramente? Yo te daré mis fa-
« cultades cuanto sean necesarias. Tú nos sacaste con honor
« de la guerra con la Francia; haz otro tanto ahora : si el
« rogártelo no es bastante, me obligarás á que te lo or-
« dene. ¿No me lo debes todo como me has dicho tantas
« veces? ¿No tendré yo el derecho de exigirte que sacrifi-
« ques tu amor propio y que me sirvas? »

Y he aquí la mano del destino que me cogió en sus redes sin ser dueño de evitarlas. Llámenla ambicion los que quisieren, la admision de aquel encargo; yo les diré y les probaré que no hubo en esto sino amor á mi patria y amor de Cárlos IV. Nó, ambicion no podia ser el encargarme de una empresa cuyo éxito feliz pendia de un dado, y en contra de la cual se amontonaban los azares para verme humillado si la suerte no venia en mi amparo. Yo le admití y cerré mis ojos á los riesgos en que me empeñaba, riesgos que esquivaron otros mas cuidadosos de sí mismos (1).

Mis primeros pasos, mientras se empezó á avivar el armamento y á buscar caudales, fueron dirigir al gobierno

---

(1) Uno de los generales que rehusaron encargarse de esta guerra fué don Josef Urrutia, sobre el cual debian fundarse muchas esperanzas. Resistió encargarse de ella por la conviccion en que se hallaba de que faltaban medios para emprenderla con suceso. Muchos han dicho que el motivo de excusarse fué desdeñar hacer la guerra debajo de mis órdenes. Diganlo asi mis enemigos; pero nadie ignoró entonces que los primeros generales á quien el rey se dirigió para organizar de nuevo nuestro ejército y tomar el mando de las tropas en los mismos dias de Urquijo, fueron don Gregorio de la Cuesta, amigo especial suyo, y despues don Josef Urrutia, y que uno y otro presentaron sus excusas. El príncipe de Castelfranco se rehusó igualmente. Mi admision del mando fué despues, con mucho, casi á fines de enero de 1801.

portugues nuevas instancias en que se apuraron todos los recursos amigables. Los Portugueses no ignoraban nuestra escasez de medios, y creyendo mas distante el golpe que el amago, mientras trataban á escondidas con el gobierno ingles de socorros militares y subsidios, procuraban ganar tiempo con nosotros por medio de rodeos y de falsas negociaciones que rayaban ya en burla y en desdoro nuestro. Por el mes de febrero aun era tiempo de mediar con la Francia y contener la guerra; Cárlos IV, de propia mano, le escribió á su hija y al príncipe regente, primero con ternura, despues con amenazas, todo inútil. Malogrados tantos oficios de la amistad y el parentesco, á 28 de febrero de 1801 se declaró la guerra á la reina fidelísima (1). La corte portuguesa, perpleja un poco tiempo, ó mas bien simulando turbacion y embarazo mientras aparejaba su defensa, respondió á fin de abril con energía y con brios no esperados. Todo el reino fué apellidado, como en los dias antiguos, para alzarse en masa y organizar las *ordenanzas* (2). Se convocaron las milicias; ade-

---

(1) Entre las falsedades introducidas en la obra póstuma del general Foy *sobre la guerra de Napoleon en la Península*, una de ellas es decir que yo estorbé un arreglo pacífico entre Portugal y España. Por el interes de la paz, y mucho mas por evitar el abrir nuestras fronteras á las tropas francesas, se perdieron dos meses en negociaciones nuevas, que pudieron comprometernos dando tiempo mientras tanto al Portugal para disponer su defensa y obtener auxilios de Inglaterra. Véase entre los documentos justificativos (número 1º.) el *manifiesto de guerra* publicado por nuestra corte. Allí se hace constar circunstanciadamente la multitud de oficios amigables y de esfuerzos pacíficos que fueron practicados con la corte de Portugal á pesar de las instancias belicosas de la Francia.

(2) Los Portugueses, por las leyes fundamentales del pais, eran todos soldados hasta los sesenta años para defender el reino. Se distribuia el paisanage en compañías de doscientos y cincuenta hombres. Todo paisano debia tener un *chuzo*, sin perjuicio de las demas armas que

mas de un subsidio de trecientas mil libras que habia enviado la Inglaterra, para aumentar los medios pecuniarios se llevó á carros plata y oro á la casa de la moneda, parte de las iglesias, parte de los palacios reales; se aumentó la paga á los soldados y se pertrechó el ejército sin perdonar ningun dispendio. « Portugueses, decia el « príncipe del Brasil en su arrogante manifiesto, se os « quiere degradar obligándoos á entregar vuestros puertos « y á dejar de ser dueños de vuestro comercio... Una na- « cion que supo resistir á los Romanos, conquistar el « Asia, abrir caminos nuevos en los mares, sacudir el yugo « de los Españoles, recobrar su independencia y mante- « nerla á fuerza de combates, sabrá hacer rostro ahora á « los peligros nuevos y renovar los grandes hechos de su « historia... Portugueses, ¡á las armas! Hagamos ver al « enemigo que está arraigado en nuestras almas el valor « de nuestros padres. »

El ejército portugues conservaba todavía una parte de las tropas veteranas que nos acompañaron en nuestra guerra con la Francia. Cuando despues, el gobierno por-

---

podria procurarse: carecian pocos de arcabuces. Derramados en las asperezas, en las alturas, en las gargantas y en las sendas difíciles, hacian la guerra de partidas causando mucho mas estrago al enemigo que las tropas de línea. En la guerra de la *aclamacion* cuando sacudió el Portugal el yugo de la España, á esta milicia ciudadana debió el pais sus grandes triunfos y su libertad en las veinte y siete campañas que sostuvo. En la guerra de *sucesion* esta misma milicia fué la que en 1704 y 1705 hizo inútiles las conquistas de Felipe V, siéndole mas fácil tomar plazas que dominar el pais abierto. Igual dificultad y resistencia hallaron en 1762 el marques de Sarria, el príncipe Beauvau, y el conde de Aranda. El único suceso de importancia que lograron las armas combinadas españolas y francesas fué la toma de Almeida. La guerra de posiciones y de marchas y contramarchas que nos hizo el conde de Lippa, en que tuvimos mil quebrantos, fué sostenida mayormente por el paisanage armado.

tugues, hecha ya nuestra paz con la nacion francesa, y obtenido por nuestra mediacion con la república el tratado ventajoso de neutralidad que concluyó en Paris don Antonio Araujo de Acevedo, se negó á ratificarlo, temerosa aquella corte del enojo de la Francia y apegada siempre á la Inglaterra, se ocupó con teson del aumento del ejército, y el ministro de estado don Luis Pinto consiguió restablecerlo y poner el Portugal bajo un pie respetable de defensa. Cuarenta mil hombres de todas armas, de caballería unos seis mil, cuatro regimientos de artillería, parte de ella de á caballo, y un cuerpo de ingenieros, componian, en 1801, la fuerza regular del ejército de línea, sin contar las milicias. De tropas extrangeras habia entonces cuatro regimientos de emigrados franceses, Dillon, Castries, Mortemart y el Loyal Emigrant: de Ingleses no existia sino un destacamento de dragones. El duque de Lafoens fué encargado del mando del ejército. Entre los demas gefes figuraban con especial reputacion el general Frazen que mandaba los cuerpos extrangeros, Juan Dordaz, Miguel Pereira Forjas, Gomez Freire de Andrade, el marques de Alorne, el conde de Goltz, Carlet de la Rosière, Julio César Augusto de Clermont, Matias Josef Diaz Acedo, y otros muchos oficiales que se distinguieron en los Pirineos. El gabinete portugues instaba vivamente á la Inglaterra por la pronta venida de las tropas auxiliares que le habia aquella prometido; pero los Ingleses, dada entonces su atencion toda entera á los negocios del Egipto, buscaron un camino para eludir por el momento el envío de aquel socorro, señalando por condicion que un general ingles tomase el mando de las tropas nacionales y extrangeras. El honor portugues resistió aquel desdoro de sus armas, y el gabinete de Lisboa altercaba con el de Londres sobre aquella condicion inadmisible cuando comenzó la guerra.

CAPITULO VI.

Continuacion del anterior. — Triunfos de nuestras armas.— Paz de Badajoz entre España y Portugal. — Cuestiones penosas acerca de esta paz con Bonaparte. — Nuestra firmeza en sostenerla y en impedir hostilidades nuevas de parte de la Francia. — Avenimiento definitivo del primer cónsul.— Paz de Francia y Portugal. — Gestiones eficaces y perentorias de nuestra parte para la retirada de las tropas francesas. — Partida de estas. — Observaciones sobre nuestra guerra de Portugal.

Cuando en 26 de abril publicó su manifiesto el príncipe regente, nuestras tropas amenazaban ya el Portugal por tres puntos de su frontera; sobre el Miño por la Galicia, sobre los Algarbes por la provincia de Sevilla, y sobre el Alentejo por la Extremadura. La derecha del Tajo estaba reservada á los Franceses que aun no habian pasado el Bidasoa. Nuestras fuerzas, cuantas se pudieron reunir para la guerra sin desguarnecer las plazas ni perder de vista el campo de San Roque y el litoral de Cádiz, componian un total de sesenta mil combatientes, contando en este número las compañías de granaderos y cazadores de las milicias provinciales. El ejército de Galicia reunia veinte mil hombres, pronto á obrar si lo exigian las circunstancias, pero inmóvil mientras su concurrencia no fuese necesaria, y encargado tambien de observar á los Franceses á lo largo: el marques de San Simon tenia el mando de estas tropas. En Ayamonte amenazaban diez mil hombres los Algarbes bajo el mando de don Josef Iturrigaray, ambos dos ejércitos bajo mis órdenes. El de Extremadura, á mi mando inmediato, subia á treinta mil hombres.

Bonaparte ansioso de dirigir aquella guerra á medida de su deseo, envió á Madrid al general Gouvion St.-Cyr en calidad de embajador extraordinario; su mision ostensible era de asistir al gobierno con sus luces y su experiencia en la direccion de aquella guerra, é invigilar el mismo sobre las operaciones del general Leclerc, comandante de las tropas auxiliares. La intencion del primer cónsul era buscar que el rey, atendida la fama del general St.-Cyr, altamente acreditado en las guerras de la república, le defiriese el mando superior de nuestras tropas; pero anteviendo el rey las *pretensiones de esta especie directas ó indirectas* que podria tentar la Francia, no por mí, mas por honor de las armas españolas, por la seguridad del reino, y para apartar hasta las apariencias de dominio que podrian tomar ó afectar entre nosotros los generales extrangeros, me habia nombrado ya generalísimo. El general St.-Cyr, que á sus grandes merecimientos y á sus nobles prendas personales añadia la modestia, se ciñó á mostrar sus planes y á tener conferencias con nosotros. Por la parte de España se accedió á sus deseos de dejar á las tropas auxiliares la derecha del Tajo, encargándonos nosotros de la izquierda. El general St.-Cyr quiso mas, y era que de nuestra parte no se moviese nada hasta la llegada del ejército frances, y que se hiciése la invasion á un mismo tiempo por las armas combinadas. « Pero la empresa es de la España, le repuse
« yo, y la Francia en este caso es solo auxiliar suya. Es
« honor nuestro abrir el campo; de otra suerte podrian
« decir los enemigos que las armas españolas se tenian
« por impotentes ellas mismas sin la asistencia de la Fran-
« cia. » Mal que le pesase, el general St.-Cyr no podia hacer mas que conformarse. Yo partí á Badajoz á principios de mayo; los instantes se me hacian siglos.

Todo se hallaba listo menos la artillería y el material de trenes de campaña que llegaban á duras penas, tirada aquella en parte hasta por bueyes. Los almacenes se llenaban; caballos, mulas y jumentos, no importaba lo que fuese en siendo pronto, nos traian la abundancia y afluian de todas partes: el órden que fué puesto en la hacienda del ejército aumentaba las subsistencias; la alegría y el espíritu de la tropa, bien vestida ya, bien calzada y con dos pagas de adelanto, respondia de los sucesos del ejército. Para todo habia habido. Los cabildos eclesiásticos, cada cual como pudo, correspondieron dignamente, y el comercio adelantó las sumas que faltaban; el comercio español, que nunca desairó mis ruegos ni dudó de mis promesas y palabras, porque nunca se vió engañado cuando daba yo la cara. ¿Y porqué no lo diré, ó excusaré jactarme de esto, mas que en lisonja mia en alabanza de los Españoles todos, generosos y magníficos cuando son tratados sin fiereza, con el decoro que ellos aman? yo que á nadie intimidaba, de quien nadie oyó una amenaza en ningun tiempo, y que jamas usé ni un amago de violencia, puertas y arcas las hallé de resto siempre para el servicio del estado!

La primer mitad del mes se la llevó el arreglo de los cuerpos del ejército. La vanguardia fué puesta al mando del marques de la Solana; las demas tropas se formaron en cuatro divisiones, mandadas, la primera por don Diego de Godoy mi querido hermano, la segunda por don Ignacio Lancaster, la tercera por el marques de Castelar, la cuarta por don Javier Negrete. Con las tropas rezagadas que llegaban de los puntos mas distantes se ordenaba una reserva. Yo no aguardé mas tiempo; Dios delante, me di prisa á cumplir mis designios: diez y ocho dias bastaron para darles cima. El 20 de mayo señalado para la marcha, desembocó el ejército en Portugal con solemne aparato y batió el campo, ahuyentando á los enemigos, encerrando en Yelves y en Campomayor las guarniciones de estas plazas, y tomando á su anchura las posiciones convenientes para asediar entrambas fortalezas. Olivenza y Jurumeña, intimadas aquel dia mismo, y dispuesto el asalto por las tropas de Castelar prontas ya á realizarlo, capitularon una y otra; Jurumeña mas tarde, á media noche (1). La guarnicion de Yelves se sostuvo con honor mas de dos horas, protegida por el fuego de la plaza y de una batería bien servida y apuntada en la cresta del bosque. Nuestra artillería ligera consiguió desmontarla, y una parte de nuestras tropas destacadas de la vanguardia, persiguió al enemigo hasta la plaza y le obligó á encerrarse. Nuestros tiradores entraron en los mismos jardines de los fosos. Intimado el gobernador, respondió como debia en una plaza de las principales de la Europa. El de Campomayor, plaza tambien de mucha fuerza, respondió de igual modo. A esta le hice poner el cerco desde el dia siguiente, destinada á este efecto la cuarta division al mando de Negrete. Yelves quedó asediada enteramente. Santa Olalla, Barbacena, San Vicente y cuantos puntos le podian servir de apoyo ó de correspondencia, fueron ocupados por la segunda division al mando de Lancaster.

El duque de Lafoens, sin moverse de su asiento, hizo replegar su division de la derecha, colocó detras de Arronches su vanguardia, su caballería en Alegrete, y el resto de sus tropas las mandó situarse en escalones hasta Portoalegre. Yo esperaba una accion bien empeñada de su parte, y arriesgada para nosotros si las guarniciones de las plazas correspondian al movimiento que intentaba el duque. Campomayor era batida con esfuerzo, pero sin guardar las reglas de un sitio puesto en forma: nuestras líneas no tenian casi mas defensas que las armas. Era ya el 28: noticioso yo de que el 30 era el dia señalado para el ataque

---

(1) Jurumeña estaba en buen estado. En Olivenza, reparados ya como se hallaban sus nueve baluartes, faltaba todavía igual reparo á sus obras accesorias. Quince dias mas tarde, las dos plazas podrian haber opuesto mucha resistencia.

general de nuestras posiciones, resolví anticiparme y cargué el 29 sobre Arronches. La guarnicion de aquella plaza fuerte casi de dos mil hombres de tropas veteranas, ó fuese por estar mal segura de poder defenderla sin el auxilio de las tropas que debian mostrarse el 30, ó creyendo mas bien que el ataque general se comenzaba ya por otros puntos, dejó la fortaleza para hacernos frente á campo raso, cierta de tener á poco trecho detras de ella la vanguardia del ejército. Llegó en efecto esta y la caballería enemiga cubriendo sus dos alas. Nuestras tropas ligeras de vanguardia y algunos escuadrones de la division primera nos bastaron para ahuyentar á los que en grande fuerza habian de sostener á los de Arronches: la caballería enemiga huyendo á toda brida desde el primer encuentro, desbarató los batallones que venia cubriendo; la fuga de estos fué precipitada: la guarnicion de Arronches cortada de la plaza, retirándose de un punto á otro, y aguardando el socorro, nos hizo frente un poco tiempo, pero en vano. Unos trecientos hombres quedaron fuera de combate entre muertos y heridos, otro número casi igual quedaron prisioneros; los demas pudieron escaparse amparados de las malezas y con mejor conocimiento que nosotros de las sendas y los rodeos de aquel terreno. Arronches fué ocupada por nosotros.

El alcance le fué seguido al grueso del ejército por la misma vanguardia, por la primera division y una media brigada de artilleros á caballo. La dispersion fué completa. El campo de la Espada donde se hallaba el mayor número y al cual venian á refugiarse los que huian de todas partes, quedó limpio de enemigos. Sobrevino una niebla, y fué tal la confusion, que ellos mismos se hacian fuego los unos á los otros. Los pueblos de Asumar, Alegrete y Portoalegre fueron ocupados por nosotros; el suelo estaba lleno de morrales y fusiles: la artillería, las municiones, los repuestos y las tiendas del cuartel general, con mas la caja del ejército, todo fué nuestro en pocas horas. Prisioneros hicimos pocos, porque huian desde lejos. El duque de Lafoens se retiró á Gavion donde logró reunir doce mil hombres. La desercion fué inmensa.

Nuestras tropas, de un triunfo en otro, no pararon hasta el 6 de junio. El dia 2, amenazada del asalto, se rindió Casteldevide: el dia 4 fuimos dueños de los principales almacenes del ejército enemigo, tomados, no de balde enteramente, en Flor de Rosa. El marques de Mora, con algunos escuadrones, cuatro piezas de artillería y hasta unos dos mil hombres de infantería ligera, perseguia la retirada de los enemigos en direccion á Crato donde estos parecian reunirse y hacer alto. Llegado á Flor de Rosa encontró un destacamento del ejército enemigo que apostado ventajosamente por detras de las cercas, y dueño del camino real con una batería que dominaba el campo, se estaba dando prisa á evacuar los almacenes que tenia en aquella aldea. Cincuenta carros estaban ya cargados cuando embistieron nuestras tropas. Estas corrieron á la bayoneta sobre la batería, se hicieron dueños de ella, y tomado el camino real dispersaron al enemigo en los derrumbaderos y en los bosques. Los que guardaron formacion en la huida, cayeron prisioneros en Aldea de Mata con el general que los mandaba y un gran número de oficiales; los dragones ingleses que debian protegerlos escaparon á rienda suelta. La artillería, las municiones, el convoy, los almacenes y un cuantioso repuesto de pertrechos de guerra que quedaban en Flor de Rosa, quedó todo en poder nuestro. Los fugitivos llevaron el temor y el desórden á las tropas que habia en Crato: estas creyéndonos encima se desbandaron igualmente. El duque de Lafoens retiró entonces sus cuarteles hasta Abrantes, y el ejército portugues disminuido en mas de una mitad, pasado el Tajo, se situó entre el rio y aquella plaza. Campomayor se rindió el 6 (1), y la plaza de Oguella capituló en el mismo dia. No nos quedaba ya sino Yelves para dominar enteramente el Alentejo; la artillería de sitio acababa de llegarnos de Sevilla. Nuestra línea se extendia de derecha á izquierda desde el rio Sebal hasta el Guadiana pasando por los puntos de Louva, Alpalhon, Golfete, Montecamino, Aldea de Mata, Seda, Ezvedal, Vunieyro, San Gregorio, Evora, Provenza Mayor, Villaviciosa y Rio Perala.

En tal estado, pronto ya á pasar el Tajo nuestro ejército, la paz nos fué pedida. El gabinete portugues se avino á recibir las condiciones que desde un principio le habia propuesto nuestra corte. Autorizado yo plenamente por el rey y en perfecta conformidad con el embajador frances Luciano Bonaparte que asistió á las conferencias, se acordó celebrar dos tratados, uno entre las dos cortes de Portugal y España, y otro entre el Portugal y la república francesa sobre las mismas bases esenciales que el de España, con reciproca garantia de las dos cortes aliadas como si fuesen uno solo, salvo luego los artículos especiales que serian

---

(1) Aunque sin brecha abierta, casi todos los fuegos de la plaza estaban ya apagados, los parapetos que miraban á las baterías del ataque totalmente destruidos, y un gran número de edificios arruinados. Falto todavía nuestro ejército de la artillería de batir necesaria para un sitio en toda regla, se prefirió establecer baterías de incomodidad, y estas suplieron abundantemente para estrechar la plaza. Nuestros medios estuvieron reducidos á diez cañones de á veinticuatro, seis de á diez y seis, un mortero cónico de á diez pulgadas, otro de á doce, y dos obuses de á ocho. Nuestro fuego en los diez y seis dias que duró el sitio, fué de cinco mil setenta y seis balas de á veinticuatro, tres mil doscientas sesenta y seis de á diez y seis, ciento ochenta y dos bombas de á nueve pulgadas, tiradas aquellas por el mortero de á diez por no haberlo de á nueve, setenta y cinco de á doce, y mil doscientas y diez y siete granadas de á ocho y seis pulgadas. El fuego de los enemigos fué una mitad del nuestro. Sin la dispersion del ejército, Campomayor hubiera resistido mayor número de dias.

estipulados cuanto á los intereses respectivos y las diferencias accesorias concernientes á España y Francia (1). El artículo esencial y el fundamento de los dos tratados fué la exclusion de los navíos y del comercio de Inglaterra, ofrecida y consentida sin ninguna excepcion por el príncipe regente en todos sus dominios. Los artículos accesorios que propuso y exigió Luciano Bonaparte con respecto á la Francia fueron discutidos y arreglados en perfecta conformidad con el ministro portugues (2), relativos estos á una nueva demarcacion de territorio en las Guyanas, y á la indicacion de un tratado de comercio que deberia ajustarse entre las dos naciones, junto á estos otro artículo especial concerniente á indemnidades. Los especiales nuestros, fueron relativos á la reunion perpetua de Olivenza y su distrito á la corona de Castilla; á la restitucion al Portugal de las plazas y poblaciones de Jurumeña, Arronches, Portugalete, Casteldevide, Barbacena, Campomayor y Oguela con las demas ciudades, villas y lugares conquistados; á la obligacion impuesta al gobierno portugues de no permitir de modo alguno, á lo largo de sus fronteras con la España, depósitos de géneros de contrabando; al resarcimiento de los daños que en connivencia con las armas inglesas habia causado el Portugal á los súbditos españoles; á la restitu-

---

(1) Yo propuse este medio de tratar en union con la Francia, pero en piezas separadas, pretextando la necesidad de fijar á parte cada una de las dos potencias los artículos que les concernian exclusivamente, evitando por este modo complicarlos. Al embajador frances le convino bien esta medida porque tenia órden de exigir indemnidades del gobierno portugues por gastos de armamento y compensacion de daños y agravios recibidos. Mi intencion reservada fué que el tratado de España, una vez hecho separadamente, no necesitase ser ratificado por parte de la Francia.

(2) Don Luis Pinto de Sousa Coutiño, ministro y secretario de estado de los negocios de Portugal.

cion recíproca de las presas ilegales que de una y otra parte hubiesen sido hechas; al reintegro á la España de los gastos causados por las tropas portuguesas durante la guerra de los Pirineos que aun se hallaban sin pagarse; y á la renovacion de la alianza defensiva que antes de la guerra existia entre España y Portugal, clausulada nuevamente y puesta en armonía con los vínculos que unian á España y Francia. Junto á estos artículos añadí otro que es el noveno, concebido en estos términos: « Su Magestad Católica se obliga á garantir á S. A. R. el príncipe regente de Portugal la conservacion íntegra de sus estados y dominios sin la menor excepcion ó reserva (1). » Este artículo, cuyo objeto parecia á primera vista dirigirse contra las invasiones que podria tentar la Inglaterra en los dominios portugueses, lo concebí otro tanto en el designio de impedir que los Franceses, por su parte, intentasen invadir el Portugal ellos solos, dado el caso, como podia darse, que el primer cónsul, disintiendo de con nosotros, *no aprobase el tratado*, paralelo con el nuestro, que su hermano habia ajustado.

De esta suerte, en la guerra y en la paz, desempeñé la confianza con que tuvo á bien honrarme Cárlos IV. Dice el libro de M. Foy que esta guerra yo la habia querido « porque tuve un antojo de gloria militar, y se me vino « la ocasion de adquirirla á poca costa (2). » Si tal antojo hubiera yo tenido, y por antojo hubiera obrado, ninguna cosa hubo que me hubiese estorbado seguir, pasar el Tajo y llegar á Lisboa antes que los Franceses tocasen la frontera de aquel reino; ninguna cosa ha-

---

(1) El texto entero y literal de este tratado se hallará entre los documentos justificativos al número 2º.

(2) Histoire de la guerre de la Péninsule sous Napoléon, tomo II, pág. 96.

bria impedido que el marques de San Simon, con mas que triples fuerzas de las que tenia delante, hubiese penetrado y ocupado á Oporto; mucho menos en los Algarbes no habia fuerzas suficientes para impedir que nuestro ejército de Andalucía los hubiese invadido y que hubiese ocupado á Faro y á Tavira. Con tan solo haber llamado los cuerpos ordinarios de milicias que aun quedaban en España, nos habrian sobrado fuerzas para mantener estas conquistas, junta despues con esto la cooperacion de los Franceses que llegaban. Pero en vez de conquistar en pocos dias un reino (gloria que hubiera yo buscado por el *bien de España* si la empresa hubiera sido de ella solamente) preferí otra mas segura, aunque menos brillante de laureles y apariencias, que era librar mi patria de la *aparcería* de esta conquista con un hombre como Bonaparte, excusar á la España la permanencia indefinida de las tropas francesas en el suelo de la Península, y ponerla á cubierto de los proyectos y caprichos que podian venir en tanto á la ambicion inquieta y movediza de aquel hombre, para el cual el comercio y los trueques de pueblos y provincias eran la misma cosa que un juego de baraja. Tal fué la sola gloria que buscaba, gloria solo de mi lealtad, de mi conciencia, de mi amor á la patria sobre todas las demas cosas; gloria empero mal estimada de los que cuentan solo su grandor y sus quilates por la sangre derramada y el estrago de los pueblos.

Empresa mas difícil que conquistar el Portugal, fué luego para mí sostener el tratado que habia hecho. Bonaparte creyó acudir en tiempo para impedir que Cárlos IV lo ratificase, y se negó á aprobar el de Luciano (1). La órden vino al general St. Cyr para disuadir al rey y empeñarlo en la

---

(1) Todos los que han escrito sobre aquel suceso han cometido un grave error al referir que Bonaparte se negó á ratificar el tratado de la

guerra nuevamente; pero por pronto que llegase aquella órden, la ratificacion de Cárlos IV estaba dada. Todavía para apartarlo del violento influjo que el general francés podia ejercer sobre su ánimo, intenté y logré que el rey viniese á Badajoz á saludar sus tropas: estando al lado suyo no temí mas nada. El general St. Cyr no tan solo halló cerrados todos los caminos para doblar á Cárlos IV, sino que se vió obligado á suspender la marcha de la division francesa y á detenerla en la frontera, pronta ya como estaba para invadir la Beira. « La razon de invadir el
« Portugal, le escribí yo, habia cesado enteramente: las
« tropas de la Francia venian como auxiliares de la Es-
« paña para hacer la guerra al Portugal, y esta guerra
« era acabada y se acabó cuando el objeto de ella fué cum-
« plido, sin que el Portugal se obstinase en mantener su
« empeño en favor de la Inglaterra: los príncipes de Por-
« tugal son los hijos del rey, y han obtenido su clemencia. »
Si el general St. Cyr perdió toda esperanza de torcer nuestra política y realizar su encargo, lo dirá esta carta suya al general Berthier, ministro de la guerra; su tenor textual es el siguiente:

« Ciudad Rodrigo, 11 de messidor año 9 de la república
« (30 de junio de 1801).

« Ciudadano ministro: he recibido la carta donde me
« anunciais que el gobierno no habia ratificado el tratado
« de paz celebrado con Portugal. Por las instrucciones que
« me enviais debo colegir, que al escribirme ignorabais aun
« que el rey de España se habia dado una gran prisa en
« ratificar por su parte, *lo cual nos pone en un grande*
« *embarazo, persuadido como estoy de que será muy difícil,*

España. Nuestro tratado, como dejo dicho, fué hecho á parte del de Francia. Bonaparte no tenia por tanto que ratificar sino el hecho por su hermano.

« é imposible tal vez, el hacerle volver atras de este paso. El
« primer cónsul verá con evidencia que las personas de
« quien está rodeado el rey de España, le dan consejos
« perniciosos, y que de ellas las mas estan vendidas á la
« Inglaterra. En consecuencia de esto aguardo las nuevas
« instrucciones que requieren las circunstancias en que
« nos hallamos. *Creed que el gobierno español podrá de-*
« *jarse ir en este asunto hasta las medidas mas extremadas.*
« Salud y respeto— Gouvion St. Cyr. »

Sin moverse mas la division francesa de la raya de Portugal, el general St. Cyr prosiguió sus oficios eficaces para hacer torcer camino al rey, pero siempre inútilmente. La irritacion de Bonaparte llegó á lo sumo aquellos dias; al ministro portugues que partió para Francia con poderes amplios para negociar directamente con aquel gobierno le negó hasta la entrada, y le obligó á volverse. El general St. Cyr renovó sus esfuerzos y presentó una nota cuyo contenido, hasta cierto punto moderado, pero enérgico y porfioso, decia sustancialmente: que si bien la España podia hallarse satisfecha por el gobierno portugues, la Francia por su parte no habia castigado la multitud de agravios y de ofensas que aquel pueblo le habia inferido con bajeza y con perfidia; que la Francia no podia fiar en tratados consentidos por la sola fuerza de las armas, y que hechos de este modo romperia aquel gobierno tan pronto como se lo ordenase la Inglaterra; que adoptándose aquel tratado, y quedando el príncipe don Juan en posesion pacífica de sus estados, faltaria á la Francia y á la España uno de los medios mas seguros con que se podria obligar para la paz al gobierno británico; que la ocupacion de una parte del Portugal, y aun mejor si se hiciera del reino todo entero, pondria en manos de la Francia y de la España prendas equivalentes á las adquisiciones que habia hecho la nacion inglesa en el discurso de la guerra, incluida en ellas la isla de la Trinidad arrancada á la España, cuya restitucion debia pedirse; que si España, á pesar de su interes en adoptar esta política, preferia mantener el tratado que habia hecho, no por eso deberia impedir que la Francia persistiese en su derecho de hacer la guerra en Portugal, y que España podria quedar neutral en tales circunstancias; que la cláusula de garantía que S. M. católica habia puesto en su tratado á favor de los dominios portugueses, no se podia entender comprensiva de aquel caso en que la Francia tenia adquirido de antemano su derecho, no tan solo de hacer la guerra al Portugal, sino de proseguirla hasta lograr su objeto plenamente; que á esta razon potísima se añadia la circunstancia de que la intencion del gobierno frances no era conquistar y guardar las conquistas que se hiciesen en aquel reino, sino ocuparle solamente de por tiempo hasta la paz marítima, contrariar á la Inglaterra, minorar su comercio, y quitarle por aquel medio todo influjo ulterior sobre el gabinete de Lisboa; *que seria mucho de dolerse* que por favorecer á un enemigo, (pues que disimulado ó manifiesto, el Portugal lo seria siempre de la España) *se aflojasen ó se rompiesen los lazos de amistad y concordia que tan dichosamente reinaban entre España y Francia;* que el gobierno frances faltaria á su deber con respecto á la Francia, si á un enemigo declarado de esta, vendido siempre á los Ingleses, é incapaz de mantener su palabra por la absoluta dependencia en que se hallaba de ellos por espacio de un siglo, le dejase todavia por mas tiempo los medios de dañarla; que ni en Francia ni en España era una cosa nueva trabajar de acuerdo por romper la alianza del Portugal y la Inglaterra, concebida desde un principio en odio y en perjuicio de las dos naciones (1); que en consecuencia de lo expuesto, con-

---

(1) Es bien sabido que el tratado de alianza que unió para siempre las cortes de Lisboa y de Londres, fué celebrado por el rey don Pedro II

tando el gobierno de la Francia con la misma armonía y consecuencia de sentimientos é intereses que sobre este punto habían unido la política de los dos gabinetes de Madrid y Versalles hacia ya medio siglo (1), y contando igualmente con el paso inocente que S. M. católica le tenia concedido y era de justicia, se proponian los cónsules doblar las fuerzas del ejército de observacion de la Gironda y ocupar el Portugal militarmente hasta las paces generales, ya en union, ó ya sin ella con las armas españolas, lo que asi verificado, y obtenidas por este medio las restituciones justas que la Francia juntamente con la España y con la Holanda debia pedir á los Ingleses, no tan solamente no seria tocado en modo alguno á la corona portuguesa, sino que la Francia misma ofreceria á aquel reino su alianza y se uniria al rey católico para garantir á la reina fidelísima y al príncipe regente sus estados, procurándole ademas toda suerte de concesiones y favores en sus relaciones comerciales; que esta triple alianza junta con la de Holanda y con las varias accesiones que la Francia debia esperar de otras muchas potencias, seria un gage seguro de la paz y de la libertad marítima; que la España en todo esto, atendida la extension inmensa de sus dominios de ultramar, seria la mas aventajada, y que en pos ó al igual de ella lo seria tambien el Portugal, á quien el vigor de un momento le volveria su independencia, y con ella la libertad de su industria y su comercio.

Muchos hallarán razonables los argumentos de esta nota;

---

durante la guerra de sucesion en 1703, y que este fué un medio que adoptó el Portugal para fortalecerse, temiendo la preponderancia de la España si llegaba á reinar en ella la descendencia de Luis XIV.

(1) La nota francesa se extendia en este lugar con profusion á recordar los antecedentes de la union de España y Francia contra el Portugal en 1762, y de la guerra que le fué hecha por las dos cortes aliadas.

pero venian de un hombre que no sabia jurar por las aguas del Estigio. La respuesta la minuté yo mismo en Merida y fué dada sin tardanza; comedida, mas nerviosa cual pedia aquel empeño. Decíase en ella lo primero de todo, que la paz ajustada era un acto solemne en que la palabra real de S. M. católica se hallaba contraida, no por error ni por sorpresa ó arrebato, sino detenidamente y en perfecto acuerdo con el plenipotenciario de la Francia, del cual, tanto menos se podia pensar que hubiese traspasado sus instrucciones y poderes en tratar conjuntamente con la España, cuanto era mas patente que aquel acto se ajustaba enteramente al objeto y condiciones que se habian convenido entre las dos potencias aliadas; que el concierto de Madrid fué obligar al Portugal por la persuasion ó por las armas á cerrar sus puertos á Inglaterra y renunciar á su alianza, entendida la guerra de esta suerte, *que si el Portugal se obstinaba en resistir esta demanda*, se ocuparian sus puertos y una parte de sus provincias por las armas francesas y españolas hasta la paz marítima; que si bien el Portugal se habia negado en un principio á la adopcion de las propuestas amigables que le fueron hechas y apelado á las armas un instante; al primer amago que hizo España, y á los primeros descalabros que sufrió su ejército, cedió á las justas pretensiones de la España y de la Francia, no debiendo llamarse ni entenderse ser *obstinacion* las demostraciones belicosas de que habia desistido en tiempo conveniente, puesto que las tropas auxiliares de la Francia aun se hallaban en camino, y que comenzada apenas á realizarse la amenaza, el Portugal habia cedido enteramente; que habiendo obrado asi, el carácter de aquel negocio era ya tal, como si el Portugal hubiese consentido desde los principios á las proposiciones de los dos gabinetes aliados; que en materia de ofensas hechas á la Francia, esta se habia mostrado generosa y pronta á perdonarlas y á no usar del recurso de las armas, á la sola condicion de que el gabinete portugues renunciase á su union con la Inglaterra y la excluyese de sus puertos, lo que estaba ya logrado; que no era de pensar que el Portugal faltase á sus promesas despues de los peligros que juzgó distantes y habia visto tan de cerca; que su antigua amistad con la Inglaterra no era tal que estuviese dispuesta á sacrificar su honor al poderío británico, siendo visto que en medio de los riesgos con que se habia hallado amenazada de parte de la España y de la Francia, prefirió arrostrarlos por sí solo, á poner sus ejércitos bajo el mando de la Inglaterra y á admitir socorros suyos á esta condicion indecorosa; que el ocupar el Portugal, por un motivo solo de política, para tener equivalencias con que obligar á la Inglaterra á hacer restituciones, aun sin detenerse á ver si esto era justo, seria un medio harto ilusorio, si á su vez la Inglaterra, para hacer correrse el fiel de la balanza en favor suyo, se apoderase del Brasil ó de las islas portuguesas como ya empezaba á verse en la invasion que acababa de hacer de la isla de la Madera (1); que S. M. católica, ajustada ya, ratificada y hecha pública la paz de Badajoz, sufriria mucha mengua en su decoro y dignidad, ya rompiendo el tratado sin ningun motivo justo, ya mirando con indiferencia que acabado de garantir sus dominios á la corona portuguesa, fuesen invadidos por la Francia misma, por su propia aliada, con quien habia contado y puéstose de acuerdo para hacer aquellas paces; *que al gobierno frances lo estimaba el rey de España tan distante de pretender degradar su honor y su palabra en presencia de la Europa, como S. M. católica lo*

---

(1) Los Ingleses la habian ocupado de resultas y por desquite de nuestra invasion del Portugal. Los papeles ingleses dejaban ver que á medida de los progresos que harian en Portugal las armas combinadas, el ministerio ingles haria tomar en rehenes las mejores posesiones portuguesas de ultramar.

estaba de querer que se aflojasen ó rompiesen los estrechos vínculos de amistad que reinaban entre España y Francia; que aunque la intencion del gobierno frances no fuese otra que la de retener una porcion del Portugal hasta la paz marítima y porfiar con la Inglaterra, se debia echar de ver que el gobierno británico, ansioso siempre de convertir la Península en teatro de la guerra, podria intentar acometer el Portugal con grandes fuerzas para porfiar del mismo modo con la Francia y empeñar nuevas luchas contra ella en esta parte del continente, donde la extension de sus costas le ofreceria ventajas grandes para evitar reveses y combatir á poco riesgo; que estos nuevos empeños alejarian la paz tan deseada; que otro tanto como S. M. católica sabia atender á la guerra justísima que en union con la Francia mantenia en los mares contra la Inglaterra, otro tanto estaba lejos de querer aventurar luchas y porfias demasiadas que complicasen nuevamente los negocios de la Europa; que la ocupacion del Portugal por las tropas francesas y el abandono del tratado, daria muy mala idea en Inglaterra de la buena fé de la Francia y de la España, y podria hacer cambiar la opinion de aquel pueblo tan pronunciada por las paces (1); que la paz marítima, tan deseada, no podria conquistarse sin cargar enteramente á

---

(1) Nadie ignoró hasta qué punto se hallaba el pueblo ingles, en aquella época, ansioso de las paces. Sabida fué la demostracion de alegría y de entusiasmo que ofreció la poblacion de Londres cuando llegado allí el general Lauriston en 12 de octubre inmediato con los preliminares de la paz ratificados por el gobierno frances, desenganchó la muchedumbre los caballos de su coche y le condujo á brazo hasta la casa del primer secretario de estado lord Hawkesbury. La ocupacion del Portugal por los Franceses, y las pérdidas inmensas que de resultas de ella habrian tenido una multitud de casas unidas por intereses con el Portugal, habrian podido ser bastante para alterar los deseos generales de la paz á que se prestaba el ministerio nuevo.

la Inglaterra todo el odio de la guerra; que la cuestion del Portugal no merecia la pena de que la Francia hiciese pender de ella la amistad tan radicada que unia á las dos naciones; que en mantener lo hecho iba el honor de la corona, mientras la Francia en respetarlo, sin perder cosa alguna, probaria á todo el mundo, lo primero su moderacion en evitar la guerra cuando no es justa y necesaria; lo segundo, que u alianza no era mando; y que en fin S. M. católica, sobre todas estas razones, tenia ansia de aliviar sus vasallos del peso de la guerra y de evitarles las molestias que las tropas extrangeras, por mas bien disciplinadas y mas amigas que estas fuesen, causaban siempre á las familias y á los pueblos con sus estaciones y sus tránsitos; que las malas cosechas de dos años consecutivos, los consumos y dispendios que la guerra habia causado, y la penuria del comercio, cada vez mas alcanzado por la obstruccion de los caudales de la América, dificultaban mucho los recursos para la subsistencia de las tropas, y le hacian desear al rey de España y proponer resueltamente á la república francesa, su buena amiga y aliada, que desistiese ya de sus enojos con el Portugal, justos en verdad, pero gravosos á la España, bajo todo sentido, prolongados que fuesen por mas tiempo, dañosos á la paz comenzada á tratarse con la nacion británica, y lo que era mas, incompatibles ya con el estado de las cosas, tal como en Badajoz se habia zanjado con franqueza y con lealtad por las dos potencias aliadas.

Si esta respuesta fué atendida y respetada, y si el decoro de mi rey, á quien estaba yo sirviendo con poderes amplios y absolutos para aquel negocio, fué mantenido y bien guardado, cuéntenlo los efectos que se vieron. Nadie ignora que el ejército frances que debia embestir la Alta Beira, no puso pies en ella, ni se movió de sus cuarteles, ni quemó un cebo tan siquiera contra los Portugueses; que aquel estado de inaccion duró cerca de tres meses, tanto tiempo como duraron las contestaciones entre España y Francia, y que en fin Bonaparte, reprimidos y abandonados sus antojos de guerra, autorizó á su hermano nuevamente para tratar las paces. Luciano Bonaparte estipuló las mismas cosas que en Badajoz habia tratado, salvo un artículo secreto que le encargó su hermano para hacer que los pobres Portugueses le comprasen su quietud y su descanso (1) : fuéronles exigidos cien millones de reales que satisfacieron al contado. Bonaparte que se habia propuesto mantener y divertir una parte de sus tropas á costillas del Portugal, y aun á las nuestras, no les perdonó las parias : nuestra corte lo ignoró algun tiempo.

A propósito de esta contribucion que exigió y cobró la Francia al príncipe regente, es digna de citarse la impostura que el *Diccionario de la Conversacion* publicó entre otras muchas tan graves como absurdas, afirmando que la paz de Badajoz me valió *la mitad de treinta millones que se impusieron al príncipe del Brasil* (2). Otra igual especie se permitieron los autores de la *Nueva Biografía de los contemporáneos* (3), en la cual se ha contado *que la campaña de Portugal habia aumentado mis rentas hasta en cantidad de cien mil pesos*. Agradezco á los unos y á los otros que sus mentiras sean tan grandes para ejercer el juicio de aquellos que leyeren estos artículos libelos, ofrecidos como historia. Aun viven muchos de aquel tiempo tanto en Portugal como en España. Alce la voz el que pudiere asegurar que

---

(1) Este tratado fué concluido en Madrid á 29 de setiembre de 1801, entre Cipriano Bibeiro Freire y Luciano Bonaparte. Su contenido literal se hallará entre los documentos justificativos n°. 3°, tal como fué publicado en los papeles oficiales de aquel tiempo españoles y franceses.

(2) En el artículo *Alcudia*, sin nombre de autor.

(3) En el artículo *Godoy*, sin nombre de autor, miserable tejido de consejas y calumnias increibles hasta en el modo de contarse.

me interesé ni en una dracma. Cuenten los de aquel tiempo cual fué la disciplina del ejército que yo mandaba, cual mi galantería y mi desprendimiento aun en aquellas cosas mismas que por el derecho de la guerra se aprovechan en todas partes á beneficio del estado ó del ejército. Aun habrá, pienso yo, quien se acuerde, que los dineros del estado de que habia copia en Portalegre, los hice custodiar por el mariscal de campo don Juan de Ordoñez y los volví al ministro don Luis Pinto. Del botin permitido de la guerra aproveché cuanto faltaba para completar ó doblar el vestuario del ejército; y al hospicio de Madrid, donde era director don Luis Puerta, envié algunos carros de bayetones y de lienzos. De la parte gloriosa fueron llevadas á Madrid once banderas portuguesas: para el príncipe de Asturias remití tambien seis barrefosos del calibre de á libra, como objeto curioso que podria agradarle y divertirle. Aun se me olvidaban los dos ramos de naranjas que mandé para la reina, acerca de los cuales se han lanzado tantos epigramas. Estos ramos se cortaron en los fosos de Yelves cuando el 20 de mayo fué encerrado el enemigo dentro de la plaza. Llovia el fuego de los flancos sobre los valientes que hicieron este alarde, y con los ramos trajeron ademas algunos prisioneros. Los nuestros no eran mas de cinco del ligero de Barbastro; siento no acertar á acordarme de sus nombres. Quise yo que el rey supiese la bizarría de sus soldados. Por hazañas de esta especie, en tiempos mas antiguos, se dió á muchos la nobleza; yo los hice sargentos.

Cuanto á premios para mí, los procuré apartar, satisfecho y contento de haber hecho alguna cosa que respondiese de algun modo á las multiplicadas gracias y favores con que desde un principio me ví honrado. Cárlos IV quiso darme el territorio de Olivenza y erigírmelo en ducado: yo rogué á S. M. y conseguí que desistiese de este intento. Admití dos banderas que por su real decreto de 1º de julio me mandó vincular en mi familia y añadirlas á los blasones de mis armas. Demas de esto tuve un sable que de su propia mano me puso Cárlos IV, bella alhaja que yo tenia en grande estima y perdí en Aranjuez en el despojo de mis bienes y secuestro que hizo de ellos, á mano poderosa sin mas juicio ni sentencia, el rey Fernando VII (1). Una sola cosa no alcanzó á quitarme el odio acerbo de aquel príncipe (que Dios haya perdonado), y fué la gloria y el contento que para siempre me ha quedado de haber puesto de mi mano una nueva presea á la riquísima corona, sin mancilla y sin desmedro, cual llegó á sus manos. La plaza de Olivenza con su territorio y pueblos de aquende del Guadiana fué una preciosa adquisicion que aumentó una llave á la frontera, y aumentó tambien el real tesoro, puesta en ella por aquel lado al contrabando una barrera poderosa.

Terminada asi la guerra en dias contados, tan dichosamente para España, sin ningun contratiempo, con tan pocos gastos como trajo, con tan poca sangre derramada, y obtenido ademas el doble triunfo de que hubiese renunciado Bonaparte á sus empeños y designios tan clavados como los tenia en su alma; aun faltaba sacudirnos de sus tropas que se estaban bien halladas sin que se acordase Bonaparte de llamarlas. No tenia otra costumbre: mantenerlas aqui y alli entre amigos y enemigos mientras no necesitaba hacer carnage. Yo estimaba mucho á los valientes que vinieron á ayudarnos, ellos lo merecian por su perfecta disciplina; pero eran extrangeros y servian á Bonaparte

---

(1) Don Pedro Ceballos, que no hallaba fin entonces de imaginar discursos, frases y alabanzas con que encaramarme sobre las estrellas, dirigió la construccion de aquel sable donde con brillantes engastados se leia el siguiente mote: *Lusitanorum inclyto debellatori Emmanueli Godoy*. No omitiré que este mote, del cual no supe nada antes de verle, fué parto del ingenio y de la oficiosa solicitud de aquel hombre que tan malamente me ha tratado.

mas bien que á la república. Puse pies en pared porque se fuesen: Bonaparte hacia del bobo cuanto á pagar los gastos de sus tropas; hallé en esto mi mejor recurso. Alegando nuestros atrasos y penurias, pedí la retirada de la division francesa; fijé despues un plazo cuanto á surtir los suministros y suplir sus valores por cuenta de la España; espirado este plazo los mandé escasear, y por último mostré semblante de hacerlos suspender del todo. Yo no habria sabido nunca hambrear á aquellos bravos: pero aunque le costase mucho á mi delicadeza, mi patria era primero, y preferí por ella tomar figura de mezquino (1).

---

(1) Entre los documentos que podrán quedar todavía acerca de estas cosas que refiero, citaré solamente para los incrédulos, el informe ó *rapport*, que el ministro de la guerra presentó á los cónsules en 16 de brumario, año 10 de la república francesa (7 de noviembre de 1801). Decia á la letra de esta suerte: « El general Rivaud, co-
« mandante de las tropas francesas en España, me expone en sus
« pliegos de 3 de este mes, que experimenta las mas grandes dificul-
« tades en los agentes del gobierno español en órden á las subsisten-
« cias necesarias al ejército. Las distribuciones faltan á la tropa con
« frecuencia, *y se niega formalmente á hacerlas bajo el pretexto
« de que el gobierno frances no ha satisfecho todavía las pro-
« visiones hechas hasta ahora. El mismo gobernador de Sala-
« manca* (lo era entonces el conde de la Vega de Sella) *se autoriza
« para negarlas con una respuesta del príncipe de la Paz en que
« este le dice que al gobierno frances es á quien toca proveer los
« objetos necesarios para el mantenimiento de las tropas puestas
« á su disposicion.* Ademas de esto el general Rivaud hace notar
« que los cuarteles estan faltos de toda especie de furnituras, y que
« careciendo hasta de paja los soldados, se hallan peor que si estu-
« vieran en vivaque. Este general pide con instancia que el gobierno
« tome las medidas mas prontas para asegurar las subsistencias, afir-
« mando que el estado de apuro en que se encuentra es tal, que si se
« alargase por mas tiempo, comprometeria la existencia del soldado.
« — En vista de esta exposicion os ruego, ciudadanos cónsules, que
« tengais á bien darme á conocer vuestras intenciones sobre las recla-
« maciones del general Rivaud. »

La órden de partir se expidió por último en Paris á 1º de frimario, año I° de la república (21 de noviembre de 1801). Las tropas emprendieron su camino á principios de diciembre inmediato en pequeñas columnas sucesivas. El agasajo y la abundancia alegraron su retirada; todo les fué servido y prodigado hasta su entrada en Francia. No se mostró enojado Bonaparte; respetó al monarca augusto de la España y le dió gracias. El soberbio guerrero no habia perdido todavía enteramente la moral y el pudor de la política, ni en España habia hallado *por entonces* quien le hiciese llamada *para abrir los ojos á sus buenos y amados padres haciéndoles felices al mismo tiempo que á la nacion española y á sí mismo*, como se vió mas adelante (1).

───────────────

(1) Mis lectores me permitirán que terminada ya la historia de este asunto de Portugal, me entienda aquí un momento con el *insigne* historiador del tratado de Badajoz Mr. Viennet. Procuraré ser breve y pasaré por cima la revista de su artículo, citado mas arriba, donde se encuentran tantas insolencias, y tantos yerros y bobadas como hay frases.

Dice Mr. Viennet que yo favorecí las propuestas de guerra que hizo Bonaparte contra el Portugal, llevando yo el designio de buscar un apoyo extrangero para afianzarme en el poder. Pero dice despues que deseché los planes venidos de la Francia para la gestion de aquella guerra, que lancé el ejército español á la frontera sin aguardar las tropas auxiliares, que conquisté el Alentejo, que tomé á Yelves, que me acampé delante de Abrantes y que en tal estado, pedida que hube sido una suspension de armas por el príncipe regente, tuve la presuncion de querer reunir el doble título de conquistador y pacificador, sin consultar siquiera al terrible aliado que habia dado yo á la España, y que mi orgullo osó desconocerlo. Pase cuanto á Yelves y cuanto á Abrantes, aunque no llegó el caso de tomar aquella plaza, ni de pasar el Tajo: gracias á Mr. Viennet que me añadió estos títulos de honra, de su buena voluntad; estas son faltas solamente de su ignorancia de la historia que pretendió dar al público. Pase tambien en lo que dice del terrible aliado que habia dado yo á la España, sin reflexionar Mr. Viennet, que el aliado de la España fué la Francia á

Antes de acabar este capítulo quiero yo responder alguna cosa á los que despreciaron esta guerra del Portugal

cuya cabeza, pasados ya dos años de contraida esta alianza, se puso Bonaparte por la fuerza de las bayonetas. Mi objeto es solo preguntarle dónde está su lógica cuando de una parte dice que busqué el apoyo del gefe de la Francia, y de otra afirma, á pocas lineas mas, que deseché sus planes, que obré sin consultarle, y que desconocí el poder del terrible aliado. Mas necio que Mr. Viennet habria yo sido quebrando á Bonaparte sus proyectos y sus planes para encontrar en él mi apoyo.

Dice despues Mr. Viennet que el tratado que yo hice en Badajoz, *ratificado en Lisboa en 6 de junio*, no fué *sancionado* ni por la Francia *ni por la Inglaterra*. El tratado se ajustó en Badajoz el 6 de junio; mal pudo ser ratificado el mismo dia en Lisboa: estos son solo pecadillos cuanto á la exactitud del que escribe una historia sin saberla. Hay otra grande falta y un pecado mas imperdonable para un miembro del Instituto de la Francia, cuando dice que no lo *sancionaron* ni la Inglaterra ni la Francia. Los tratados no se *sancionan* sino se ratifican. Despues de esto, mi querido académico, ¿ dónde está el buen sentido ? ¿ Bajo qué título ó concepto debia ratificarse por la Inglaterra aquel tratado que era todo en contra de ella ? Mr. Viennet me ha llamado en su artículo ignorante : justo es que yo le vuelva este cumplido con la prueba al canto. Y á ley de historiador debiera haber leido tan siquiera aquel tratado, y en su preámbulo habria visto que se ajustaron dos tratados, como referí en su lugar, uno por España, otro por Francia. Vístolo asi, habria reconocido que el tratado español no debia ratificarse por la Francia.

Concluye en fin su artículo, y despues de referir que el gobierno portugues se preparaba á la defensa contra los Franceses, dice á la letra lo que sigue: « El primer cónsul anunciaba al mismo tiempo una reserva
« de treinta mil hombres; pero todos estos armamentos fueron inútiles,
« porque el enviado portugues Bibeiro-Freire trataba al mismo tiempo
« en Madrid con Luciano, que sin esperar las instrucciones de su her-
« mano (*falso esto enteramente*), ó herido tal vez de la superiori-
« dad de Gouvion Saint-Cyr (*no hubo tal herida ni este general dió
« motivo para ella*), precipitó el desenlace firmando atropelladamente
« un tratado, en que sin mencionar el que fué hecho en Badajoz, con-
« firmó sus principales disposiciones (*debió decir*, renovó) y marcó

por haber durado pocas dias, porque no ofreció grandes batallas, porque costó muy poca sangre. ¡Ojalá todas las

---

« de esta suerte la *supremacía del primer cónsul sobre los dos so-*
« *beranos de la Península, y sobre el favorito cuyo orgullo se*
« *habia atrevido á desconocerle.* Bonaparte ratificó por último el
« tratado, pero disgustado de la ligereza de su hermano le retiró de
« la embajada, y Gouvion Saint-Cyr quedó solo en Madrid como pro-
« cónsul de la Francia. » El lector podrá juzgar el talento y la habilidad
que muestra aqui Mr. Viennet. Yo llamo solo la atencion de los que
leen, sobre su manera de razonar y formar ilaciones, cuando pretende
que adoptadas por la Francia las principales condiciones del tratado de
Badajoz, fué marcada en esto la supremacía de Bonaparte. Si hubiese
sido variándolas y adoptando en su lugar otras nuevas, se podria quizas
decir que intentó Luciano hacer valer la pretendida primacía de su hermano; pero hacer lo mismo que yo hice, lejos de argüir tal imperio de
la parte del primer cónsul, lo argüiria mejor del rey de España. Si á
lo menos escribiendo historia, hubiera consultado Mr. Viennet, como
debia, aquel tratado, habria leido en su preámbulo estas frases : « El
« primer cónsul de la república francesa en nombre del pueblo fran-
« ces, y S. A. R. el príncipe regente de Portugal, deseando igualmente
« restablecer las relaciones de comercio y amistad que subsistian entre
« los dos estados antes de la presente guerra, resolvieron concluir un tra-
« tado de paz, *por mediacion de S. M. Católica,* y á este efecto
« nombraron por plenipotenciarios, á saber : el primer cónsul al ciuda-
« dano Luciano Bonaparte; y S. A. R. el príncipe regente del reino
« de Portugal á S. E. el señor Cipriano Bibeiro Freire, etc. » He
aquí pues á Bonaparte sujetando su voluntad á la mediacion de
Cárlos IV.

Todo lo demas del artículo desde la primer palabra, es un tejido
espeso y ordinario de inexactitudes y de yerros, ni tan siquiera pa-
liados. Mr. Viennet hizo un plagio á los autores de la obra intitulada,
Victorias, conquistas, desastres, etc., de los Franceses (tomo
XIV desde la página 132 hasta la 144), y peor que plagio todavía,
porque al intentar trasladar la sustancia y los yerros de aquel libro y
copiando mal sus frases, desbarató el concepto de ellas, añadiendo
solamente de su propio caletre necedades y absurdeces. Por poco dinero
que le hubiesen dado los que le encomendaron el artículo de *Badajoz,*
le pagaron bien caro, porque artículos de una estofa tan falsa y tan

guerras, diria cualquier filósofo, pudieran terminarse como esta! Pero el que juzgue imparcialmente, verá bien cuanto me expuse, por amor solo de mi patria, en hacerme cargo de ella, cuando se hallaba casi en cuadro nuestro ejército; cuando el erario estaba exhausto como nunca se habia visto; cuando, por decirlo asi, pendia de un naipe que los Ingleses no acudieran á sostener sus aliados; cuando el príncipe regente apellidó la tierra para alzarse como tantas veces se habia alzado; cuando su ejército de línea, sin contar las milicias, se acercaba á cuarenta mil soldados; cuando contaba aquel gobierno con los mares, y juntaba recursos pecuniarios muy superiores á los nuestros; cuando otros generales de los mas acreditados le temieron á aquella empresa en el estado de impotencia que ofrecian los medios del gobierno. Toda mi suerte dependia de precipitar la guerra y no dar tiempo de pertrecharse al enemigo; y esto entraba en mis cálculos de adelantarme á los Franceses. Mas si el pueblo de Portugal se hubiese alzado ó hubieran acudido los Ingleses, ¡qué de esfuerzos superiores á los que estaban en mi mano, habria necesitado! ¡qué de riesgos no habria corrido! ¡y qué afrentas no me habria causado una derrota, en presencia de España atenta á aquel arrojo, y á la vista de los Franceses á quien yo no habia esperado! Me habrian llamado entonces presuntuoso, temerario y muchas cosas mas, cuanto se habria querido; mis contrarios me habrian silbado. Si favoreció la suerte aquel empeño, si logré ahogar la guerra, si causó terror al enemigo nuestro valeroso ejército, y si acabé mi empresa felizmente, como lo habia intentado y calculado, no por eso fué menos digno de tenerse en cuenta tan siquiera mi arrojamiento por la patria á los peligros á que me aventu-

---

grosera, desacreditan cualquier obra, mucho mas la de un Diccionario de la Conversacion donde todo debe ser exacto y bien pensado.

raba y que pendian de acasos, muchos de ellos inminentes.

Ni cuanto á ella misma, tal como fué emprendida, dirigida y acabada aquella guerra, merece ser tenida en poco, si se compara su buen éxito con los sucesos deplorables que otras veces habian tenido nuestras guerras con los Portugueses. Sin hacer mencion de los desastres que sufrió Felipe IV en la guerra de la independencia, sostenida por el Portugal contra España en una larga serie de campañas sangrientas (1), sin contar los reveses que en la guerra de sucesion sufrió Felipe V, cuando los Portugueses llegaron á Madrid triunfantes; por lo que es la justicia de la historia, y en razon del desprecio con que muchos han mirado la campaña de 1801, me detendré tan solo á compararla con la que fué hecha por el año de 62 en los dias del rey Cárlos III, y en la cual mandaron sucesivamente el marques de Sarria, y el gran conde de Aranda tantas veces alabado en odio mio por algunos escritores. Estas dos guerras, emprendidas una y otra con un mismo objeto, y semejantes entre ellas por una multitud de circunstancias, fueron sin embargo muy distintas cuanto al suceso de ellas, y merecen parangonarse: concluiré ya con esto.

El objeto de aquella guerra, de la misma suerte que en 1801, fué obligar al Portugal á apartarse de la Inglaterra, y á cerrarle sus puertos. Hízose aquella guerra por España, instada vivamente por el gabinete de Versalles, acabado de celebrarse el pacto de familia junto con la convencion secreta que le fué añadida contra la Inglaterra. Todo esto es semejante, ó por mejor decir idéntico. Hubo empero de aquel tiempo al nuestro una gran diferencia, y fué que el Portugal se habia estado neutral é inofensivo

---

(1) Desde 1640 hasta 1668, en que fué reconocida la independencia de aquel reino.

enteramente con España y Francia. La guerra se fundó tan solo entonces en lo que fué llamado bien comun del continente de la Europa; quitar amigos á la Gran-Bretaña, disminuirla en su comercio, y obligarla en los mares á la ley comun de las naciones. Pero en 1801 se añadia á este motivo que los Portugueses, enemigos disimulados de la España y enemigos descubiertos de la Francia, á entrambas dos potencias les estaban siendo hostiles. Si en 1762 pudo ser mirada aquella guerra como justa, por tal debió tenerse mucho mas la que fué emprendida en 1801. Y si aquella guerra, promovida por la Francia, no fué servicio, ni obediencia de parte de la España, la de 1801, en que, á mas del interes comun de quebrantar á la Inglaterra, tenia España que vengar agravios propios suyos, menos pudo todavía ser sindicada de obediencia y sujecion á la política francesa.

Semejantes en su impulso y en su objeto estas dos guerras, fuéronlo tambien en la combinacion de las fuerzas españolas y francesas para haber de hacerla. Hubo empero la diferencia de que en 1801 se adelantó la España á hacerla, y acabarla con sus solas fuerzas, sin que el ejército frances llegase á tiempo de ayudarla, mientras que en 62 pelearon siempre juntos con suceso vario Españoles y Franceses.

Es tambien de notar que ambas guerras se parecieron en lo poco que duraron; la primera unos tres meses, la segunda diez y ocho dias tan solamente, y aun en esto la ventaja está de parte de la última, pues que acabar tan pronto, fué por haber vencido al enemigo y obligádole á cerrar sus puertos á la nacion británica, que en la otra no fué logrado ni se pudo.

He aquí otras diferencias todavía.

En 1762, el Portugal se hallaba enteramente desapercibido, olvidada la guerra y desusada hacia ya cuarenta años, descuidadas sus plazas, reducido el ejército á diez mil Portugueses y á otros diez mil Ingleses é Irlandeses que vinieron á asistirles. En 1801 el ejército de Portugal se hallaba en regla, recompuesto y organizado despues de cuatro años, con generales y oficiales amaestrados y aguerridos en la guerra de los Pirineos, con algunos cuerpos extrangeros, y con las milicias listas.

Por el año de 62 se hallaba nuestro erario rico y lleno como nunca lo habia estado, ni lo estuvo nunca en adelante. En 1801 nuestra hacienda estaba exhausta, el crédito arruinado, las subsistencias por las nubes, y los granos escaseando en todas partes por la mala cosecha del año precedente.

La guerra de 62 fué alternada de reveses y desgracias; cuarenta mil soldados españoles y doce mil franceses alcanzaron apenas á tomar á Almeida y penetrar adentro algunas leguas, dando despues al traste en las montañas, con muy poco honor de las armas españolas y francesas. La guerra de 1801 fué una marcha triunfal nuestra sin ningun reves ni descalabro.

En la guerra de 62, faltó la disciplina en nuestro ejército, se maltrató el pais, se ejercieron violencias y rigores con el pueblo, y se alzó el paisanage. En 1801, la disciplina sin igual que observaron nuestras tropas, y la moderacion que fué guardada con los habitantes, nos valió su amistad, y no hubo guerra de paisanos.

En 62, juntamente con los contratiempos que sufrieron en Portugal nuestras armas, la Inglaterra nos asestó en los mares golpes descomunales, por la toma del galeon, por la conquista de la Habana, por los tesoros pecuniarios y las fuerzas navales de que se apoderó en aquella plaza, por la invasion y la conquista de las islas Filipinas, por su incursion en fin y sus rapiñas en la bahía de Honduras. En 1801, no tan solo no sufrimos quiebra alguna en los dominios de las Indias, ni se atrevieron los Ingleses á tocarles, sino que en los mares fuimos dichosos como nunca, arrojándolos por aquel tiempo de las costas del mar Pacífico con ventajas señaladas; venciéndoles tambien en union con los Franceses en el combate de Algeciras, donde el almirante Saumarez perdió el *Anibal* y tuvo tres navíos desarbolados (1).

En 62, España y Francia, lejos de imponer al Portugal sus voluntades, recibieron la paz de la Inglaterra, como esta quiso proponerla, sacando airoso á su aliado. En 1801 el Portugal bajó cabeza, y nos pidió las paces bajo las condiciones que yo le impuse por España.

En 62, Almeida y algunos otros pueblos fronterizos conquistados á los Portugueses, fuimos obligados á volverlos. En 1801, dueños del Alentejo, les volvimos lo que quisimos generosamente, y nos guardamos á Olivenza para siempre.

En fin el rey Luis XV, pariente tan cercano del monarca español, reinaba en Francia, cuando aquella guerra, sin tener España que guardarse de peligros de ambicion ó imperio de la parte de aquel príncipe; en 1801 era un extraño, tan ambicioso como fuerte, el que mandaba en Francia, y este peligro mas fué vencido y apartado.

Yo no pretendo gloria, ni alabanza de estas cosas; todas las ilusiones de este mundo, unas despues de otras, han pasado delante de mis ojos: quédame una realidad tan solo que es el dulce testimonio imperecible de mi propia conciencia que llegará conmigo hasta la tumba y me sostiene en mis desgracias y trabajos, el testimonio grato de que cuanto pude, cuanto dieron de sí los tiempos espantosos en que tuve el mando, cuanto alcanzó á inspirarme mi lealtad á la patria y mi amor á mis reyes, otro tanto cumplí ó procuré cumplirlo. Nó; lo digo otra vez, no busco gloria y alabanza por nada de este mundo que pudiese ser digno de alabarse; pero sí tengo en alto grado sed y hambre de justicia, y refiriendo estos sucesos tan menu-

---

(1) En 6 de julio de 1801.

damente, he buscado que haya algunos que no nieguen á mis ansias aquel voto de justicia que reclamo en esta obra cercano ya á apagarme para siempre... ¡Ah! si en 1806, y aun en 1807 y 8, me hubiera yo encontrado en igualdad de circunstancias, dueño de obrar como hubiese yo querido, como obraba yo y podia obrar en 1801, sin las traiciones del partido que se anidó despues en el palacio, Cárlos IV menos tímido y balotado por los unos y los otros, y España menos engañada, ¡cómo habria yo salvado en tiempo los peligros de mi patria!... ¡qué diferentes habrian sido los juicios de los hombres!

CAPITULO VII.

Partida de los infantes don Luis y doña María Luisa para Italia. — Su paso por Paris. — Fiestas que les fueron dadas. — Ideas y motivos que dirigian la conducta de Bonaparte. — Inauguracion pacífica de los infantes en el trono de Toscana.

Hecha ya y ratificada la paz de Luneville, consentida y declarada por aquel tratado la adquisicion de la Toscana para el principe de Parma, celebrado con el mismo objeto el de Madrid que en 21 de marzo firmé yo con Luciano Bonaparte, y domadas enteramente por las armas francesas las insurrecciones parciales que habian movido los Ingleses en algunos puntos del ducado, llegó la hora de partir nuestro infante en los bellos dias de mayo, y tomar posesion de su corona. Aunque su paso por la Francia fué *de incógnito* bajo el título de conde de Liorna, en toda su carrera hasta Paris hallaron galanteo y esmeradas cortesanías de los agentes del gobierno: en Paris se rompió el dique alagasajo y al obsequio. Para ver estas cosas y tomarlas en su verdadero punto óptico, es necesario colocarse en 801, no en 808. Borbones son, y son ramas del antiguo tronco decaido y mutilado los que atraviesan por la Francia, á quien se preparan fiestas, y en favor de los cuales se ha levantado un trono, á propuesta y aun á ruegos del nuevo gefe de esa misma Francia, sin que nadie lo contradiga en toda la extension de la república. Vendrá un dia en que aquel gefe, acrecido por los sucesos de sus armas y por la postracion de los Franceses delante de sus triunfos y sus glorias, se hará un juego de erigir nuevos tronos, de improvisar coronas y repartir dictados soberanos de su sola gracia; pero la posesion de la Toscana por la dinastía española no se ha adquirido de este modo en 801. España ha vuelto á su derecho antiguo al gran ducado de Toscana para los hijos de su casa: esta vuelta se le ha propuesto: no la ha rogado, mas la acepta; no á un título precario, sino en cambio de otros estados que antes lo fueron de la Francia su aliada. Todo es legal, y todo se ha afirmado por convenios y tratados semejantes á los que fundaron otras veces los derechos de la España en varios puntos de la Italia. En esta nueva adquisicion no hubo nada de gratuito de la una parte ó de la otra, salvo el estudio y el esmero y los esfuerzos extremados del primer magistrado de la Francia por complacer al soberano de la España en el cortejo de sus hijos. El 3 de junio el primer cónsul, que se hallaba en Malmaison, vino á Paris á visitarlos en toda ceremonia, los llevó á la parada, los trató como á reyes y les dió en las Tullerías un gran banquete (1). Los ministros los obsequiaron cada cual á su turno. El de relaciones exteriores, M. de Talleyrand, les dispuso en Neuilly una fiesta suntuosa. Los jardines fueron adornados con soberbias deco-

---

(1) Los infantes se habian aposentado en el palacio del embajador de España.

raciones de pensamientos varios, alusivos todos al intento. Una de ellas representaba la gran plaza de Florencia, el palacio Pitti con sus dos magníficas fachadas, y la entrada de los nuevos príncipes. Una multitud de trasparentes repartidos en vistosas galerías, ofrecian emblemas, repetidos de mil modos, de la amistad y la alianza que unia las dos naciones. Descollaban de trecho en trecho bustos y estatuas de los grandes hombres de la España, y en un gran fondo refulgente, cuajado todo en rededor de estrellas y luceros, veianse las imágenes de España, Italia y Francia asidas de las manos sobre trofeos de guerra entre medio de blasones de las ciencias y las artes. Los colores de las tres naciones estaban repartidos en festones y en zonas luminosas, todo esto en movimiento y formando celages nuevos cada instante. Los nombres de los reyes de España y de sus hijos se ostentaban en hermosas laureolas: los fuegos de artificio presentaron variedad de cuadros alusivos á las glorias de la España y de la Francia. Hubo gran concierto, baile y cena en cinco salas, renovada tres veces.

El ministro de lo interior dió á aquellos nuevos reyes otra fiesta no menos suntuosa y variada. Toda la magia de la grande ópera francesa, en canto, en baile y en adornos se ostentó aquella noche. Entre los rasgos y alusiones que ofrecieron las escenas del riquísimo espectáculo, uno de ellos fué el descenso de una hada que llegando hasta el asiento del infante le ofreció un ramillete: al recibirle aquel, se volvió el ramillete una corona. Rompió entonces un himno de congratulaciones y alabanzas. La letra de aquel himno y otras varias composiciones fueron repartidas al inmenso gentío de convidados que llenaba la galería del ministerio, y hasta en el severo Monitor se hizo despues una gran gala de imprimirlas y darlas á la Francia. Hubo cena en treinta mesas; duró el festin hasta la madrugada.

El ministro de la guerra, el dia 14, hizo unir su festejo

á los infantes con el aniversario de Marengo. El lujo de esta fiesta pareció eclipsar las anteriores y se podia dudar quien llevaba la mejor parte en aquella celebridad, si la España ó la Francia. En aquellas tres funciones verdaderamente regias, hubo una semejanza de las grandes fiestas de Versalles en los dias de Luis XIV.

De este género de obsequios recibian nuevos rasgos los infantes donde quiera que eran llevados á visitar los monumentos de la capital de los Franceses: les hacian compañia las primeras ilustraciones del estado, y un ministro por lo menos, y M. Chaptal que no faltaba nunca á estos paseos, les hacian los honores. En la Casa de la Moneda, presentes los infantes, se acuñó una medalla de labor exquisita: representaba esta medalla por un lado el genio de la Francia que ofrecia una flor con este mote: *A María Luisa Josefa, 21 de prairial, año IX*. El reverso contenia un emblema, donde mezcladas unas fasces, una balanza, un caduceo, una espada y una banda de flores, lo coronaba todo un libro abierto en el que estaba escrito: *Código toscano*. Cuando fué al instituto nuestro infante, hubo sesion solemne; leyéronse memorias preparadas para aquel acto, llenas de lisonjas para España. El astrónomo Lalande le arengó en nombre de los sabios de aquel cuerpo; entrególe ademas una memoria suya donde estaba rectificada la longitud de la ciudad de los Médicis. El conservatorio músico se esmeró en dar á los infantes un magnífico concierto. En los teatros se cuidaba, cuando iban, de dar asuntos españoles: en el Frances les dieron las piezas de Moliere y de Corneille que imitaron estos de los nuestros: cuando visitaron el Museo del Louvre encontraron sus retratos allí puestos. En Versalles y en las demas antiguas residencias reales encontraron obsequios y lisonjas como si reinasen todavía sus augustos ascendientes.

A estas públicas demostraciones se añadieron en Malmaison otras varias con menos aparato, pero mucho mas íntimas y mucho mas significantes. La amable Josefina desplegó por entero su carácter con la infanta María Luisa; de sus manos y las del primer cónsul recibieron los dos esposos regalos estimables : entre otras cosas lisonjeras que allí vieron, una de ellas fué un cuadro donde estaban reunidos todos los retratos de la familia real de España. Dia por dia, hasta tanto que partieron en 1° de julio, fueron constantes los obsequios y las muestras de amistad y deferencia con la casa de España.

Se podrá preguntar cuál pudo ser en todo esto la intencion y la política de Bonaparte. Ciertamente fueron muchas sus ideas, parte de las cuales, los que han hablado de estas cosas las han interpretado cada cual á su manera. Los unos han escrito que Bonaparte quiso hacer alarde á la vista de la Europa del partido inmenso y poderoso que tenia en la Francia, paseando con este objeto y festejando en medio de ella dos Borbones, sin temer que reviviesen las antiguas simpatías de los pueblos con la *familia* derribada, y que en sus miras ulteriores de ponerse la corona de la Francia, quiso observar al propio tiempo si aquellas pompas reales las verian los Franceses sin escándalo, y con gusto. Otros han dicho que intentó aumentar en su favor el entusiasmo de la Francia, ostentando á la cabeza de ella, dar coronas y quitarlas como los cónsules romanos (1): otros que se propuso especialmente deslumbrar á la España y adquirirse su entera confianza para llevar mejor á efecto sus designios en la guerra de Portugal y lograr establecer en la Península la misma autoridad y predominio que gozaba en tantos otros puntos de la Europa. Todas

---

(1) En Francia y en todas partes se ignoraban todavía los tratados de San Ildefonso y de Madrid en virtud de los cuales la adquisicion de la Toscana para el príncipe de Parma era el precio de la retrocesion, hecha por nosotros á la Francia, de la Luisiana. Este secreto era guardado todavía por no alarmar á la Inglaterra.

estas cosas que se han dicho entraban, sin poder dudarse, en su política; pero hay una todavía, que son pocos los que la han sabido, y me valió despues su irritacion y enemistad en alto grado. La contaré sencillamente.

Hecha la paz entre Francia y Portugal en 29 de setiembre, cerca ya de partir para Paris Luciano Bonaparte, y llegada la noticia de los preliminares de la paz con Inglaterra, una noche, en mi cuarto, él y yo, los dos solos, hablando largamente de aquella grande crísis que ofrecia la Europa, calculando los datos, ya favorables ó ya adversos, que podrian hacer estable ó destruir aquella paz tan deseada, haciendo una revista de la política especial y del carácter de cada gabinete, y llegando al de Nápoles : « He
« aquí, dijo Luciano, un elemento siempre listo para la
« discordia, á la verdad de poca fuerza, mas no del todo
« despreciable por el influjo y el poder que tendrá siempre
« la Inglaterra sobre aquel gobierno. Mientras á esta le
« conviniere, se podrá contar con la accesion de Nápoles,
« forzada, no sincera, al sistema pacífico; pero si por des-
« gracia no se llega á una paz definitiva con la nacion in-
« glesa, ó dado el caso que se haga, se volviese á romper
« á poco tiempo de entablada, como para mí es cosa
« cierta, Nápoles, créalo V., volverá á las andadas : su
« amistad con la Francia no será nunca verdadera mien-
« tras gobierne allí en lugar del rey la archiduquesa Ca-
« rolina. » — « Cárlos IV, repuse yo, se desvive en buscar
« modo de estrechar las relaciones de amistad entre su
« corte y la de Nápoles para hacer entrar á esta en su
« política. El uno de los medios á que S. M. se inclina
« mucho, es concertar un doble enlace entre las dos fami-
« lias, casando al príncipe de Asturias con alguna de las
« hijas de su hermano, y á la infanta María Isabel con el
« príncipe Leopoldo. Tal vez así y al propio tiempo de tra-
« tarse estas bodas, se podrá conseguir del rey Fernando
« que se agregue á la alianza de la España y la Toscana

« con la Francia.» — « Tiempo perdido, replicó Luciano,
« V. sabe que aun reinando en Francia los Borbones, se
« resistió á acceder al pacto de familia, y V. sabe cuan in-
« dócil se mostró á su propio padre en asuntos muy graves
« que interesaban á ambos reinos. Despues de esto, aun su-
« poniendo se prestase á entrar en la alianza, ¿ piensa V.
« que al primer caso que pudiera ofrecerse de un nuevo
« rompimiento del Austria ó la Inglaterra con la Francia,
« no le haria faltar la reina á sus empeños? Disuada V. al
« rey de celebrar esos enlaces que no harian sino traerle
« compromisos y pesares; nó, la reina de Nápoles no co-
« noce amor de hijos, ni de esposo, ni de súbditos en tra-
« tándose de guerra con la Francia, y desgraciadamente
« su voluntad es siempre la del rey Fernando. ¡Cuánto me-
« jor seria mantenerse en reserva con esa corte incorre-
« gible, y á la primer perfidia que cometa, conquistar
« aquel reino para España, poner allí un virey como
« otras veces, ó coronar mas bien si se quisiere *otro infante
« de Castilla!* Yo estoy cierto de que mi hermano se pres-
« taria gustoso á esta medida de política que le quitaria un
« enemigo á sus espaldas. Créame V., conviene tomar
« tiempo y esperar los sucesos que cada vez serán mas
« grandes; esa infanta que aun le queda á España sin des-
« tino, podria sobrepujar á sus hermanas en brillo y en
« fortuna. »

De aquí con la sagacidad y la delicadeza que Luciano Bonaparte sabe hacer entrar en sus razones y discursos, y afirmándome que me hablaba tan solo como amigo, puesto que su mision estaba ya acabada, se extendió á hablarme largamente sobre las varias fases que la revolucion francesa habia frecido al mundo, sobre los extravíos y los desastres inauditos que habian acarreado durante nueve años las ambiciones populares, sobre la entera vuelta de la Francia á los principios saludables que su hermano habia logrado con el prestigio de su gloria y la

fuerza de su carácter, sobre el alto grado de poder á donde la habia alzado sacada casi del abismo, sobre la union de sus destinos con los destinos de la Francia, sobre la entera devocion y confianza con que esta le habia puesto á su cabeza, sobre los inmensos deberes que le imponia esta confianza, sobre los sacrificios finalmente á que estaba dispuesto para lograr á cualquier precio que esto fuese, la permanencia y el aumento de los bienes que á la parte de adentro empezaban ya á gozarse, y asegurar en lo exterior el lustre de la Francia bajo toda suerte de conceptos, no tan solo cuanto al poder que habia ganado en clase de república, sino tambien cuanto á las mismas vanidades ó respetos que podrian echarse menos del tiempo de sus reyes. De esta idea desplegada con arte y con firmeza, vino á parar en esta otra; que en las preocupaciones de los pueblos habia algunas que eran indestructibles; que por el propio bien de las naciones convenia respetarlas; que las habia en la Francia como en todas partes, hijas de la habitud del régimen monárquico afianzada en los siglos, y que colocado su hermano en tal altura donde convenia reunir toda suerte de respetos y hacerlos espontáneos, podria tal vez llegarle el caso de tener que hacer un grande sacrificio de sus afecciones mas sagradas y mas íntimas, é intentar un nuevo enlace de familia él mismo. « Y he aquí, me dijo luego, una especie
« reservadísima acerca de la cual es V. el solo amigo á
« quien no he temido confiarla. Me ha hablado V. de
« enlaces que en mi juicio no cuadrarian de modo alguno
« ni á los intereses ni á la gloria de la España: la prin-
« cesa María Isabel, que es todavía una niña, podria ser
« un lazo mas entre Francia y España. Mi hermano por
« sí solo es ya una gran potencia; dia podrá venir en que
« sea rogado de otras partes; pero su política mirará á Es-
« paña en todo tiempo como la compañera de la Francia,
« que deberá partir con ella su grandeza y ayudarla á sos-

« tener el equilibrio de la Europa. Cuanto á dificultades
« de un órden subalterno, no habrá motivo de arredrarse;
« lo divino y humano se dispensa todo por el bien de los
« pueblos; la política hace bueno cuanto es grande y pro-
« vechoso sin dañar á nadie, y la gloria le pone luego su
« techumbre de laureles. »

Fácil será juzgar de mi embarazo para improvisar una respuesta. Dándole muchas muestras del aprecio con que recibia de su parte aquella nueva prueba de amistad y confianza, me encerré en palabras vagas, las sazoné cuanto yo pude con alabanzas de su hermano, y procuré encubrir (yo no sé si supe hacerlo) la sorpresa y la impresion que tamaña especie me produjo. Aun ceñida que hubiese ya tenido Bonaparte la corona de la Francia, y aun libre y suelto que se hubiese hallado de los lazos conyugales, jamas habria cabido en mis ideas y mis principios que una infanta de España se sentára con un extraño en el trono ensangrentado de los gefes de su casa: el honor, la moral, la religion, todo se hallaba en contra de semejante contubernio; y despues de esto, la política, porque hacer tal enlace no habria sido otra cosa que enganchar la España al carro de la Francia y ponerla á la brida y al arbitrio de aquel hombre poderoso. ¡Qué diverso sentir y que contraste de ideas y de sucesos, cuando el príncipe de Asturias le pidió por esposa una parienta suya! Para mí el vituperio y la ignominia porque quise la independencia y el honor de mi patria, despreciando la perspectiva de una gran fortuna y de un arrimo poderoso que me podia venir del extrangero: para mis enemigos, que calcularon de otra suerte y humillaron la España hasta los ruegos que ni aun les fueron concedidos, para estos la alabanza, el mando y el poder, que á la reina del mundo la han puesto y la han dejado por los suelos. ¡O cara patria mia! ¿quién de todos mis enemigos y rivales te ha tratado y te ha servido despues de mí, como yo te habia tratado y como yo te habia servido?

Esta conversacion que he referido del embajador Luciano me dió una nueva luz para comprender enteramente la complexidad de los motivos en que se fundaron los obsequios extremados que recibieron en Paris nuestros infantes: con esta nueva luz pude entender mejor las insinuaciones diestras que habia mezclado Bonaparte en sus varias conversaciones con los dos infantes, y su manera de explicarse con nuestro embajador Azara, cuando hecha la paz de Badajoz, era agitada la cuestion de accederse ó no á aquella paz por parte de la Francia. Con los infantes se expresó mas de una vez como pudiera haberlo hecho un gefe de familia. Refiriéndoles la política de Luis XIV y alabando sus designios en el empeño y en el modo con que logró unir la política y los destinos de la España y de la Francia, díjoles sobre esto, que si bien no era ya dable revocar lo pasado y que volviesen los Borbones á ocupar el trono de la Francia, no por eso mientras él se hallase á la cabeza de esta, cambiaria nunca la política de aquel monarca con respecto á España, ni tendrian sus príncipes que echar menos el tronco de su casa; que las relaciones y los intereses mutuos de la España y de la Francia eran lazos mas fuertes que los mismos vínculos de parentesco, y que su intencion era estrecharlos como el mejor pariente podria hacerlo. Otro dia le preguntó á la infanta María Luisa si amaba mucho á su hermana doña María Isabel. « Esta niña, les dijo, « lleva un hermoso nombre histórico; yo tendria gran « contento en poder presentarle otra corona: el tiempo no « se duerme. » Otra vez al acabar otro coloquio lleno de especies halagüeñas, concluyó de este modo: « No haya « nunca mas Pirineos entre nosotros, ni mas Alpes ni Apeninos; bajo el pie que me he propuesto, la España tendrá « siempre asegurada la amistad de la Francia y los respetos « de la Europa. Escribid estas cosas á vuestros buenos

« padres para que nadie los engañe. Yo veo que aun se re-
« celan de la Francia y me miran como á extraño. »

Esto mismo le decia despues á Azara: « Se desconfia de
« mí porque ejerzo un gran poder sobre la suerte de la Eu-
« ropa, como si yo no distinguiese nada entre amigos y
« enemigos. El poder de la Francia es poder y fuerza para
« España. Nuestra union ilimitada en todos puntos nos
« haria señores exclusivos de la política europea. Se con-
« tinua en Madrid aquel modo de política que hizo inútil el
« pacto de familia para domar á la Inglaterra. Vuestro
« príncipe de la Paz sigue en esto las rutinas que le dejó
« zanjadas la política encogida y aprehensiva de un Walls,
« de un Grimaldi y de un Moñino: estos hombres no salian
« jamas de su sistema de las medio medidas, y navegaban,
« mal su grado, al remolque del gabinete de Versalles: á
« la larga y á la postre hacian los sacrificios que rega-
« teaban á la Francia, y en lo mejor del tiempo desviaban
« y acortaban la mano. Aun entonces tenian disculpa, por-
« que la Francia no era grande y fuerte como ahora, y á la
« España le servia mas bien de carga que de entibo. Pero
« hoy dia ¿qué tiene que temer la España de embarcarse
« con nosotros? Hoy la Francia no ofrece sino triunfos;
« ¿recelará pues que esta amiga poderosa se la sue rba?
« ¿Por ventura la Francia necesita ser mas grande á costa
« de la España? ¿Los lindes de la Francia no se encuen-
« tran ya puestos para siempre en sus fronteras naturales?
« ¡Oh! si España supiera, si pudiera yo decirle los
« proyectos que por su bien y el de la Francia estan ro-
« dando en mi cabeza! En fin yo cederé, si hacerlo así y
« avenirme con sus errores y sus faltas puede añadirle
« nuevas pruebas de la sinceridad de mis designios y de
« la amistad sin límites que quiero yo mostrarle: hágase
« en fin la paz con Portugal por parte de la Fran-
« cia, etc., etc. »

Mientras tanto nuestros infantes reinaban ya en Toscana. El general Murat preparó su recibo y les dió posesion de aquella nueva monarquía. Bonaparte, cuanto estuvo entonces en su mano, la hizo reconocer por diversas potencias, por la Prusia, por la Holanda, por la corte romana y las repúblicas de Italia. Por el Austria y el Imperio lo estaba ya desde un principio. De todas estas cortes acudieron ministros cerca del nuevo rey de Etruria. Fué de ver y de dolerse que la corte de Nápoles acudió la postrera y tardó muchos meses en cumplir atenciones de esta clase que para ella eran deberes.

Bonaparte añadió por aquel tiempo un nuevo rasgo de desinteres y de política por agradar al rey de España. Aunque el duque de Parma don Fernando habia cedido sus estados á la Francia, Bonaparte le dejó el goce de ellos de por vida. Ha habido quien escriba, que arrepentido de esto Bonaparte, hizo envenenar á aquel príncipe, muerto un año despues, de un fuerte ataque súbito. Esta voz la tuve siempre por una gran calumnia. Era menester ser muy flaco, y Bonaparte no lo era, para apelar á este recurso.

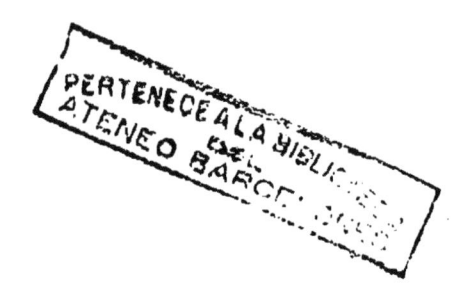

CAPITULO VIII.

Encargo especial que me fué confiado por el rey para una nueva organizacion de los ejércitos de mar y tierra. — Persecuciones suscitadas y dirigidas bajo mano por el ministro Caballero so pretexto de opiniones religiosas y políticas. — Graves turbaciones ocurridas en Valencia. — Pronta y feliz pacificacion de aquel reino á que logré dar cima sin emplear la fuerza ni apelar á los rigores. — Nuevos esfuerzos para alentar los progresos de las ciencias y las artes. — Operaciones de hacienda con respecto al crédito público en el año de 1801.

Entre los muchos daños que en el tiempo de mi retiro causó á España la influencia del ministro Caballero, uno de los mas sensibles fué haber hecho que se aboliera la enseñanza de la táctica moderna. Hecha apenas la paz de Basilea, traté de introducir aquel estudio y de ponerle en práctica en los varios cuerpos el dejército. Durante todo el tiempo en que por motivo de seguridad, rota la paz con la Inglaterra, fué acantonada en la frontera portuguesa una parte de nuestras tropas, se ensayó allí la nueva escuela con general provecho y adelanto. A medida que se instruian unos cuerpos los reemplazaban otros, resultando de este ejercicio que hácia fin del año de 1797, mas de una mitad de nuestro ejército se encontrase al corriente de los nuevos métodos. Referido dejé en mi primera parte de qué modo mis enemigos, y mayormente Caballero, que gozaba ya en el palacio de una gran confianza, previnieron el ánimo del rey contra los campos de instruccion que intenté establecer en otros puntos, cuando no habiendo ya necesidad de observar el Portugal y siendo justo descargar la Extremadura del peso de un ejército, se disolvió aquel campamento. Dicho dejé tambien que la principal razon que me hizo instar por mi retiro, fué la repulsa y desagrado que encontré en el rey contra mis intenciones y deseos de proseguir aquella buena obra comenzada, para uniformar y completar la instruccion de nuestras tropas en los dias peligrosos que ofrecian las circunstancias de la Europa. Ni Jovellanos ni Saavedra me ayudaron á sostener aquel propósito: este último, al contrario, lo esquivó bajo el pretexto de ahorrar gastos á la hacienda.

Salido yo del mando, don Juan Manuel Alvarez, mi tio, ministro de la guerra, quiso lograr al menos que la enseñanza comenzada se adoptase por punto general en las escuelas militares, y se escribiesen elementos de ella. Don Benito Pardo Figueroa y el marques de Casa Cagigal tuvieron este encargo y lo cumplieron; pero á poco tiempo de estar hecho aquel trabajo, y designados los lugares donde debian reunirse algunos cuadros militares para proseguir por turnos la enseñanza, el marques Caballero que habiendo derribado á Jovellanos, ocupaba su plaza y ejercia un grande influjo, hizo revivir los temores que habia inspirado á Cárlos IV contra toda especie de asambleas militares. A Cagigal y á Pardo, en vez de encomendar y agradecerles sus útiles faenas, los denunció al monarca como innovadores peligrosos, de siniestras intenciones, cuyas teorías de instruccion y disciplina serian propias para envanecer al soldado y hacerle indócil al gobierno. Uno y otro fueron apeados de sus puestos y desterrados de la corte. En cuanto á la enseñanza, se mandó seguir en el ejército la antigua escuela establecida, hacia ya treinta años (1).

---

(1) Se podrá preguntar si estos dos generales cometieron alguna falta que pudiera haberlos hecho sospechosos. Militares los mas celosos

Los que habian aprendido segun las nuevas reglas, no por esto las dejaron, resultando el doble mal de que amenguada y hecha casi nula la instruccion de oficiales y soldados, unos cuerpos maniobrasen á la antigua y otros á la moderna, nueva suerte de embarazo que nos habria traido gran quebranto en la guerra de Portugal, si la hubiesemos habido con otros enemigos mejor alicionados ó mas fuertes.

Cárlos IV vió estas cosas por sus propios ojos, cuando venido á Badajoz á visitar su ejército, observó las maniobras de las tropas en los simulacros que se hicieron en el campo de Santa Engracia. Allí fué donde trayendo á su memoria al propio tiempo los apuros que ofreció, para haber de emprenderse, aquella guerra tan dichosamente concluida, y el descuido mortal en que se habia dejado á nuestro ejército en los dos años anteriores, sin haber podido hallarse un general que se hubiese atrevido á tomar el mando de él, tal como se hallaba á fines de 1800, concibió en fin la gran necesidad de organizarlo nuevamente, y me mandó encargarme de esta obra con los generales que eligiese yo á mi albedrío para ayudarme á aquel servicio. Mas no se crea por esto que el ministro Caballero perdió su confianza. « Él no es malo, me dijo el rey; vela mucho por
« el reposo de mis reinos; su celo lo ha engañado en ma-
« terias que él no entiende cabalmente; él se ocupará sola-

---

del poder y del decoro del gobierno, no cometieron mas pecado que haber devuelto á Caballero ciertas órdenes de policía militar concebidas á su modo, dando aquellos por motivo de devolvérselas no deber recibirlas de otro alguno que del ministro de la guerra. Tanta razon tenian de obrar así, cuanto que Caballero ni aun siquiera tuvo la atencion de consultarlas con aquel ministro. Esta y otra multitud de usurpaciones de este género, añadidas al desprecio con que el ministro Saavedra y su suplente Urquijo miraban al ejército, obligaron á mi tio á renunciar su plaza y retirarse.

« mente en los negocios interiores que le tocan; no hayas
« miedo que sea un obstáculo á los que yo te encargo. »
Nunca me fué posible disuadir á Cárlos IV de conservar aquel ministro. Mas que por mi interes, por el del reino, probé yo muchas veces á separarle del gobierno hasta por medios honoríficos que á él le fuesen ventajosos sin dañar á nadie; mas no pude, siendo tal la injusticia de mis detractores y enemigos, que cuanto malo hizo, es decir todo aquello en que puso mano libremente, unos me lo han atribuido con malicia, y otros me lo han cargado, suponiendo que obraba con mi acuerdo, y que á haber yo querido pudiera haberle separado. Estimábanme omnipotente cerca de Cárlos IV. Muchas veces he dicho ya que no lo era, y vuelvo á repetirlo: he aquí una nueva prueba.

Mientras yo daba toda mi atencion, no alcanzándome el dia y la noche á mis tareas, para formar los cuerpos del ejército que debian embestir el Portugal, equipar los soldados, proveer el armamento, disponer los acopios para la subsistencia de las tropas nacionales y extrangeras, y buscar medios y recursos para tantos objetos donde faltaba todo, el ministro Caballero, fuese por temor de que vuelto yo al mando intentase restablecer á Don Gaspar de Jovellanos en su plaza de ministro que él le habia arrebatado, fuese prurito de hacer mal y aprovechar el claro que encontraba para dar carrera á sus persecuciones antes que pudiese yo impedirlas, hizo avivar los procesos que la inquisicion tenia pendientes contra Jovellanos, contra Urquijo, contra algunos obispos y una multitud de sugetos de la capital y las provincias, acusados de jansenismo y de opiniones perniciosas en materias políticas. No podian moverse estos procesos los unos sin los otros, porque se hallaban juntos y formaban una misma causa, de donde resultó, que por perder á Jovellanos no hiciera gracia á nadie, ni aun á aquellas personas que él sabia serme íntimas, cual lo eran en efecto la condesa de Montijo implicada en aquellos chismes; el obispo de Cuenca Don Antonio Palafox, cuñado suyo; el obispo de Salamanca Don Antonio Tavira, Don Javier Lizana, Don Juan Melendez y otros muchos individuos, los mas de ellos eclesiásticos. Consumado el proceso, Caballero lo hizo llevar á Cárlos IV, atizó el fuego grandemente, le hizo ver los cargos y una multitud de documentos, verdaderos ó apócrifos, de donde aparecia ó se hacia aparecer (yo no ví nunca aquel proceso), que Jovellanos desde largos años era el gefe de una secta, enemiga pronunciada de la Silla Apostólica, infestada de toda suerte de heregías, subversiva de la moral cristiana, y contraria á la monarquía en muchos de sus dogmas. Contra Urquijo se hacian brotar grandes cargos, y entre ellos haber usado del poder para proteger aquella secta y haber comprometido el trono en favor de ella, arguyéndose este intento de cartas suyas propias que le habian interceptado. Contra las demas personas resultaban inculpaciones mas ó menos graves en la propagacion y fautoría de aquella secta. Sorprendido el ánimo del rey por aquel modo, Jovellanos y Urquijo fueron confinados del modo que fué público en el reino; y aun obrando de esta manera, la bondad natural de Cárlos IV les ahorró muchas penas y aflicciones, visto que se contuvo y desechó las demas medidas rigorosas que el tribunal de la *Suprema* y Caballero habian propuesto, una de ellas la celebracion de un auto semejante al que Olavide habia sufrido bajo el anterior reinado. Cuando supe estas cosas y pude hablar al rey acerca de ellas, el mal estaba ya cumplido. Nada me quedó que hacer porque el rey levantara ó moderase al menos los rigores ejercidos contra Jovellanos: aun por el mismo Urquijo, que no era amigo mio, intercedí tambien con eficacia, temeroso de lo mismo que despues ha sucedido, de imputarme á mí, los que ignoraban la verdad ó querian hacerme odioso, aquel suceso desgraciado. Pero impresionado el rey por el proceso que le habian mostrado, fué inflexible á todo ruego, no juzgándose autorizado para perdonar ofensas, en que á su modo de entender era Dios el agraviado. Y sin embargo Cárlos IV era benigno, nunca fué perseguidor, nunca se hallaba mas contento que ejerciendo la clemencia; pero era al propio tiempo religioso con extremo: bajo de este respecto, su reinado podria haber sido un reinado de opresion y de violencia, dirigido que hubiese sido por intrigantes ó fanáticos; ¿ de qué virtud de los monarcas no hacen palanca los malvados para llegar á sus designios? Si el reinado de Cárlos IV, á pesar de los tiempos que ponian espanto en materia de doctrinas, fué una época de paz y de indulgencia para todos sus súbditos, y si los actos de rigor que obtuvo entonces Caballero por sorpresa, no volvieron á repetirse, la España me lo debe. Aun en aquel negocio pude alcanzar algunas excepciones: se sobreseyó en la causa contra los obispos que Caballero habria querido enviar á Roma á ser juzgados; la condesa de Montijo no fué mas incomodada; al inmortal Melendez, no pudiendo conseguir que volviese á su plaza, le hice conservar sus honores con el goce de sueldo entero que le habian quitado; á varios eclesiásticos seculares y regulares alcancé llegar á tiempo para libertarlos bajo mi palabra; á otros pude lograr que sus sentencias fuesen reducidas sin la pérdida de su fama, á las ligeras penitencias de los cánones, correctivas solamente; á Don Juan Llorente, en fin, que por ser familiar del Santo Oficio lo miraba el tribunal como doblemente culpable por sus escritos y opiniones, lo libré de un encierro de ocho años que se intentó imponerle. Yo no dudo que él supiese los oficios que de mi solo impulso practiqué en favor suyo en cuanto supe su peligro; pero no los ha contado (1). Mucho

---

(1) Don Juan Llorente en los varios escritos y memorias que dió al público en el tiempo de su emigracion, no perdió en mucho tiempo

mas agradecido el famoso padre Gil, por haberle librado, ya segunda vez, de la tiniebla y los rigores del tribunal del Santo Oficio, me dedicó despues sus obras de sermones.

Soy prolijo, y tal vez canso á mis lectores refiriendo estos hechos que interesan ya á muy pocos. Pero á mí me importan mucho; lo primero para desmentir tantas calumnias de que mis enemigos han logrado henchir las crónicas y las biografias extrangeras (1); lo segundo, para que aquellos que en España han sufrido tantos años, mientras mis enemigos han mandado, toda suerte de tiranías y opresiones, comparen esos tiempos dolorosos con aquellos en que yo mandaba; y la conducta horrible, sanguinaria, atentatoria y destructora de todos los derechos que han tenido mis enemigos hasta los postreros dias de su dominio, con aquella mia, reverenciadora siempre de la patria, exenta y libre enteramente de toda suerte de reato, de persecuciones y violencias, mis manos siempre limpias de la pre-

_____

la esperanza ni el propósito de ablandar en favor suyo el corazon del rey Fernando. De aquí procedieron muchas precauciones que tomó en el modo de referir los sucesos, muchas omisiones que se permitió sobre hechos y circunstancias importantes, y cierta especie de disfavor con que pareció mostrarse hácia mí; modo cierto de halagar á aquel monarca. Conociendo empero esta falta de su amistad me habia hecho decir, que en un suplemento que pensaba añadir á sus memorias, cumpliria la deuda de justicia y de verdad que tenia conmigo. Cuando pudo hacerlo con libertad, se lo llevó la muerte.

(1) Para que se vea todavía aquella especie de inmoralidad (no le encuentro otro nombre á esta conducta) con que los pretendidos biógrafos de nuestro tiempo han admitido en sus columnas todas las mentiras que mis enemigos han surtido á sus plumas ávidas de hieles y venenos, haré mencion aquí de una de las infinitas calumnias que contiene contra mí la Biografía de los contemporáneos decorada y garantida por los nombres de los señores *Arnault, Jay, Jouy, Norvins* y otros hombres de letras, magistrados y militares. En el

ciosa sangre de mis conciudadanos; y mi conciencia, solo bien que me ha quedado de todas mis grandezas, sin tener que echarme en cara ni una sola ruina de familias ó personas que hubiese yo causado, ni una lágrima siquiera de individuos que se viesen privados por mi causa de su libertad ó de su pan de cada dia.

Cual fuese este carácter, y esta manera mia de respeto á la libertad, á la fortuna y á la vida de mis conciudadanos, cual tambien mi aversion á toda especie de rigores aun en los mismos casos que la necesidad y la justicia pueden legitimarlos, lo acreditó en el año mismo de que estoy hablando, la conducta que observé en los agrios sucesos de Valencia, cuyo remedio y represion me encargó el rey con facultades absolutas. Era entonces ministro de la guerra Don Antonio Cornel, grande amigo y protegido del ministro Caballero. El reino de Valencia gozaba la exencion del servicio de milicias provinciales, y nadie ignora de que modo dura todavía en España el apego de las pro-

---

artículo *Godoy* dicen estos, *que habiendo rehusado el general Urrutia encargarse del mando del ejército cuando la guerra de Portugal, fué desterrado á la Vizcaya donde murió de resultas de este pesar* (tomo VIII, pág. 189). Y bien, tan lejos de que asi fuese, don Josef Urrutia, á quien yo habia hecho nombrar capitan general de los reales ejércitos, y á quien hice despues inspector general de ingenieros, fué aumentado por mí en 1801 con la inspeccion general *interina* de artillería, y sin faltar un instante de Madrid trabajó conmigo en la preparacion de materiales para las reformas del ejército hasta el dia de su muerte. Falleció en Madrid en 1º de marzo de 1803, casi entre mis brazos, y tal aprecio hizo de mí que me legó por testamento la espada de mérito que le habia regalado la emperatriz de Rusia Catalina II. Yo mismo fuí quien dicté el artículo necrológico que en honor de aquel general pareció en la Gaceta de Madrid de 12 de abril de 1803. Los papeles franceses copiaron este artículo. Nada de esto habian leido los señores biógrafos. ¿Quién dará fé á las biografías?

vincias á sus viejos fueros donde quiera que son gozados por costumbre ó privilegio. Muchos habian perdido ya los Valencianos desde el tiempo de Felipe V; mayor razon para querer guardar la exencion de aquel servicio que lograron cuando en los reinos de Castilla se establecieron las milicias. Don Antonio Cornel, que habia sido comandante general del reino de Valencia por el año de 99, trabajó por persuadir á aquellos naturales á admitirlas, y ganó la voluntad de los magnates y de las personas bien acomodadas: este género de servicio, lejos de gravarlas, les ofrecia un buen medio de ponerse en carrera, de gozar los fueros militares, y hacer figura entre los suyos. Cornel no se cuidó de averiguar si se prestarian del mismo modo las masas de los pueblos, y lo dió por supuesto. Venido al ministerio quiso llevar á cabo aquel proyecto y ganar albricias con el rey de haberlo conseguido. A este fin dió sus órdenes de levantar seis cuerpos de milicias en la capital y en otros cinco puntos de aquel reino, ceñidas sin embargo aquellas órdenes bajo la condicion de ser cierto que se contase con los pueblos sin causar disgusto. Los que fueron nombrados de antemano coroneles y oficiales de los cuerpos que debian formarse, contaron mas de lo que era con el influjo y ascendiente que su posicion social les daba entre la muchedumbre, y á la autoridad local la alucinaron con sus informes y promesas. Puesta mano á la obra, al principio con apariencias de un buen éxito, comenzó luego á percibirse cierta inquietud y descontento entre las plebes, negocio al parecer de un cierto número. La autoridad pensó vencer aquella oposicion mostrándose severa, y erró en esto mas que en todo, por no haber tenido cuenta del carácter fogoso y mal sufrido de aquellos naturales. Las resistencias se aumentaron; cuantos eran independientes de los ricos y vivian libremente de su industria, reclamaron las exenciones de aquel reino; al principio con ruegos, despues con amenazas y movimientos sediciosos. Para mayor estímulo á la ira se encontraron las plebes divididas en dos bandos, uno por la milicia, pero partido diminuto que consistia tan solo en la clientela de los caballeros y pudientes; otro de gente dura y despechada que formaba el mayor número. Uno y otro en presencia, se encendieron los ánimos, la autoridad partió de recio, y de empeño en empeño resultó un incendio general que se extendió á un gran número de pueblos. La fuerza de las armas fué empleada, corrió la sangre de ambas partes, y la insurreccion cobró una fuerza poderosa. Los primeros partes que llegaron, y las relaciones que hicieron un gran número de sugetos elevados que llegaban fugitivos de Valencia, consternaron la corte. Decian estos que era imposible poner rienda á los rebeldes sin marchar sobre cadáveres por entre rios de sangre, que el reino de Valencia se estaba armando en masa, que la cuestion de las milicias era solo un pretexto, y que aquellos que dirigian el movimiento, no intentaban menos que el recobro de sus antiguos fueros, proponiéndose agitar y hacer entrar en la demanda al Aragon y al Principado. Mucha parte juzgué yo que debia rebajarse de lo que contaban los venidos de Valencia bajo las primeras impresiones de aquellos alborotos; pero el conde de Cervellon y algunos otros de los fugitivos, sugetos no vulgares, se expresaban de tal modo, que llegué á recelar si el movimiento de Valencia vendria de alguna intriga que intentase Bonaparte para algun proyecto de los suyos, como se vió en Venecia y en tantos otros puntos de la Italia: se estaba todavía con él en los debates sobre seguirse ó no la guerra contra el Portugal por parte de la Francia, y pretendia aumentar las fuerzas que tenia en España para hacer por su cuenta la invasion de aquel reino. Mi primer cuidado fué inquirir y averiguar si en aquellos ruidos de Valencia se notaban indicios que hiciesen sospechar alguna urdiembre de política extrangera. Cierto como pude estarlo, por personas dignas de mi confianza, de que no era nada de esto, sosegué el ánimo del rey. Cornel y Caballero proponian al rey que marchasen doce mil hombres y un comisario regio para sujetar á los facciosos y hacer castigos ejemplares. Yo me opuse á la adopcion de esta medida, pensando entonces como pienso ahora lo mismo, que el empleo de las armas para obligar los pueblos á entrar en sus deberes, debe ser el postrero, mientras existan ó se encuentren medios hábiles y recursos conciliadores por los que vuelvan en su acuerdo. Demas de esto podia temerse que empeñada la lucha con un pueblo puesto en armas, se aumentase la rebelion y que cundiese el fuego al Aragon y Cataluña por la antigua hermandad que tenian estas provincias, como muchos habian temido en un principio con menos fundamento. El ministro Ceballos se agregó á mi dictámen. Cárlos IV, amante siempre de sus pueblos y enemigo de la sangre, abrazó mis consejos y se dignó fiarme el remedio de aquellos males y disturbios. Felizmente, un pliego de papel me fué bastante para hacer caer las armas de las manos de millares de individuos, donde se llegó á creer que bastaria á duras penas para conseguirlo un ejército numeroso. Aquel pliego de papel fué un escrito, publicado de intento en la gaceta, donde respondiendo yo al rey de la fidelidad del pueblo de Valencia, y refiriendo en honor suyo los servicios que contrajo en la guerra de los Pirineos con sus tropas ligeras y sus cuerpos de voluntarios del mismo modo que Aragon, la Cataluña y la Vizcaya, pueblos todos exentos del servicio de milicias, pedia á Su Magestad que depusiese toda idea desventajosa al buen concepto que en España y en la Europa tenian los Valencianos, no debiendo perjudicarles la osadía y la mala fé con que algunos malévolos habian querido extraviarlos; disculpables tambien aquellos, por el error y mala inteligencia con que algunas autoridades, llevadas de su celo, se permitieron ir mas lejos de los lindes que el gobierno les tenia fijados por sus instrucciones en materia de milicias, y en un tiempo que hallándose pendiente la nueva organizacion de los ejércitos de mar y tierra, que Su Magestad me habia fiado, se debian aguardar los nuevos planes que se diesen, sin hacer innovaciones. Y á propósito de milicias decia al rey, que mi intencion no era ponerlas donde no hubiesen existido ni se acomodasen bien con las ocupaciones y habitudes de los pueblos, en consecuencia de lo cual debia rogarle que si mi modo de pensar merecia el honor de su augusta aprobacion, se dignase dar por nulo cuanto erradamente y sin órdenes positivas del gobierno se habia practicado en Valencia sobre asunto de milicias, declarando al mismo tiempo conservar su amor y su real benevolencia á aquellos pueblos para volverles su reposo, etc., etc.

Hízolo asi el rey, y todo fué calmado como por encanto. Yo encargué mucho, reservadamente, á quienes podia hacerlo, que no esforzasen las pesquisas para hallar delincuentes, que no hubiese persecuciones, que los procesos se ciñesen al menor número posible, que las condenaciones capitales fuesen raras y tan solo las precisas para hacer un ejemplo y salvar los fueros que pedia la justicia; que estas pocas, si habia lugar á ellas, recayesen solamente sobre aquellos que se habrian señalado por crímenes atroces; que las demas sentencias fuesen blandas, y que en los procedimientos, de cualquier género que fuesen, se observasen rigorosamente los trámites legales con los delincuentes. No hubo comisiones militares, ni tribunal alguno de excepcion, como ansió tenazmente Caballero. Las salas ordinarias de la real audiencia conocieron solamente de estas causas. Sentenciadas algunas de ellas y cumplidas las sentencias sobre algunos facinerosos, no dejé pasar dos meses sin proponer al rey la gracia de un indulto que enjugase las lágrimas de las familias afligidas. Sirvióme de ocasion para hacer aquel ruego la alegría de todo el reino por los preliminares de la paz con Inglaterra, y el restablecimiento de la salud del rey, que acababa de escapar con vida de una enfermedad muy peligrosa. El indulto fué dado, y Valencia vió entonces un comisario regio, ministro del consejo de Castilla, no para causar terror ni improvisar castigos, sino todo lo contrario, para llevar la paz y la indulgencia, para hacerla mas cierta y mas ancha, libre de toda suerte de impresiones rencorosas de que los jueces del pais podrian no hallarse libres. De esta suerte fueron solo seis ú ocho los exceptuados del indulto. Las iglesias de todo el reino de Valencia resonaron con cánticos de accion de gracias, y los trastornos y alborotos de Valencia terminaron por bendiciones y por fiestas.

Grandes alabanzas han sido tributadas al don y al arte de gobierno, con que en el reinado antecedente el conde de Aranda puso fin á los disturbios de Madrid en tiempo de Squilaci. Ciertamente restableció el sosiego; pero la fuerza y el rigor lo hicieron todo. Una multitud de suplicios, muertes secretas en las cárceles, cuestiones de tormento, juzgados especiales, sentencias arbitrarias, condenas rigorosas sin precederlas ningun juicio, y desapariciones de personas y familias cuyo destino fué ignorado, dieron á Madrid la tranquilidad del terror y enfrenaron los ánimos. Los alborotos de Valencia fueron mucho mas graves, y se extendian á la provincia: yo logré terminarlos casi instantáneamente, sin llamar verdugos ni mover las armas, y la tranquilidad fué asegurada sobre el cimiento incontrastable del amor y la lealtad excitada por la clemencia ¡Cuántos elogios mas no habria tenido el feliz conde si hubiera obrado de este modo! Por lo que hace á mí, de tantos escritores que han querido contar mi vida, ninguno que yo sepa, ha hecho mencion de estos sucesos de Valencia (1).

---

(1) Acerca de ellos hablan solamente las Gacetas de Madrid de

Tantos cuidados y atenciones que me ofreció aquel año dentro y fuera del reino, no me dejaron olvidar á mis amigos predilectos, las gentes de las artes y las letras. No les faltó mi proteccion y asilo en los años de mi retiro, pero el ministro Caballero los habia tratado como enemigo; con mi vuelta respiraron á su anchura nuevamente. He aquí un cuadro sucinto del impulso que recibió aquel año la instruccion y el estudio.

El de clínica que yo fundé siendo ministro y dejé bien asentado, en Madrid se hallaba complicado con innovaciones que lo hacian casi nulo; en Barcelona habia cesado enteramente. Hice restablecerlo allí con el auxilio de don Vicente Mitjavila y de los dos Salvás don Francisco y don Vicente: en Madrid fué vuelto enteramente á su esplendor primero, y hecho fácil y seguro para todos los concurrentes de medicina y cirugía: los estudios de química y farmacia recibieron incrementos nuevos.

Comenzaba entonces en Europa la introduccion de la vacuna. Yo hice caer los favores del gobierno sobre todos los profesores que querrian dedicarse al estudio y al fomento de aquel nuevo beneficio que ofrecia á la humanidad el hallazgo de Jenner. Hice escribir á muchos y recoger noticias que llevasen aquel bien á todo el reino. Entre otros que escribieron á mi instancia, cuyos nombres he olvidado, don Francisco Piguillen, médico de Barcelona, publicó los *Ensayos* del doctor Colon sobre el uso de la vacuna, y el doctor don Pedro Hernandez hizo la traduccion de otra obra inglesa no menos importante. Los colegios de medicina de Madrid y Barcelona fueron puestos en correspondencia activa con la comision central de Paris, ocupada de este mismo objeto: dos pensionistas del gobierno pasaron

---

aquel tiempo. Otra cosa habria sido si en lugar de motivos de alabanza, los hubiesen ofrecido para el vituperio.

á Inglaterra para importarnos nuevas luces sobre aquel descubrimiento. Muchos de nuestros sabios en ciencias naturales y en las ciencias médicas se atraian el respeto y el aprecio de los sabios franceses que hacian gala de asociarlos á sus cuerpos científicos. Don Zenon de Alonso, oficial primero de la secretaría de Indias, don José Celestino Mutis, botánico y astrónomo del rey, director tambien que era de la expedicion botánica de Santa Fé de Bogotá, y don Antonio José Cabanillas, director del jardin botánico, recibieron títulos y muestras muy encarecidas de la estimacion de aquellos cuerpos. De la Flora del Perú, casi ignorada en Francia, obra que lo primero, por su objeto científico; lo segundo, por lo prolijo y delicado de la impresion y de las láminas, hacia época en la historia de la botánica, mandó el rey regalar al museo de Paris algunos ejemplares, que allí dieron una alta idea de los progresos de la España, y largo material á los periódicos para honrar á nuestros sabios. Por el mismo tiempo el cordobes don José Alvarez, mi protegido predilecto de entre los alumnos romanos que pensionaba Cárlos IV, ganó en Paris, en la exposicion del Louvre, el segundo premio de escultura.

En matemáticas se publicaron aquel año las Instituciones del cálculo diferencial é integral, que dió á luz don José Chaix, ingeniero cosmógrafo de estado, y los *Principios elementales de matemáticas* de don Ignacio Romaza, una y otra obra originales.

En materia de agricultura, don Claudio y don Estévan Boutelou, jardineros y botánicos del rey, dieron su preciosa obra sobre el cultivo de las huertas. Don Ramon Bayon dió otra obra con el raro título de *Viajes al pais de los salvages*, pero importante por los métodos y los medios de economía y aumento que ofrecia á los labradores. Don Antonio Cabanillas concluyó aquel año sus *Descripciones de las plantas de España*.

En química, don Pedro Gutierrez Bueno dió su *Arte de*

tintoreros de algodon y lino. Don Francisco Piguillen, su traduccion de la *Filosofía química* de Fourcroy.

Don Francisco Bonafon dió una traduccion del *Estudio de la naturaleza* de M. Selle.

En distintas materias, don Javier de Uriz, especial amigo mio, dió su importante obra sobre la conservacion de los niños expósitos.

Don Lorenzo Herbas dió el segundo volúmen de su sabio *Catálogo historial é ideológico de las lenguas conocidas.*

Don Benito Gomez Romero dió su traduccion en verso castellano del *Poema de las Estaciones* por el ingles Jaime Thompson. Esta obra que el traductor quiso ofrecerme, le rogué que mas bien la dedicase al príncipe de Asturias, y en efecto le fué ofrecida; edicion de grande lujo, hecha en la imprenta real, con hermosas viñetas y el retrato del príncipe.

Don Félix Latassa dió un volúmen mas de su *Biblioteca aragonesa.*

El brigadier Aguirre (don Manuel) publicó su traduccion de la obra intitulada *Principios esenciales para la caballería,* por el caballero Boisdeffre. Don Francisco Laiglesia publicó tambien la suya del *Nuevo Newcastle, ó tratado nuevo de la escuela de á caballo.*

Encontrándose rematada la primera edicion del *Arte de campar* que nuestro ingeniero Ferraz habia escrito de real órden para las escuelas militares, se hizo á instancias mias, una nueva reimpresion de aquella obra, á seis mil ejemplares. Don Dionisio Macarte, caballero de San Juan y teniente de fragata, dió á luz sus *Lecciones de navegacion y Estudio de pilotos* que habia trabajado á ruegos mios, libro elemental que nos faltaba, y obra recomendable bajo todos sus aspectos, cuyo fruto fué probado con superior efecto en las escuelas náuticas.

Don Torcuato Torio de la Riva reimprimió á su costa su *Arte de escribir por reglas,* enriquecido nuevamente. Para premiarle este servicio y mejorar en todo el reino aquel ramo de enseñanza, le conseguí una real órden para que á expensas de los fondos municipales se repartiesen ejemplares de ella á todos los maestros de las ciudades, villas y lugares de España y de la América, é igualmente á los seminarios, academias y cuerpos ó comunidades donde se enseñasen las primeras letras, pagado de sus rentas.

Don Valentin Foronda volvió á seguir con libertad sus útiles escritos sobre los varios ramos de administracion, gobierno, policia y fomento público.

La traduccion que estaba hecha como yo habia deseado que se hiciese cuando salí del ministerio, del *Curso completo de erudicion universal* del célebre aleman Bielfeld, pero que estaba detenida en la censura por intrigas del ministro Caballero, comenzó tambien á publicarse en aquel año.

A los utilísimos periódicos que dejé establecidos sobre ciencias y artes mientras estuve á la cabeza del gobierno, antes de partir para el ejército, por mayo, hice añadir otro mas, intitulado, *Biblioteca española económico-política*, donde debian tratarse con anchura todas las materias y cuestiones concernientes á la legislacion agraria, comercial é industrial de nuestros reinos, sus vicios y los medios oportunos de reforma.

Don Manuel Lameyro, preceptor de educandos nobles de Santiago, publicó su *Plan y método de educacion*, aprobado por el consejo á ruegos mios, por mas que Caballero habia querido resistirlo.

Don José Campillo y Cosío alcanzó que corriese libremente su obra intitulada: *Nuevo sistema de gobierno económico para la América*, donde se impugnaban con brio todos los errores y los vicios que se necesitaba desterrar en la administracion de los dominios de ultramar, y las consiguientes reformas que necesitaba el interes recíproco de España y de sus Indias.

Varias otras obras y memorias fueron publicadas á porfía desde aquella época en materias de economía, de administracion y de comercio que hacian guerra libremente á los abusos y á las preocupaciones. Urgia enmendar los yerros que venian de lo antiguo y preparar los ánimos á las mejoras que pedian nuestros tiempos.

Yo hice publicar tambien una obra póstuma sobre hospicios y beneficencia, de mi excelente amigo don Pedro Joaquin de Murcia, el *Vicente Paul* de España, á quien ningun elogio puede ser bastante, fallecido en mayo de aquel año. Perdí este grande amigo, que era uno de mis brazos para el bien de los pobres; me hallé tambien, cuando volví del Portugal, sin el marques de Iranda que murió en el mismo año. Don Eugenio Llaguno hacia dos años que habia muerto casi al mismo tiempo que don Javier Cabrera el obispo de Avila, preceptor del príncipe de Asturias; gran desgracia la falta de este último para la real familia y para todo el reino, porque habiendo vivido algunos años mas, sobre la instruccion, las ideas generosas y las virtudes regias que sin duda habria logrado arraigar en aquel príncipe, no habria entonces sucedido que el perverso Escoiquiz se apoderase de su alma. Perdí en fin aquel año otro de mis amigos á quien yo veneraba especialmente, modelo de moderacion y de toda especie de virtudes, á quien tuve á honor consultar muchas veces en asuntos de gobierno. Este amigo fué el conde de Alba, don Antonio de Sartine, que murió en setiembre (1). Otros

---

(1) En algunas biografías ni aun se encuentra su nombre. Habia nacido en Barcelona en 1729. Fué abogado en Paris, ministro del crímen en el Chatelet, teniente general de policía, consejero de estado y secretario del despacho universal de la marina desde 1774 hasta 1787. Bajo su administracion, la marina francesa llegó á un grado de esplendor que hizo época en sus anales. Refugiado en España despues de la catástrofe de Luis XVI, fué acogido por el rey como lo pedian sus

varios de mis amigos los habia dispersado Caballero, y algunos para siempre. Por fortuna en los años que estuvo gobernando sin que nadie se le opusiera, no le fué dable hacer toda la siega que él habria querido de los hombres de merecimiento. A aquellos que quedaban se les juntaron otros nuevos, hijos ya de mi tiempo, que han ilustrado de mil modos las gloriosas tablas de la España.

Quédame decir ahora alguna cosa de la hacienda y del crédito por lo respectivo al año de 1801, no porque yo *tuviese* parte alguna ni entonces ni despues en el gobierno de este ramo, mas por completar la historia y deshacer mentiras y calumnias. A los gastos que ofreció el armamento y la guerra de Portugal, le bastaron los adelantos que hicieron los partícipes en diezmos por cuenta del noveno extraordinario concedido por el papa, los préstamos de granos que surtieron los pósitos, los donativos voluntarios con que el gobierno fué acudido por algunos particulares, y los subsidios, voluntarios igualmente, con que sirvieron al estado las provincias de Vizcaya. El dinero de pronto lo facilitó el comercio, como dije en otra parte, bajo mi palabra. A los que han dicho que mi vuelta al mando causó un disgusto general, podria yo preguntarles, ¿cómo fué que en el tiempo del ministro Saavedra, hombre de bien á todas luces cuanto á sus intenciones, se cerraron no obstante todos los bolsillos de la gente adinerada, y que *vuelto* yo, se abrieron cuanto hubieron menester las necesidades del estado? El aprecio y la confianza hácia aquellos que man-

---

talentos y virtudes largo tiempo respetadas y admiradas en la Francia. A propuesta mia la munificencia de Cárlos IV le señaló una pension de veinte mil francos. Ni la convencion, ni el directorio ejecutivo de la república francesa, pudieron conseguir de mí que le hiciese salir del reino ni que lo internase. Su mansion ordinaria fué Tarragona donde falleció en 7 de setiembre de 1801.

dan, no se muestra mejor que por la ayuda que encuentran los gobiernos en sus necesidades. ¿Se dirá que fué miedo? Nó; porque ni entonces ni en ningun otro tiempo de mi vida política usé tal instrumento, ni intenté cosa alguna por la fuerza. Fué porque dando mi palabra, se pagaba fielmente; fué porque todos se acordaban de la administracion tan sencilla como recta que se notó en la hacienda pública todo el tiempo que estuve á la cabeza del gobierno; fué porque todos sabian bien, que no fuí yo quien empeñó el gobierno en proyectos errados y ruinosos, y que apenas fuí llamado nuevamente, aconsejé levantar mano acerca de ellos; fué por último, porque la direccion y el gobierno de la caja de amortizacion volvió al consejo de Castilla y á sus trámites regulares y ordinarios, como yo lo habia dejado.

¿Se engañó nadie en estas cosas? ¿Fué defraudada en algo la esperanza de estos nuevos actos? Todos los pagos, sin faltar ninguno, ya de empréstitos en sus plazos señalados, ya de intereses de estos y de los vales reales, ya de rifas y de premios que se habian prometido, volvieron á cumplirse exactamente. La amortizacion tambien, que se hallaba suspensa, como todas las demas cosas, por la ruina de la caja y del erario que trajeron las de *descuentos*, volvió á emprenderse y á seguirse con tan gran solicitud y tal constancia, que desde 1° de noviembre de 1800 hasta 1° de setiembre de 1801, antes de cumplirse un año de restituido al consejo de Castilla aquel difícil negociado, se encontró amortizada la suma respetable de cien millones de reales que era á muy poca diferencia la vigésima parte de la deuda de la corona, representada por los vales reales, y esto en medio de una guerra marítima y terrestre. La amortizacion periódica lejos de aflojar, siguió en aumento progresivo. A la época que he dicho de 1° de setiembre se estaba ya en la veinte y una: en 25 de diciembre se llegó á la trigésima primera, quedando extinguidos y cancelados en aquella fecha otros treinta y seis millones y un pico mas; en todo, ciento treinta y seis millones trecientos cuarenta y cuatro mil ochocientos treinta y siete reales de vellon con dos maravedises.

Los que duden de estos datos que refiero, tómense la pena de acudir á los archivos del consejo y á los del ministerio. Allí hallarán en cifras y en auténticos documentos lo que aquí afirmo á mis lectores. Yo hablo con hechos y á cartas descubiertas : ¡mis enemigos no han hablado sino con suposiciones y calumnias, y han logrado ser creidos! tiempo es ya que á mí me crean los que amen la verdad y la justicia.

CAPITULO IX.

De la paz de Amiens, y de las paces generales de la Europa. — Breve ojeada sobre aquel resultado político, comparativamente entre la España y las demas naciones vecinas de la Francia.

Cuando, vencida ya y disuelta la segunda coalicion contra la Francia, el gobierno ingles no halló mas brazos con que poder contar sobre el suelo de la Europa para ayudarle á pelear con la república francesa, y cuando en vez de hallar quien prosiguiese aquella guerra desastrosa, vió volverse en contra suya las potencias del norte, cuya union le costó tantas penas que se deshiciese, junto á esto el grito casi general de los Britanos que clamaban por las paces, retirado Pitt, y sucedidole Addington, la idea por fin de ensayar con la Francia un sistema pacífico, prevaleció en el nuevo gabinete. Las negociaciones asentadas por los preliminares de Londres en 1° de octubre de 1801, y terminadas felizmente en Amiens por marzo del siguiente año (1), dieron reposo entero á las naciones, y la paz universal fué establecida despues de tantos años de una guerra encarnizada.

Sobre este gran suceso, que con otro hombre menos infatuado de la idea de dominio universal que atormentaba á Bonaparte, pudo haber serenado el cielo de la Europa para muchos años, debo yo hacer alto y comparar, por segunda ó tercera vez, la política tan murmurada que siguió la España, con la que prefirieron las demas potencias que siguieron guerreando hasta aquella nueva época. He dicho la *política* que siguió España, porque no fuí yo solo (y mis lectores no deben olvidarlo) quien abrazó aquel sistema, puesto que los ministros que me sucedieron, le continuaron aun con mas empeño, rehusando tomar parte en la segunda coalicion, é intimándose con la Francia aun mas de lo debido, como dejé observado en mi primera parte. Bastaráme para justificar aquel sistema una serie muy corta de preguntas. Mucho dejé ya dicho acerca de esto, pero aquí es su lugar mas aparente, y la confirmacion de cuanto dije.

¿Qué habria sucedido si cuando España, Prusia, y una parte de los príncipes del imperio desistieron de la guerra, el Austria y las demas potencias que siguieron la lucha, hubieran transigido de igual modo con la Francia?

La república francesa, dividida por los partidos, entregada á la discordia, y dominada por la opinion realista, ella misma habria caido por su propio peso, el régimen monárquico se habria restablecido; y aun conservada en este caso la extension que la Francia habia adquirido en sus fronteras, el equilibrio de la Europa habria ganado, visto que la parte perdida por el Austria en sus dominios

---

(1) Todo el mundo conoce aquel tratado concluido en 27 de marzo de 1802 por los plenipotenciarios de España, Francia, Holanda é Inglaterra don Josef Nicolas de Azara, Josef Bonaparte, Roger Juan Schimmelpenninck, y el marques Cornwallis.

de la Bélgica, se hallaba compensada por sus adquisiciones sobre el desgraciado reino de Polonia (1).

Dado que en 1795 y en los años siguientes, mantenida la guerra en todas partes contra la república francesa, se hubiese conseguido someter la Francia, mutilarla y hacerla nula en la balanza de la Europa, ¿habria ganado en esto el sistema de su equilibrio? ¿Las potencias del mediodia ha-

---

(1) Pocos son los que al calcular los sucesos de aquel tiempo y la política de España, han tenido la debida cuenta de la desmembracion de la Polonia, hecha á la sombra y á la capa de la guerra con la Francia. Esta cuenta empero fué tenida en nuestro gabinete. La Polonia, pueblo á quien tanto bien debió la Europa en circunstancias críticas y á quien servia de una gran tara en su balanza, fué borrada de la lista de las naciones por la ambicion de tres potencias que jamas podrán justificar una agresion de tal tamaño contra los derechos de un gran pueblo que la historia hacia sagrado bajo todos sus aspectos. Mientras la España acometia la guerra sin ninguna ambicion solo por mantener la independencia de los pueblos á quienes amagaban los principios adoptados por la revolucion francesa, aquella misma independencia se violaba con la infeliz Polonia, no por republicanos, mas por reyes! ¿Qué es lo que importaba el título para hacer justo en una parte lo que en la otra no lo era? Cuando desaguó el torrente de los principios demagógicos, la España no debió seguir la guerra por la cual se agrandaban de tal modo las potencias del norte. En circunstancias ordinarias, ni la España ni la Francia hubieran permitido aquel desmembramiento; por menor motivo de lo que era este, concurrió España con la Francia á hacer la guerra contra el Austria en tiempo de Felipe V á favor de Estanislao Leczinski; mas la revolucion no permitió que los dos gabinetes pudieran entenderse, ni la Francia defendiendo sus hogares y sus nuevas adquisiciones, pudo volver por los Polacos en los dias furiosos de la guerra. Pudiera haberlo hecho cuando la paz de Luneville; mas para haber de hacerlo, por la misma razon de la seguridad comun y el equilibrio de la Europa, exigiendo que la Polonia fuese restablecida, debió tambien ceder á lo menos una parte de las conquistas hechas sobre el Austria, y Bonaparte no sabia ceder á la equidad y á la justicia ninguna suerte de intereses.

brian tenido entonces algun dique contra las del norte, roto el que oponia el reino de Polonia al poder de la Rusia, y engrandecida el Austria y las demas potencias del Imperio con los despojos de la Francia? ¿Con qué aliados habria contado España entonces para mantener su dignidad y su respeto, ya contra la Inglaterra como nacion marítima, ya con respecto á las demas naciones del continente de la Europa? La casa de Lorena que habia sido rival constante de la de los Borbones, la habria arrojado de la Italia, ó la habria sometido á su influencia, como despues se ha visto y se está viendo desde el año de 1814, despojada la casa real de España, en provecho de la del Austria, del antiguo derecho de sus hijos al ducado de Parma, y sometido enteramente el rey de Nápoles á su poder y á su dictado. En la política española fué calculado este peligro y debió serlo. De un hombre tal y tan extraordinario cual se vió luego á Bonaparte, no habia entonces prevision ni en España ni en ninguna parte de la Europa.

¿Quién dió ocasion á que aquel hombre, nacido para el mando y el dominio, se pusiese en evidencia, y á que poderoso por las armas, aprovechase en su favor la tendencia monárquica que ofrecian los Franceses?

Cierto no fué la España. Yo lo dije ya otra vez, y me conviene repetirlo. Sin la guerra de Italia, por el año de 1796, concertadas que hubiesen sido las paces generales, como anhelaba el directorio para acreditarse y sostenerse, falto de circunstancias Bonaparte para desplegar sus talentos militares y adquirirse la admiracion de los Franceses, no sonaria tal vez á estas horas en la historia sino como el hombre de Barras que cañoneó á los Parisienses el trece vendimiario.

¿Qué ganó el Austria, y qué ganaron las demas potencias nuevamente coligadas, en proseguir la guerra y en traer á ella hasta los Rusos, y mostrar á los Cosacos el cielo de la Hesperia?

Dar nueva vida á la república por aquella union que volvió

á reinar en los Franceses para defender sus glorias y su patria; suscitar, como ya dije, el caudillo poderoso que fué luego el azote de la Europa; perder mas, al infinito, de lo que habrian perdido (y quizá despues recuperado) transigiendo en Basilea con la república; derramar en pura pérdida la sangre de millares de soldados que finaron en aquellas guerras, desolar los pueblos, multiplicar reacciones espantosas y estragos inauditos de familias é individuos, y agotar sus tesoros... ¡para qué! para acabar míseramente por la paz de Tolentino, por la paz de Florencia y por la paz de Luneville! Aun la misma Inglaterra no ganó en Amiens la paga de sus innumerables armamentos, de sus grandes subsidios prodigados á los enemigos de la Francia, de su espantosa deuda (1), de sus pérdidas de soldados, de caballos y material de guerra en las varias expediciones que lanzó en el continente, y de las quiebras infinitas que

---

(1) La deuda inglesa ascendia al fin del siglo último á la enorme suma de cuatrocientos cincuenta y un millones de libras esterlinas, ó dos mil setecientos y seis millones de pesos fuertes. En un periódico aleman de aquel tiempo se leia, que figurada aquella suma en luises de oro, contando cien piezas cada minuto, y trabajando en esto diez y ocho horas cada dia, se tardaria once años y ciento y sesenta dias para acabar de contarla; y que suponiendo aquella suma en escudos de seis francos, consumiria el contarla cuarenta y cinco años y doscientos setenta y cinco dias. Puesta, decia tambien, aquella cantidad en luises de oro en una sola línea, tendria esta mil trecientas y cinco millas geográficas de largo; y dado que esta se hubiese de formar con escudos de seis francos daria vuelta y media al rededor del mundo, regulada su circunferencia en cinco mil cuatrocientas millas geográficas. Para cargar, decia aun, aquella suma en moneda de oro, se necesitarian siete mil cuatrocientas y siete caballerías, contando diez quintales para cada una: puesta en escudos, se habria de menester ciento y seis mil ciento y diez y siete caballerías. Finalmente concluia, para encajonar aquella cantidad, suponiéndola en luises de oro, habria que hacer un cajon de doscientos setenta y siete mil quinientos treinta y ocho pies cúbicos y medio.

habia sufrido su comercio durante su gran lucha con España, Holanda, y Francia. Esta no volvió nada de sus grandes conquistas en el continente, mientras que la Inglaterra le volvió al completo todas las posesiones de allende de los mares que le habia tomado.

¿De cuál, en fin, preguntaré yo ahora, de los pueblos del continente que pelearon tantos años, y que despues de tanto estruendo y tanta sangre inútilmente derramada, se avinieron á la fuerza con la Francia, se podrá afirmar que aun siquiera saborearon (como España llegó á gozarlas á su pleno contento) las dulzuras de la paz en aquella corta tregua que ofrecieron los tratados?

¿Fué el imperio germánico? Pone grima leer tan solo los protocolos de la dieta, y se oprime el corazon al contemplar la afliccion de la Alemania bajo el horrible peso del artículo séptimo del tratado de Luneville (1); pueblos merecedores de otra suerte, para quien la paz no fué otra cosa que una nueva y larga escena de dolores, de una lucha intestina de intereses opuestos, de un general trastorno de sus señoríos y principados; tantos duques y condes soberanos, tantos electores y landgraves, los unos despojados, otros disminuidos, cada cual de estos reclamando el

---

(1) He aquí la letra de este artículo: « Y como por resultas de las
« cesiones que hace el Imperio á la república francesa, varios prín-
« cipes y estados del Imperio se hallan particularmente desposeidos en
« *todo* ó en parte, siendo asi que al imperio germánico colectivamente
« es á quien le toca sufrir las pérdidas que resulten de las estipulaciones
« del presente tratado, se conviene entre S. M. el emperador y rey,
« tanto en su nombre como en el del imperio germánico, y la repú-
« blica francesa, que en conformidad á los principios formalmente
« establecidos en el congreso de Rastad, el Imperio habrá de dar á los
« príncipes herederos que se hallan desposeidos en la ribera izquierda
« del Rhin, un resarcimiento que se tomará en el mismo Imperio,
« segun los convenios, que atendiendo á estos principios, se ajusten
« posteriormente. »

número de almas que pretendian tocarles de derecho, y los pueblos pasados de unos dueños en otros como partijas de ganado; los ejércitos franceses, continuo, á la redonda, mientras se cumplian aquellos tristes cambalaches; y la dieta obligada á conformarse, despues de un largo tiempo de inútiles debates entre sus propios individuos, á las reparticiones que le impuso en fin el arbitrage de la Francia y de la Rusia sobre aquellos pleitos lamentables.

¿Gozó mejor aquella paz la sufridora Holanda, aliada de la Francia, tributaria suya obligada en todos sus apuros, y en todos sus proyectos contra la Inglaterra? La paz de Amiens se habia ya roto, y los ejércitos franceses gravitaban todavía sobre la Holanda (1). Sus formas de gobierno se mudaban al arbitrio de la república francesa, la nacionalidad perdida, sin libertad de gobernarse por sí misma, verdadera provincia de la Francia con el nombre de república y de estado independiente.

¿Fué mas feliz la Italia durante aquellas paces? Empobrecida y esquilmada por la continua serie de revoluciones y trastornos de seis años, vendimiada igualmente á todas manos por Franceses, Rusos y Austriacos, la república cisalpina, á la primera aurora que ofrecieron las paces generales, vino á entregar su libertad, y á constituirse nuevamente, á la tierra extrangera, á la segunda capital de los Franceses, á recibir la ley del primer cónsul, y á nombrarle su presidente ó soberano, como de hecho ya lo era de la Francia; triste y primer ensayo de las farsas posteriores de Bayona. Mientras tanto lloraba el papa sus legaciones de Bolonia, de Ferrara y de Romaña perdidas para siem-

---

(1) Se sabe bien que una de las condiciones del ultimatum de la Inglaterra, que sobre romperse ó no la paz de Amiens, presentó lord Wirthworth en 2 de mayo de 1803, fué la evacuacion total de la Holanda por las tropas francesas, no verificada todavía despues de mas de un año ya corrido desde aquel tratado.

pre, y reclamaba la hacanca de Nápoles, mutilado igualmente aquel reino por el convenio de Foligno y el tratado de Florencia, ambos á dos monarcas reducidos á la mayor pobreza, y sin dejar de herirles sus oidos, ora mas, ora menos, el tambor de los Franceses. Génova, lo mismo que la Holanda, lamentaba en la paz su libertad perdida, cambiando al grado de la Francia sus formas de gobierno, y pagando con su dinero y sus bajeles los mandatos del primer cónsul. El Piamonte mas infeliz, sin haber tenido á nadie en Luneville ni en Amiens que abogara por su causa, hecho un distrito militar de la república francesa, aguardaba por único remedio de sus males si podria llegar á conseguir de ser al menos una provincia de la Francia. Venecia ya lo era de la monarquía austriaca, y en vez de hallar consuelo en la paz de la Europa, vió por ella remacharse para siempre sus cadenas, sin ninguna esperanza, ni aun remota, de volver á abrir su libro de oro. Parma y Toscana solamente, que pendian entonces de la España, disfrutaron á su sabor de aquellas paces.

La Helvecia, en fin, maltratada y oprimida por tan diversos modos desde el tiempo del directorio de la Francia, no alcanzó ni una clara en sus tormentas por las paces generales. Traqueada entonces mas que nunca por las discordias intestinas que agitaba en ella bajo mano Bonaparte, tuvo tambien su *18 de brumario,* y acabó por someterse á la constitucion que aquel le impuso, y á dejarle tomar el título de Mediador de la Suiza. Todos estos trastornos se cumplian con la presencia de los ejércitos franceses en medio de las paces.

¿Quién alcanzó á gozarlas sin ningun quebranto y sin mezclar sus lágrimas con ellas? La España solamente.

¿Quién de todos los vecinos de la Francia se vió libre en aquel tiempo de la dictadura militar que ejercia Bonaparte sobre ella? La España solamente.

¿Quién osó contrariarlo en sus proyectos, deshacer sus

y fué correspondido allende de los mares, á oriente y á occidente, á la parte del norte y á la parte del mediodia. ¡Oh! qué grande era la España de aquel tiempo! Las llagas del comercio y de la industria que la guerra marítima habia abierto, comenzaron á cerrarse : la España estaba toda entera; no llegaban al corazon ningunas de ellas; su buen rey habia logrado preservarla de las recias calamidades del continente de la Europa, y aminorar las de los mares. De las tormentas nuevas de los pueblos que á la vuelta de poco tiempo suscitaron con mayor fuerza la Francia y la Inglaterra, él tambien la habria salvado sin la faccion malvada que llamó al rayo sobre ella!

CAPITULO X.

Intrigas con que Bonaparte intentó enredarnos en los negocios de Malta. — Mi parecer sobre el modo de evadirlas adoptado por el rey. — Incorporacion á la corona de las lenguas y asambleas españolas de la órden militar de San Juan de Jerusalen. — Expedicion francesa de Santo Domingo — Pretensiones de Bonaparte con Cárlos IV para que le ayudase en ella con fuerzas terrestres y marítimas. — Excusas que le fuerón hechas, y manera decorosa con que fué templada nuestra negativa.

La isla de Malta habia sido un grande escollo contra el cual habian estado cerca de estrellarse las negociaciones de la paz con Inglaterra, como despues fué el pomo de discordia, ó el pretexto mas bien por el cual debia romperse. Convenida por los preliminares de Londres la restitucion de Malta á la órden militar de San Juan de Jerusalen, quedó indicado y consentido, entre otras cosas, que para asegurar la absoluta independencia de la isla y de la órden con respecto á la Francia y á Inglaterra, no habria nunca en adelante lengua inglesa ni francesa, que la isla seria puesta bajo la garantía y la proteccion de otra tercer potencia, y que verificada la eleccion de un gran maestre en la debida forma, se le haria la entrega de la isla, lo mas tarde á los tres meses de ajustada que habria sido la paz definitiva. No se podia dudar que la Inglaterra procedia de buena fé en estas condiciones, procurando por ellas que la isla no cayese nuevamente en manos de la Francia, y sujetándose ella misma á iguales restricciones. Bonaparte empero que llevaba siempre en su cabeza los proyectos gigantescos y fantásticos de arrojar á la Inglaterra del Mediterráneo, hacer de este, como solia decir, el *gran lago* de la Francia, recobrar el Egipto y atacar á los Ingleses en sus dominios de la India; no sabiendo renunciar á Malta que era la basa de sus planes convertidos en humo, concibió la idea de prepararse una ventaja para en adelante, influyendo á escondidas en la eleccion del nuevo gran maestre. Su intencion fué que aquella dignidad recayese en algun miembro de las lenguas españolas, y esta intencion hubo sin duda de mostrarla poco cuerdamente entre algunos de sus paniaguados, pues yo tuve aviso de ella. Al momento di cuenta al rey de aquella especie, y le dije cuanto me vino al pensamiento acerca de ella. El interes de España, conseguida la paz con la Inglaterra, era apartar todo motivo de discordia con aquella potencia, proceder con lealtad, y evitar los compromisos que la ambicion de Bonaparte nos podria acarrear, intentando hacernos, de cualquier modo que esto fuese, instrumentos de su política. Convenia ademas no solo á España, sino á la Europa entera, para lograr aquellas paces y afirmarlas, que Bonaparte renunciase á toda idea ulterior de adquirir á Malta nuevamente, y fabricarse en ella un nuevo estribo para volver á comenzar sus empresas quijotescas: los Ingleses que con tan gran dispendio de armamentos navales y terrestres habian logrado aniquilar la expedicion francesa del Egipto, y libraban en esto, sobre otros muchos intereses, la conservacion de sus dominios y su comercio en el continente de la India, no habrian podido menos de acudir á las armas nuevamente con poco ó mucho que hubiesen visto á Bonaparte preparar ó renovar sus proyectos destruidos. «¡Política mezquina! dirá alguno, pues que Bonaparte no *buscaba* en ellos sino quitar á la Inglaterra el cetro de los mares.» Pero Bonaparte no podia llevar á efecto estos designios sin tiranizar el continente y sujetarlo enteramente á su albedrío. Fuera de que, si al cetro de este añadia el de los mares, sobre la redondez del orbe no habria quedado pueblo alguno independiente. Él mismo lo decia, *todo para la Francia;* y esta en su boca no era en puridad sino él mismo. La paz tan solo y el comun acuerdo, no forzado sino espontáneo, de los gobiernos de la Europa podia forzar á la Inglaterra á moderar sus pretensiones; la guerra no era sino un medio cierto de engrandecer la Francia y la Inglaterra á expensas de los demas pueblos que se verian comprometidos, por la una ó por la otra, á sostener sus intereses. Bajo este modo de pensar aconsejé á Cárlos IV quitar de en medio la ocasion de empeños nuevos con la Inglaterra ó con la Francia que podria producirnos la cuestion de Malta, si llevase á efecto Bonaparte su intencion de interesar á España en sus ideas, halagándola con la eleccion de un gran maestre entre los caballeros de Aragon ó de Castilla. Mi consejo fué incorporar á la corona las dos lenguas, como de tiempo mas antiguo se encontraban ya incorporados los maestrazgos de las órdenes nacionales de Santiago, Calatrava, Alcántara y Montesa. Al interes político en obrar de este modo, se añadia el económico. La órden de Malta carecia en aquel tiempo de los ricos medios de subsistencia que disfrutaba antiguamente, cuando ademas de las de España contaba muchas otras lenguas poderosas entre las demas naciones de la Europa. Las francesas no existian ya ni debian restablecerse: las de Italia se hallaban amenguadas á causa del Piamonte que era ya de hecho una provincia de la Francia, y por la agregacion que debia hacerse del ducado de Parma á la república francesa. La Baviera incorporaba ya al estado las ricas encomiendas de la órden, y la Rusia parecia dispuesta á hacer las mismas novedades. La órden teutónica solicitada de agregarse á la de Malta, lo rehusó abiertamente. En tal estado de estrechez y de pobreza verdadera en que se hallaba ya aquel cuerpo medio muerto, y en verdad tambien, profundamente decaido de su objeto y sus pasadas glorias; si la España no tomaba igual medida que habia adoptado la Baviera, y resultaba un gran maestre entre individuos de sus lenguas, no tan solo debia sufrir la salida de las pingües rentas de aquel órden para Malta, sino verse á mas comprometida por su propio decoro, y rogada tal vez por Bonaparte, para añadir al órden mayores medios de existencia. Tal desembocadero de riqueza habria sido en pura pérdida para nosotros, y la España no habria hecho por tal modo sino comprar disgustos y querellas con la Inglaterra ó con la Francia. Todas estas razones decidieron al rey á declararse gran maestre de la órden por lo tocante á sus dominios, é incorporar á la corona para siempre las lenguas y asambleas de España: el real decreto que ordenó esta medida nacional fué expedido en 1802, el 23 de enero.

Firmado este decreto y dirigido ya al consejo de Castilla para su publicacion y cumplimiento, he aquí el embajador frances, que ignorante de todo esto vino á mí á participarme con una gran reserva los deseos y la intencion del primer cónsul de que el gran maestrazgo recayese en algun individuo de las lenguas españolas, para lo cual tenia tomados y seguros todos los caminos, sin faltarle otra cosa que la designacion de los sugetos que serian del agrado de S. M. C. para que se hiciese la eleccion en uno de ellos; todo esto acompañado de lisonjas y protestas las mas finas de la amistad de Bonaparte y sus deseos de alzar el poderío y la influencia de la España en los negocios de la Europa. Mi respuesta fué un millon de admiraciones sobre la bondad del primer cónsul, y la resolucion del rey por la cual Su Magestad se habia ya declarado gran maestre en sus dominios. El embajador, no obstante, quiso hablar á Cárlos IV, le vió á solas y se afanó por persuadirle que revocase aquel decreto. Cárlos IV se mantuvo firme, y el decreto fué cumplido.

Cual fué el ira de Bonaparte, fácil es adivinarlo. Cuando volvió de Amiens nuestro ministro Azara, no supo contener su queja, y con cierto tono de despecho le dijo estas palabras : « Señor Azara, todo está ya hecho; pero no todo á
« mi contento. Si el gobierno ingles hubiera sido consul-
« tado por vuestro gabinete, no podria haberle dado un
« parecer mas dirigido á su provecho que el que en Es-
« paña se ha adoptado con el órden de Malta : en Madrid
« se tiene poco apego á mi política. Vuestro decreto, á la
« verdad, está fundado; la órden de San Juan es sin duda
« en nuestros dias un verdadero anacronismo; ni se puede
« dudar tampoco que en la suma pobreza á que ha llegado,
« habria sido una carga intolerable para España. ¿ Mas
« porqué no me escribieron? Mi intencion habia sido que
« mas pronto ó mas tarde, disuelta aquella órden, volviese
« Malta á hacer parte de la monarquía española, como era
« de justicia, cesando ya el motivo por el cual la habia ce-
« dido Cárlos V. De esta suerte habria sido un aumento
« para España, y una gran base á mi política..... ¡ Pa-
« ciencia! (1) »

---

(1) No dejaré sin contar en este sitio, por ser aquí su lugar, que aquel proyecto sobre Malta no era del todo original en Bonaparte que en los mas de sus designios, y hasta en el sistema de bloqueo continen-

He referido todo esto porque algunos escritores que ignoraron estas cosas, han dado como un hecho las sospechas que tuvieron, de que la segregacion de las rentas y del gran maestrazgo de la órden que hizo España, fué resuelta por la instigacion del primer cónsul. Húbola tal vez de parte de este en Baviera y en la Rusia, si calculó que la influencia de estas cortes no pudiese convenirle en Malta. Con España fué al contrario. Bonaparte queria bien que la órden de San Juan, pobre y débil como se hallaba, fuese restablecida en sus derechos, no como un asunto de justicia, que esta entró rara vez en su política, pero sí como un medio transitorio para calcular despues sobre la isla, ora que le fuese dable apoderarse de ella nuevamente, ora que fuese retenida entre manos amigas é incapaces de venderse á la Inglaterra. España royó el lazo en tiempo hábil, y precavida aquella intriga diestramente, ni aun le dejó motivos justos de quejarse.

---

tal, no hacia otra cosa que reproducir y dar cuerda á la política y los planes del antiguo directorio. Cuando por el año de 97 se hallaba cerca de morir el gran maestre de Malta don Frey Manuel de Rohan, noticioso de esto el directorio ejecutivo, hizo marchar á Madrid al conde de Cabarrús con la comision de proponerme el gran maestrazgo, asegurándome que el directorio, por tener un gran partido á su devocion entre los miembros superiores de aquel órden, seria dueño de conseguir que la eleccion se hiciese en favor mio. Mi amor al rey y la adhesion á mi patria me hicieron desechar aquel partido: no podia preverse entonces que el directorio tenia miras sobre el Egipto, y que buscaba en esto asegurar la base de sus operaciones, teniendo en Malta, á su modo de concebirlo, quien recibiese sus escuadras amigablemente. Yo me imaginé tan solo que la intencion del directorio no era sino de apartarme de la direccion de los negocios en España, y sin duda hubo de entrar tambien esta mira en su política; pero un año despues ví el motivo potísimo que dominó en aquella intriga, y noté bien el lazo, que me habia sido preparado, en la triste y lamentable suerte del gran bailio de Brandemburgo, baron de Hompesch, último gran maestre en ejercicio de la soberanía de los caballeros sanjuanistas.

Nó, en ningun gabinete de aquel tiempo encontró tantas repulsas y despegos como halló en España, cuando tanto mundo se postraba ya en Europa ante sus voluntades. Sin volver á hacer mencion de la cuestion de Portugal, en la cual no se cumplió su voluntad sino la nuestra, y sin detenerme á referir diferentes otras pretensiones suyas de menor tamaño, una de ellas pidiéndonos prestado como hacia en Holanda y Génova, otra la de enviarle marineros, y sobre todo calafates y carpinteros de ribera cuando se encontraba en la fuerza de sus preparativos de Boloña, demandas una y otra que le fueron rehusadas, contaré en este lugar la que nos hizo, cuando avenido ya con la Inglaterra, nos pidió seis mil hombres y el auxilio de la escuadra que se hallaba en Brest para llevar á efecto la primera expedicion que hizo aviar para someter Santo-Domingo. Para pedirnos tropas alegaba, que la parte española de la isla recibiria mejor las nuestras, avezada de tiempo antiguo al dominio y ascendiente de los Españoles. La escuadra la pedia para poder llevar mas gente, y que ayudase á la francesa al desembarque. Las tropas las negamos oponiendo la necesidad en que se hallaba España de mantener sus fuerzas al completo, visto que la paz con Inglaterra no era todavía un negocio asegurado. Cuanto á la escuadra surta en Brest, por no negarlo todo, no oponiéndose á nuestro interes que parte de ella acompañára á la francesa y la ayudase á conducir las tropas y á proteger el desembarco, puesto que por parte nuestra nos era necesario remudar nuestros cruceros en América, visitar nuestros puertos, ahuyentar el contrabando, y proteger el movimiento que tomaba ya nuestro comercio, se concedió que á las fuerzas de la Francia se añadiesen de las nuestras cuatro navíos y una fragata (1). Esta fué la sola

---

(1) *El Guerrero, San Francisco de Paula, San Pablo, Nep-*

prueba de amistad, no de servicio, que le dimos á aquel hombre que rogaba, y se guardaba de exigirnos. Muchos han dicho que en aquella expedicion pusimos á su órden nuestra escuadra. Los que tal cosa han afirmado, no han leido ni aun los diarios y gacetas de aquel tiempo. Hubiéraseles bastado solamente haber leido el parte del general Gravina, en que con fecha de 8 de febrero de 1802, desde el navío *Neptuno* al ancla en la rada de Guarico, pronto ya á zarpar para la Habana, despues de referir la marcha de la escuadra, la asistencia que prestó al desembarco de una parte de las tropas francesas en el Cabo, y el desastre de la ciudad, incendiada por los negros, concluye de esta suerte: « La escuadra española de mi mando, como pu-
« *ramente escuadra de observacion, se ha regido en la mar*
« *por nuestras señales, é independiente de la francesa,*
« *pues la antigüedad de mi grado no me permitia el ir á las*
« *órdenes del almirante Villaret*, con quien, sin embargo de
« esto, he conservado la mas perfecta inteligencia, ha-
« biendo reinado en los buques españoles con los oficiales
« y tropas francesas de trasporte la misma buena armonía
« que tuvimos en Brest en el espacio de los veintiocho meses
« que estuvimos en aquel departamento, agregándoseme
« á esta satisfaccion la de haber recibido mil elogios de
« los generales franceses por la actividad, tino y precision
« con que han maniobrado los comandantes de nuestros
« buques. » Este parte, dirigido á mí derechamente como generalísimo, fué publicado en los periódicos de España, y despues en los de Francia é Inglaterra. ¿Se podria probar mejor nuestro orgullo español y nuestra entera independencia de la Francia?

Habrá tal vez de mis lectores quien desee saber, qué era

---

tuno y *Soledad*, al mando del teniente general don Federico Gravina. Las dos escuadras zarparon de Brest en 14 de diciembre de 1801.

de la Luisiana en aquel tiempo. Le responderé que aun seguia bajo el dominio de la España, que Bonaparte temeroso todavía de que supiese la Inglaterra la retrocesion que estaba hecha, instaba porque aquel asunto permaneciese aun bajo el secreto, manteniéndole hasta el momento ya cercano de poder descubrirlo con sazon oportuna en las pláticas de Amiens, por manera que no dañase al ajuste de las paces. Bonaparte que sin duda, vista su conducta ulterior, tuvo siempre mas ó menos en su pensamiento el bajo y desleal intento de vender aquella nueva adquisicion que la Francia tenia hecha con obligacion de guardarla ó devolverla; aun despues de concluida felizmente la paz con la Inglaterra, no se dió ninguna prisa en muchos meses de comisionar á nadie que tomase posesion de la colonia á nombre de la Francia. Yo hablaré de esto en otra parte por el órden de los tiempos.

CAPITULO XI.

Desposorios del príncipe de Asturias con la princesa napolitana Doña María Antonia, y del príncipe heredero de Nápoles con nuestra infanta Doña María Isabel. — Mis consejos dados al rey sobre diferir las bodas del príncipe de Asturias hasta completar su educacion y buscar nuevos medios para ella.— Fiestas y regocijos de los pueblos.

Yo he dicho ya otra vez cuan grande fuese la vehemencia con que Cárlos IV, una vez concebido y adoptado algun proyecto que estimase conveniente ó necesario, empujaba á su ejecucion hasta lograr que se cumpliese. La idea del doble enlace de sus hijos con la casa de Nápoles tomaba, dia por dia, fervores nuevos en su espíritu. A este vigor de voluntad que entraba en su carácter, se añadia en aquel caso su continuo temor de que precipitando Bonaparte sus designios ambiciosos, el dia menos pensado se arrojase á formalizar la enunciativa de su hermano acerca de la infanta. Le veia caminar, á paso de gigante, al trono de la Francia, y concebia muy bién que aquel árbol noval, que se empinaba hasta los cielos como una especie de prodigio sin tener raices, querria echarlas y afirmarse, y tomar la apariencia de un árbol viejo de los siglos. El reinar entre iguales es poco menos que imposible; Bonaparte lo sabia bien y debia entrar en sus ideas y en el sentimiento propio de su gloria, buscar quien lo adoptase entre las casas reales de la Europa. «¡Y qué! ¿será la mia, exclamaba Cárlos IV, la elegida para tal escándalo?» En verdad se sentia el rey con sobrada fortaleza para hacer una repulsa decorosa si llegára aquel caso; pero encontraba ser mas cuerdo evitar un compromiso que pudiera alterar sus relaciones amistosas con la Francia y ocasionar resentimientos, quejas, y odios perdurables. A esta razon principalísima de mover el proyecto de las bodas intentadas, se juntaba que el príncipe de la casa de Nápoles acababa de enviudar por aquel tiempo (1). Procurar á la infanta doña María Isabel una corona desposándola con aquel príncipe, proporcionar igual ventaja á la familia real de Nápoles, uniendo la princesa María Antonia al príncipe de Asturias, conformar y hermanar por estos medios el interes y la política de las tres casas de España, Nápoles y Etruria, y conseguir que se adoptase por los tres gabinetes un sistema uniforme de dignidad, de expectacion y de cautela en los negocios de la Europa,

---

(1) La archiduquesa de Austria María Clementina Josefa, hermana tercera del emperador de Alemania y esposa del real primogénito de Nápoles, habia muerto el dia 15 de noviembre de 1801.

tales eran los proyectos y propósitos de Cárlos IV. No es fácil concebir hasta qué grado amaba este monarca á su hermano el rey de Nápoles, ni la inquietud que le causaba la política inconsiguiente y movediza de su corte, que tantos y tan graves males habia causado en aquel reino, sin mas logro ni mas éxito que recibir postrado por dos veces los amargos y costosos perdones de la Francia.

Cuanto á casar la infanta con el príncipe de Nápoles, yo opiné constantemente como el rey, y lo afirmé en aquel propósito. Tocante al príncipe de Asturias, como fiel amigo y servidor leal de Cárlos IV, mal que pudiera estarme decir mi pensamiento con franqueza; hallada la ocasion y estando solos, no me acorté para indicarle que seria quizas muy conveniente diferir las bodas y aguardar á que su educacion se completase. Despues de un corto rato de silencio que guardó Cárlos IV, pintándose el dolor en sus ojos y en su augusta frente, me respondió con paz: « Yo lo veo bien; Fernando está atrasado... ¿ Pero
« crees tu que esperando algunos años sin casarlo, ad-
« quirirá lo que le falta? »

« Señor, respondí al rey, yo no aguardo ya gran cosa
« del estudio reglado que podria continuarse silla á silla
« entre un maestro y su augusto discípulo. No es á mí á
« quien toca graduar el poco fruto que podria sacarse de
« este medio en adelante, por el corto que ha rendido
« hasta el presente. V. M. lo tiene visto, y conmigo se ha
« lamentado muchas veces... »

« ¿ Qué medio pues, preguntó el rey, podria adoptarse
« para que Fernando aprovechase ? »

« Señor, respondí al rey, temblándome mi alma; el
« estudio del gran mundo, un estudio que en vez de tedio
« excite su interes, que le cause contento, y que lo haga,
« si es posible, sin que S. A. sepa de que es por instruirle
« y remediar su atraso.... dos ó tres años de viages por la
« Europa.... bien acompañado S. A.... al presente que

« está lograda la paz del continente y que es probable
« se asegure la paz con la Inglaterra... V. M. con su
« sabiduría y su experiencia podrá aprobar ó desechar mi
« idea.... yo he tenido por un deber sagrado decir lo que
« pensaba.... V. M. me ve turbado al producirla; mis ene-
« migos me han querido pintar mas de una vez como peli-
« groso á la corona : á S. A. á lo menos, han podido hacer
« creerlo. Por fortuna V. M. no ha dado oido á la ca-
« lumnia; mas si alguno supiera que yo daba este consejo,
« lo podria tener ó interpretarlo por un medio que habria
« yo excogitado para entibiar respecto de S. A. el amor
« de sus padres. »

« No por cierto, repuso el rey; te digo la verdad lo
« mismo que la siento; la prueba mas cumplida que po-
« drias haberme dado de tu amor á mi hijo, es justamente
« ese consejo; ¿ pero quién me asegura que ese medio
« que tú propones no se vuelva dañoso por algun acci-
« dente; que á fuerza de ser dócil no me lo pierda algun
« malvado, ó que la política extrangera no encuentre la
« ocasion de pervertirlo, y no haga de él un instru-
« mento para turbar mi propia casa ?.... una resolucion
« de tal monta necesita pesarse muchas veces.... despues
« de esto su madre.... ¡tanto como le ama!... no será
« posible que consienta. »

« Señor, me atreví á instar; yo veo bien que no hay
« proyecto ni medida alguna, aun la mas saludable, que
« no pueda volverse en mal por la flaqueza ó la malicia de
« los hombres; pero puesto que sea precisa la eleccion
« entre dos extremos arriesgados, aquel es preferible
« cuyo peligro es mas remoto y mas fácil de evitarse.
« Llevando buenos lados, no es probable que á S. A.
« pueda nadie extraviarlo; mas si se queda á oscuras del
« estudio y de la ciencia necesaria á un príncipe, cor-
« reria S. A. ese peligro todo el tiempo de su vida.
« Cuanto á la reina mi señora, tiene S. M. sobradas luces

« para conocer el precio incalculable de ese ligero sacrificio
« pedido á su ternura. » — « Manuel, lo pensaremos mas
« despacio, » dijo el rey, y puso fin á aquel coloquio.

Yo hice mi deber diciendo á Cárlos IV lo que en mi alma y mi conciencia juzgaba necesario para el bien de mi patria; yo sé bien lo que me expuse : en los palacios de los reyes, sea quien fuere, anda y camina siempre sobre un hielo quebradizo. Más habria instado todavía, pero aguardaba para esto, que fuese ya la reina, ó fuese el rey, me ofreciesen por sí mismos la ocasion de hablar de nuevo sobre aquel asunto. Esta ocasion no pude hallarla : fuéme fácil colegir por las entradas y salidas misteriosas y frecuentes del ministro Caballero, que habria sido consultado por los reyes. La boda fué resuelta.

¡ Oh! ¡ qué injustos son los que han dicho haber entrado en mis ideas que el príncipe Fernando se quedase sumido en la ignorancia, como medio de dominarlo eternamente! A cualquiera que reflexione bastará preguntarle, si trabajando yo por extender las letras y las ciencias en el suelo hispano, como todos me vieron que lo hice con tan prolijo empeño en todo el tiempo de mi mando, pude yo querer ó desear que el augusto heredero, que debia reinar un dia, se quedase á la cabeza de los hombres indiferentes ó enemigos de las luces, que lo eran mios especialmente y ejercian un gran poder en todas partes! Me convenia al contrario, si aspiraba yo á prepararme algun favor ó algun influjo en su reinado, que sintiese y pensase como yo sentia y pensaba, pena, de lo contrario, de verme perseguido ó mal mirado. A este fin me habria de ser forzoso procurar que tomase amor á las ciencias y á las artes, que se hiciera familiar con ellas, y que las comprendiese y las mirase como elementos necesarios á un buen sistema de gobierno. ¿ Se omitió alguna cosa en buscarle preceptores, ayos y maestros que cumpliesen este objeto? No hablaré del padre Scio, su primer preceptor que le buscó

Floridablanca. En Escoiquiz no dirán por cierto mis contrarios que de intento busqué un hombre que entorpeciese ó malograse la enseñanza del príncipe; todos mis enemigos han puesto su saber y su virtud mas arriba de los astros. Yo padecí tambien el mismo error sin culpa mia. Del duque de San Cárlos que concurrió algun tiempo á dirigir la juventud del príncipe de Asturias, mis enemigos han hablado con igual ventaja, y los dos pertenecen á sus filas. En cuanto á los demas, ¿ quién sabria poner tacha al excelente obispo don Francisco Javier Cabrera que en calidad de preceptor sucedió al padre Scio? Sus virtudes cristianas, civiles y políticas las podrán contar sus diocesanos de Orihuela y de Avila, los que aun vivieren de aquel tiempo, ó las hayan oido de boca de sus padres. Por lo que toca á su saber, excelente humanista, docto escriturario, jurisperito y publicista, á quien eran muy familiares los diferentes ramos de la ciencia legislativa, hombre que estaba puesto al nivel de su siglo sin haber padecido sus delirios, religioso sin fanatismo, sabio sin hinchazon, facundo y fácil para explicarse amenamente aun en las cosas mas abstractas, su hablar como un arroyo cristalino y manso, poderoso por su carácter humanísimo para ganar los corazones y hacerse amar de aquellos que le oian y lo trataban.... He aquí el hombre tal como debia buscarse para la grave empresa de adoctrinar un príncipe. No nos dejó rapsodias ni compuso poemas estridentes como Escoiquiz, pero quedan sus pastorales y varios manuscritos suyos de los cuales poseí yo algunos.... Yo no sé que se habrán hecho.

Ayo fué al mismo tiempo del príncipe Fernando, y tambien de los infantes, el marques de Santa Cruz don Josef Bazan y Silva, honor de la grandeza, servidor incorruptible de dos reyes, Cárlos III y Cárlos IV, conocido bien por sus virtudes bajo todos los aspectos de hombre particular y hombre público, protector apasionado de las ciencias y las letras; su compañía frecuente los sabios nacionales y extrangeros, miembro de varias academias de la Europa, director muchos años de la nuestra de la lengua.

Teniente de ayo fué tambien mi tio el general don Josef Alvarez. Antes de que yo naciese le sobraban ya merecimientos. Comenzada su carrera y adquirida su primera instruccion en el colegio de artilleros de Segovia, figuró con honor, por el año de 1762, en el sitio de Almeida, despues en el bloqueo de Gibraltar, y sucesivamente en las dos expediciones, á la América septentrional en 1782, y á la meridional en el año siguiente. Su lealtad, su inteligencia, su probidad y la aptitud de su carácter para el alto encargo que ejercia, fueron otras tantas prendas conocidas. ¡Y á estos hombres los busqué yo con el designio de hacer nula la educacion del príncipe! ¡y lo que es mas y algunos han osado sin temor de Dios ni de los hombres, los hice yo venir para encargarles que al príncipe de Asturias le dejasen sumido en la abyeccion y la ignorancia! ¡Y estos mismos sugetos tan recomendables se vendieron y concertaron todos ellos para llevar á efecto un designio de tal especie! callen mis enemigos para siempre: no me fuercen con sus calumnias á descorrer un velo que mi circunspeccion y mi lealtad me aconsejan tener echado sobre este asunto doloroso. Sobrado hablan por mí las cosas que despues se han visto...

Se ajustaron en fin en Aranjuez, á 14 de abril de 1802, los dos reales desposorios. A principios de julio fueron celebrados por poderes: arribados á Barcelona, á 30 de setiembre, el príncipe de Nápoles y la princesa María Antonia, fueron ratificados entrambos matrimonios el dia 4 de octubre.... Al pie de los altares un oscuro presentimiento vino á anublar mi alma. Querida patria mia, aquel dia se daba fin á la enseñanza del que, al nacer, una multitud de profecías repartidas por toda España, lo anunciaban como el continuador glorioso de los otros reyes de su nombre que debia sobrepujarlos. Dios podia ciertamente hacer milagros; mas sin ellos, dejada por poner la grande basa de la instruccion precisa para un príncipe, necesaria en todos tiempos, pero entonces mas necesaria que en ningunos otros, no podian cumplirse los anuncios! ¿Por qué razon, Dios mio, en las monarquías hereditarias, no es una ley de las primeras en sus articulos fundamentales la institucion del príncipe heredero y sus colaterales que podrian seguirle? Por el bien de los pueblos y por misericordia de los hombres, por el honor tambien de la diadema, por lograr que la historia no tilde ni condene tantos nombres de las descendencias reales, por convertir las dinastías en una larga serie de varones ilustres y eminentes, y para hacer en fin la monarquía mas deseable; por ley fundamental, por tradicion constante y por costumbre inalterable, los reales herederos deben estar sujetos á tales medios de enseñanza y á tal regla de sus acciones, que llegados al trono, y sin poder llegar de otra manera, la virtud, la ciencia de gobierno y un sentido recto sean sus ángeles custodios (1).

(1) Poco mas arriba hice mencion de la multitud de profecías que ilustraron la venida al mundo del príncipe Fernando. Su augusto abuelo el señor Cárlos III, las recibió al principio con particular agrado, pero no tardó en notar que las mas de ellas no eran en realidad sino medios políticos para censurar santamente varios actos de su gobierno. De las que yo he leido, una tan sola fué cumplida, y era la que anunciaba, que llegado á ser rey el augusto recien nacido, restablecería los jesuitas. Cárlos III los habia expulsado. De aquí fué despacharse á los inquisidores ciertas órdenes muy secretas, para hacer callar á los *videntes*. Esto no impidió que corriesen misteriosamente aquellos manuscritos. Quedó la tradicion en las familias, de las plebes mayormente, y fué una de las causas del entusiasmo prodigioso que tenian los pueblos á favor del príncipe heredero. Trabajada la España por los dispendios de la guerra con la nacion inglesa sobre la cuestion americana, y

Volviendo á mi propósito, aquellas reales bodas fueron solemnizadas con gran magnificencia: quiso el rey que fuese igual á la pompa y al boato que tuvieron las suyas con la reina María Luisa : la paz se celebraba al mismo tiempo. La alegría, los aplausos, los regocijos y las fiestas fueron generales en el reino, sobre todo en los parages que los reyes visitaron en su tránsito á Barcelona, en aquella ciudad donde permanecieron cerca de dos meses, y en las demas ciudades, villas y lugares que anduvieron en su vuelta por Valencia y Cartagena. En Barcelona y en Valencia puse yo la primer piedra de los monumentos que se levantaron por aquellas dos ciudades para consagrar la memoria de las bodas de sus príncipes y la visita de sus reyes. Toda la familia real estuvo junta para aquellos grandes regocijos : habian venido los de Etruria. Estas fiestas y estos contentos fueron los postreros de Cárlos IV y María Luisa.... no volvieron á tenerlos mas en todo el tiempo de su vida !

---

amargada por los desastres de la expedicion de Argel y de los navíos flotantes, junto á esto el odio general al ministro Llerena, y la desafeccion del clero y la nobleza para con Floridablanca, los postreros años del reinado del señor Cárlos III no fueron populares. Vinieron luego los trabajos que causaron tantos años de una lucha continua, primero con la Francia, despues con la Inglaterra; un número *infinito* de personas de entre la muchedumbre se acordaban de los anuncios celestiales (que por tales eran tenidos) hechos sobre el reinado y llovidos sobre la cuna del príncipe de Asturias. Y asi fué que á ningun rey pudo cuadrar con mas razon el título de *deseado* que al rey Fernando VII.

CAPITULO XII.

De mi repulsa á una pretension de Bonaparte solicitando que Cárlos IV propusiese al conde de Provenza y demas príncipes franceses la renuncia de sus derechos, bajo ciertas condiciones —Disputas ocurridas mas adelante con el embajador frances en materia de noticias políticas y periódicos.— Una ligera observacion al conde de Toreno.

Tengo para mí que tal vez, en habiendo leido estas Memorias, los mismos que me han acusado tan injustamente de una sumision servil á Bonaparte, han de decir ahora que no supe manejarme con aquel hombre poderoso, y que malogré las ocasiones de obligarlo y de inspirarle confianza en nuestro gabinete. De cualquiera de los dos modos con que me arguyan mis contrarios, les diré bien seguro de mis obras, que ora condescendiendo, ora negando y resistiendo, mientras me encontré libre y á mi anchura, sin que almas desleales me atacasen y atravesaran mis caminos, ninguna cosa hice ni por temor ni por orgullo, procurando por la una parte la buena inteligencia entre los dos gobiernos, y consultando por la otra á la seguridad del reino, á su perfecta independencia y al honor de la corona. La cuenta me hallo dando de mis principios y mis actos al juicio de la España y de la Europa entera : condéneme quien pueda. A propósito de firmeza omito muchas cosas de que podria dudarse, porque pasaron sin testigos : puesto al blanco casi siempre en los negocios de política (pues Cárlos IV asi lo quiso), mis encuentros y mis debates eran casi cotidianos. He aquí uno de estos muchos, que de algunos fué sabido, en que el honor de España se interesaba grandemente; y que me debió valer un buen aumento en el rencor que ya de antes me guardaba el primer cónsul.

Casi ya á mediados de diciembre de 1802, el ciudadano Beurnonville, nuevo embajador frances, que sucedió á M. Gouvion Saint-Cyr, se abocó un dia conmigo mostrando un gran placer « de traerme, dijo, un generoso
« pensamiento del gefe de la Francia, pensamiento leal,
« que estando yo tan apegado á la familia de mis reyes,
« me deberia ofrecer una dichosa coyuntura de ejercitar
« mi celo por su casa. El primer cónsul, prosiguió di-
« ciendo, no ha tomado las riendas del estado como un
« usurpador : la Francia perecia bajo un gobierno tan en-
« deble como tiránico y violento : adentro la discordia,
« afuera el enemigo amenazando, el primer cónsul la ha
« salvado por una especie de prodigio, y lo que es mas ha
« conciliado tantas pasiones divergentes que tendian á des-
« truirnos. El pais reconocido y encantado de sus actos, le
« ha puesto á su cabeza de por vida : no hay otra mano que
« la suya para asegurar el órden y para hacer estable la
« gloria de la Francia : una restauracion es imposible. La
« Francia está contenta, y por decirlo asi, embriagada
« de su estado presente; sus 'azos se hallan rotos para
« siempre con sus antiguos príncipes. De entre aquellos
« que pueden, el corazon del primer cónsul es *el único*
« que le queda á esa familia desgraciada y peregrina : su
« deseo y su intencion es de pagarle una gran deuda que
« aun le queda á la Francia. Gobernáronla sus mayores
« muchos siglos : no es justo ni es honroso que sus hijos
« mendiguen la existencia entre los pueblos extrangeros.
« A fin de que la tengan cual corresponde á su alto orí-
« gen, se propone el primer cónsul resarcirles los bienes
« que han perdido de la manera que es posible, y for-
« marles á cada uno un buen heredamiento. Por supuesto
« que esta largueza habrá de ser correspondida y deberá
« tener por recompensa la quietud de la Francia; que en

« política no se da nada sin retorno. Que su nombre no
« sirva mas para traiciones locas, he aquí la sola paga que
« exige el primer cónsul, y que á este fin renuncien al
« derecho caduco con que gentes ilusas ó malvadas quer-
« rian autorizarse todavía para turbar la Francia y dar
« que hacer á las autoridades y al verdugo. Para llevar á
« cabo esta idea tan humana, se necesita un mediador que
« como cosa suya la proponga á la Francia y á los princi-
« pes : hacerlo en derechura el primer cónsul seria com-
« prometerse demasiado. ¿Quién mejor podria encargarse
« de esta obra, como el augusto gefe que ha quedado de
« todos los Borbones? Hubo un tiempo que por salvar la
« vida del desgraciado rey de los Franceses, consintió
« Cárlos IV en que aquel perdiese el trono. Por rescatar
« sus hijos se mostró del mismo modo. Hoy no se trata ya
« de padres ni de hijos, sino de colaterales, mas dis-
« tantes al presente del trono de la Francia que pudieron
« estarlo en aquellas circunstancias, cuando habia un gran
« partido en favor de ellos y este partido lo apoyaban las
« armas extrangeras. El gobierno actual se encuentra ya
« reconocido por todas las potencias, y es un gran hecho
« consumado y un derecho adquirido en toda regla de la
« ley comun de las naciones. Antes de hablar al rey acerca
« de esto, conviene estar de acuerdo entre nosotros :
« guardada la reserva conveniente le diré á V. mas, y
« es que quiere el primer cónsul que sea de V. la gloria
« de agenciar este bien que desea hacer á los Borbones. »

¿Qué mejor ocasion de agradar á Bonaparte se me podia ofrecer, que la de apadrinar aquel proyecto? Prestarse á aquella pretension era ponerle el brazo para subir mejor al trono; y bien que para esto le bastase, como se vió despues, su poder y su prestigio, aquel hombre que en su marcha al solio caminaba titubeando acerca de los medios y buscando apoyo en todas partes, por ayuda á ceñirse la corona habria contado estos oficios. Asi lo habria pensado por lo menos cualquier otro que hubiese ambicionado la amistad y proteccion de Bonaparte; y en verdad, para cubrir aquellos pasos no le habrian faltado enteramente razones especiosas. Abandonado estaba ya por los tratados de la Europa, y hasta por la Inglaterra, el derecho de los príncipes franceses. Que Bonaparte hubiese sido cuerdo y su ambicion no hubiese provocado nuevas lides; los Borbones de Francia habrian corrido igual fortuna que *los Estuardos de Inglaterra*. Todo el mundo lo habia creido por entonces; mas no por esto quise hacerme el instrumento de aquella tentativa dolorosa: la enemistad de Bonaparte me era menos que el escrupuloso honor de un rey de España. Sin dejar para despues el responder al capcioso mensagero, sin usar medios términos, prefiriendo hacer caer sobre mí solo todo el odio de esquivar aquel proyecto, porque no fuera Cárlos IV de quien el primer cónsul pudiese tener queja, contesté al embajador resueltamente y aparté aquel negocio de nosotros.

« Por generoso y grande, respondí, que sea ese pensa-
« miento del gefe de la Francia, yo no me atreveré á pro-
« ponerlo á Cárlos IV, ni osaré aconsejarle que lo acepte
« en calidad de medianero con los príncipes franceses.
« No que yo mire mal esa medida que le da mucho honor
« al primer cónsul, y podrá coronar tantas obras y tan
« grandes como tiene ya hechas para el reposo de la
« Francia, ni porque Cárlos IV, ni persona alguna de
« entre sus consejeros se alimenten de ilusiones y quimeras
« contra la fé que está pactada con la Francia. La quietud
« de esta y de la Europa entera es el deseo supremo del
« monarca español, que fué de los primeros en sepultar
« sus quejas, perdonar sus agravios y aceptar la oliva de
« la paz que le ofreció la Francia, hace ya siete años. Pero
« esa mediacion, que haciéndola un extraño seria sin duda
« muy plausible, hecha por Cárlos IV podria serle censu-
« rada. Diria tal vez la historia que no dudó prestarse á

« consumar el sacrificio de esos príncipes deudos suyos
« tan cercanos, sacrificio en verdad doloroso en extremo,
« por mas que en él no tengan que ceder sino ensueños y
« esperanzas vanas. En circunstancias tales como fuéron
« las que ofreció la revolucion sangrienta de la Francia,
« entre morir en el suplicio un rey, y un rey pariente tan
« cercano de la familia real de España, ó perder sola-
« mente la corona, habia lugar de optar por esta pérdida
« y consentir en ella, sin que tuviese nadie que extra-
« ñarlo; pero hoy dia no hay un motivo de esta especie.
« El único consuelo de estos príncipes en su infeliz des-
« tierro es estimarse siempre con derecho al trono de la
« Francia: ilusiones, ó cualquiera otro nombre que se
« quiera dar á semejantes pretensiones, no es un pariente
« suyo quien convendria buscar para hablarles de que las
« pierdan. Añada V. tambien, que no creo que ellos re-
« nuncien por mas que se les ruegue, ni por mas ofertas
« que les haga el primer cónsul; que el trono de la Fran-
« cia, aun soñado que sea tan solo, no tiene cosa que equi-
« valga. Dado el caso de que asi suceda, como para mí
« es seguro, el desaire del rey de España seria tanto mas
« penoso, cuanto mayor seria el contraste entre un mo-
« narca poderoso proponiendo la humillacion á sus pa-
« rientes decaidos, y estos mismos parientes, en medio
« de su nada, resistiéndola. Despues de esto, para no
« ocultar á V. cuanto me viene al pensamiento sobre la
« pretension del primer cónsul, me atreveré á decir que
« tan loables como puedan ser sus deseos de satisfacer su
« corazon por una parte, y buscar por otra el fin de las
« reacciones en la Francia, hay algo en su proyecto que se
« oponga á este segundo objeto; porque, al fin, pretender
« que los príncipes renuncien sus derechos al trono de la
« Francia, seria reconocerlos. Como quiera que esto se
« estime, puesto que el amor de la paz haga prescindir al
« primer cónsul de este gravísimo reparo, convendria

« que este paso fuese dado por cualquier otro gabinete
« amigo de la Francia, cuyas relaciones con los príncipes
« franceses se hallasen libres de los lazos de parentesco
« que encadenan á Cárlos IV. En todo lo demas, por lo
« que es de parte nuestra, la Francia puede estar segura
« de que fiel el rey á sus tratados, y deseoso mas que
« nadie de la paz de la Europa con tan duras penas alcan-
« zada, repelerá constantemente toda suerte de preten-
« siones de los príncipes franceses que se intentasen sos-
« tener, ó por conspiraciones, ó por la fuerza de las
« armas. De otra parte mientras dure la paz, yo no pienso
« de modo alguno que pretendan turbar la Francia. La
« paz, señor embajador, la paz constante de la Francia
« con la Europa, es quien podrá acabar, sin deshonor de
« nadie y por la sola prescripcion del tiempo, los dere-
« chos de esa familia desgraciada. »

El embajador Beurnonville me opuso algunas réplicas, mas por cumplir su encargo que por sostenerlo. Despues tomando un tono franco, me dijo sin rodeos : « La razon
« es de V., el paso es impolítico, y deroga en verdad la
« autoridad y los derechos que ha adquirido el primer
« cónsul. Bajo tal convencimiento yo querria darle mis
« consejos, mas no me atrevo á darlos en mi nombre.
« ¿Tendria V. inconveniente en que yo le trasmita su res-
« puesta? » — « Yo, ninguno, le dije; hágalo V. si quiere,
« mas con igual templanza con que yo la he dado, sin exa-
« gerar ninguna cosa... Todavía si V. quiere hablar al
« rey... » — « No, me dijo, quiero escribir tan solo
« nuestra sincera y franca conferencia, pues que V. no
« halla reparo y yo la encuentro útil, utilísima. »

El embajador escribió: no tuvo mas respuesta. Poco despues el rey de Prusia se encargó de la propuesta al conde de Provenza. Nadie ignora la dignidad y la entereza con que respondió este príncipe y los demas de su familia.

¡Cuántos encuentros podia añadir aquí, que se ofrecian á cada paso aun sobre asuntos muy pequeños, imposibles enteramente de evitarse estos disgustos si habian de mantenerse los respetos de una nacion independiente! Tales cosas no eran sabidas ni debian publicarse: se juzgaba en España entonces que no habia sino amores y estrecheces entre ambos gabinetes. A propósito, acerca de esto, aunque sea anticiparme algunos meses á la serie de los sucesos que voy siguiendo en esta historia, contaré aquí otro caso para mostrar el batidero que ofrecia ya aquel tiempo. El prurito de Bonaparte de dominar y dirigir todos los gabinetes á provecho de su autoridad y de sus largos planes, se comenzaba ya á sentir en todas partes sin ninguna medida, sin excepcion de ningun pueblo. Con la Inglaterra misma con quien logró la paz, con quien tanto le convenia ser moderado para hacerla estable y conseguir el fruto de ella, no se supo abstener de herirla, por decirlo asi, en las mismas niñas de sus ojos, en su libertad mas preciada, pretendiendo que traspasara ó reformase sus leyes de la imprenta. Pase con la Inglaterra, si esto es dable, donde aquella libertad es casi ilimitada. ¿Mas quién podria esperarlo? Con un gobierno como el nuestro, donde la imprenta no era libre, y donde las materias de la política exterior eran tratadas solamente en la Gaceta y el Mercurio, pretendió tambien encadenar la pluma del estado. Que no escribiese nadie en parte alguna sino para alabarle ó defenderle, y que la imprenta le ayudase para subir al trono de la Francia y ocupar despues el solio de la Europa, tal era su designio y el empeño que tomó á pechos. Dentro, en Francia, lo habia logrado y en la multitud de pueblos que tenia bajo su mando ó influencia. Faltábale la España, no que nadie lo hostilizase, mas en la cual se publicaban limpiamente las noticias de la Europa, las cuestiones de los gobiernos, y sobre todo, los debates del parlamento de Inglaterra tal como ellos eran. Convenia hacerlo asi, lo primero, porque á un pueblo leal y generoso como España, no teniendo para instruirse en los negocios exteriores sino los papeles del gobierno, debia tratarse con decoro y no tenerle á oscuras de la historia contemporánea; lo segundo tambien, importante en gran manera, porque la opinion general no pudiese extraviarse y dirigirse como en Francia al interes de un solo hombre que reunia tantos medios de esclavizar á las naciones. Yo notaba que Bonaparte se ganaba en España una celebridad extraordinaria de sabiduría, de talento, de grandeza de ánimo, y lo que era mucho mas, de probidad política, junto á esto el gran prestigio de sus triunfos. Entonces se hacia gala de ser los aliados de la Francia, y los progresos de esta los miraba la noble España como suyos, como las glorias de una hermana. Lo que pasaba dentro entre los bastidores de la escena política, no era posible hacerlo público, mientras se via de afuera y se admiraba la represion de la anarquía, la sujecion de los partidos, la mejoracion de las leyes, la tendencia nueva á la monarquía, y mas que todo para España, la restauracion de los altares. Las alocuciones del papa sobre el concordato, sus bulas y sus cartas publicadas por todo el mundo, las misiones de sus legados, y los elogios y el incienso sin ninguna medida que Bonaparte recibia de los prelados de la Francia, hacian que muchos, y el clero mayormente, le mirasen, entre nosotros, como un nuevo Constantino ó un Teodosio. Alargando mi vista, contemplaba yo cuan funesto podria sernos aquel concepto general tan ventajoso á Bonaparte, si mas pronto ó mas tarde nos obligase su ambicion á hacerle frente con las armas. Llegada á ser precisa esta medida, ¿cómo justificarla con tantas prevenciones en contrario? El solo medio de debilitarlas se encontraba en la imprenta, pero por medios indirectos. Tal fué entonces mayormente, hácia el fin de 1802 y en el siguiente año, el de estampar en los papeles del gobierno, como parte histórica, los ruidosos debates de las cámaras inglesas, y con los manifiestos de la Francia, los de la Gran Bretaña en donde se atacaba victoriosamente la política del primer cónsul, y se ponian á descubierto sus manejos y designios para oprimir las libertades de la Europa. Parte de estos escritos y debates eran dados en los Monitores, pero acompañados siempre de comentarios y de glosas con que la verdad quedaba envuelta. En España se daban, no tomados del Monitor, sino de los diarios de Inglaterra, sin ponerles glosas favorables ó contrarias á ninguno de los dos gobiernos. ¡Mas libertad gozaba España entonces que la Francia!

El embajador frances se habia mostrado ya quejoso muchas veces. La respuesta era obvia : « Neutral España por « las armas, debe serlo del mismo modo por la imprenta. » — « Pero al menos, reponia, se podrian callar muchas « cosas que ofenden á la Francia. » — « Para haber de « hacerlo asi, se replicaba, fuerza seria callar tambien lo « que ella escribe en su defensa y con que ataca á la Ingla- « terra. V. ve que se refieren las disputas de la una y la « otra parte con igual franqueza. » Aconteció entre tanto, que rota ya la paz enteramente entre las dos naciones, vuelta á ser amenazada la Inglaterra de la invasion del reino, y hecha mencion en los papeles de la Francia de las ardientes peticiones de muchos oficiales para acompañar á Bonaparte cerca de su persona en la irrupcion que preparaba, se insertó en nuestra gaceta, entre otras muchas cosas que hacian honor á la Inglaterra, la picante alusion de un orador ingles comparando aquellos ruegos, y el paso del Estrecho, al del Estigio, ansiado por las sombras de los muertos, sobre la cual citaba aquellos versos de Virgilio :

> Stabant orantes primi transmittere cursum,
> Tendebantque manus ripæ ulterioris amore.
> Fata obstant.... tristique palus innabilis unda
> Alligat, et novies Styx interfusa coercet (1).

───────────

(1) Gaceta de Madrid de 22 de julio de 1803.

He aquí pues, á pocos dias, el embajador frances se llegó á mí, acusando á todo el mundo y quejándose con amargura del partido de los Ingleses que lograba incluir en la Gaceta tales burlas y sarcasmos. « No, le dije, la Gaceta
« refiere imparcialmente los debates de las cámaras in-
« glesas, de igual modo que se insertan los discursos y
« arengas de los oradores, de los hombres de estado y
« los prelados de la Francia. A entrambas dos empresas
« de la Gaceta y el Mercurio les está prohibido insertar los
« libelos con que de una y otra parte se insultan los dos
« pueblos: ninguna de estas cosas se publica. » — « Pero
« la tribuna inglesa, replicó el embajador, es peor que los
« libelos. Yo tengo encargo terminante de pedir que
« durante esta crísis se inserten solo los discursos y
« pasages que contengan los Monitores. Parecerá increible,
« pero los enemigos del gobierno se complacen en es-
« parcir la Gaceta de España: ¿ será mejor que su en-
« trada se prohiba? » — « Como lo quiera el primer
« cónsul, señor embajador, le respondí con flema; cada
« cual es el dueño de mandar en su casa como lo estime
« conveniente. No por esto se harán prohibir entre nosotros
« los papeles franceses, que rebosan de injurias contra la
« Inglaterra; pero los nuestros serán libres para registrar
« y consignar en sus llanas las verdades de los sucesos y
« los actos públicos de las naciones. Cuando á los pue-
« blos se les cierran ó entornan las ventanas que es
« justo esten abiertas, pierden la confianza en el gobierno,
« y los datos que se les niegan, van á buscarlos á otra
« parte, no sin desdoro y sin peligro del estado. Nuestra
« amistad sincera con la Francia está probada largamente:
« no conviene pedirle nuevas pruebas que amengüen su
« decoro; harto sujeta está la imprenta entre nosotros
« para que reciba tambien leyes de la parte de afuera. »
Acto seguido de esto se dió órden, no tan solo de pro-seguir en la insercion de los debates de las cámaras inglesas

y los actos de aquel gobierno, sino de poner al pie de cada artículo ó extracto el nombre inglés del diario de donde se sacaba. Fácil es registrar las gacetas de aquel tiempo desde agosto de 1803 y largo tiempo en adelante, donde al pie de los artículos de Londres se hallará escrito con frecuencia en letra bastardilla: *Extracto del Times, extracto del Morning Chronicle*, etc. Esto no se hacia antes, pero convino hacerlo para mantener nuestro decoro: por tal modo se batallaba en todas cosas procurando apartar la dictadura que el feliz guerrero de la Francia pretendia ya ejercer sobre todas las naciones de la Europa.

Este incidente que he contado me servirá tambien para dar un justo desmentido á un nuevo historiastro. El conde de Toreno, mal avisado, ciertamente, sobre los duros compromisos que trae el mando; que despues ha tocado por sí mismo en pocos dias, cual sea la diferencia entre bogar á palo seco contra vientos y mareas para llevar la nave del estado, y entre tomar la pluma y censurar al que ha mandado; el conde de Toreno, que llegado á la cima del poder en circunstancias tan distintas de las que los destinos me guardaron, y teniendo en favor suyo el Portugal, la Francia, y la Inglaterra, aliadas y auxiliares de la España, ha naufragado sin embargo ignominiosamente entre la grita, el improperio y los baldones de la España y de la Europa entera, es el mismo que inscrito ignoblemente entre mis detractores y enemigos, sin tener ninguna cuenta de los tiempos y los hechos, me ha atacado de balde; y el que erigiéndose en Caton (¡un Toreno, Dios mio!) no ha temido comprometerse, acusando mi vida y calumniándola, como pudiera haberlo hecho un truhan cualquiera de las plebes. Yo le responderé mas largamente y por completo en lugar conveniente: baste ahora, por ocasion, responder á un solo punto. Seré breve, lector mio.

Este hueco escritor nuevo, vestido de golilla, y con bigote y pera á la española antigua de bastante mala gracia,

hablando de los tiempos que refiero y del concepto que gozaba Bonaparte entre los Españoles, se explica de esta suerte (1) : « Los diarios de España, ó mas bien la mise-
« rable Gaceta de Madrid, eco de los papeles de Francia,
« *y unos y otros esclavizados por la censura previa* (2),
« describian los sucesos y los amoldaban á gusto y sabor
« del que en realidad dominaba acá y allá de los Piri-
« neos. »

Esto escribe Toreno. El caso que he contado basta y sobra para desmentirlo. Si aun se quieren mas pruebas para deshacer esta mentira, documentos son fehacientes, que por fortuna existen, las Gacetas y Mercurios de mi tiempo. Los que quieran, podrán buscar estos papeles y verán si fueron simplemente un eco de la Francia, ó si no se encuentra en ellos un resúmen verdadero de aquella larga época. ¿Se extendieron nuestras gacetas, se extendió nuestra imprenta mas allá, diré mejor, llegó nunca tan lejos ó gozó alguna vez mas facultades bajo alguno de los ministros que me precedieron ni en aquel ni en otro siglo de los anteriores? Fácil es comparar y hacer cotejo de esto. Y sin embargo hice poco para mis deseos, ansié por hacer mas, y mas hubiera hecho si me hubiesen tocado tiempos menos tormentosos, si en lo mejor de aquel camino no hubiese sido derrocado Cárlos IV.

Concluiré. Ministro ha sido y gefe del estado el conde de Toreno. La España nos podrá decir, si despues de tantos años que han pasado desde el tiempo de aquel buen rey, despues de dos ó tres revoluciones que han quitado tantas trabas, sin inquisicion, sin estorbos de algun género, dueño de

---

(1) En su obra intitulada : *Historia del levantamiento, guerra y revolucion de España*, libro II, pág. 104.

(2) Que por cierto el mismo conde de Toreno, llegado á ser ministro cerca de medio siglo despues que fuí yo alzado al mismo puesto, no se ha atrevido á levantarla.

hacer lo que quisiese á contento del mayor número, ha hecho mas mi nuevo detractor el conde de Toreno, ha hecho tanto ó ha hecho algo en favor de la imprenta, de las luces, de las artes y las ciencias, de aquello que yo hice y le dejé tantos ejemplos, amarrado como me hallaba con las cadenas de aquel tiempo, puesto siempre el bocado, las camas y barbadas construidas y remachadas á lo largo y al temple de los siglos anteriores. Dirá que no ha podido, que se lo ha estorbado la lucha de Navarra... ¡Oh! si Dios en mi tiempo no me hubiese dado otro trabajo que esa guerra... ¡Las mias lo fueron de gigantes!

CAPITULO XIII.

Operaciones de la comision gubernativa del consejo en los negocios del crédito público correspondientes al año de 1802. — Hacienda : creacion de las oficinas de fomento. — Progresos de las artes y las ciencias. — Malas obras del ministro Caballero.

El consejo, puesto siempre á la cabeza de la comision gubernativa de consolidacion de vales reales y demas negocios de la deuda del estado, procedió en todos ellos con la misma exactitud y con igual felicidad que en el año precedente. A fines de agosto de 1802 se encontraba ya amortizada la suma de ciento ochenta y dos millones ciento ochenta y ocho reales y ocho maravedises, cuya cantidad componia la undécima parte y algo mas de la deuda total representada por los vales reales de los dos últimos reinados, juntamente con los vales de la acequia imperial que se le habian unido. Al fin del mismo año se habia llegado felizmente á la cuadragésima octava amortizacion, y la suma cancelada pasaba ya la cantidad de doscientos millones. Estas operaciones eran públicas, se daba cuenta de ellas en la Gaceta oficial y en los principales periódicos de la capital y las provincias, designadas las series y los números de los vales extinguidos : á la fé del gobierno se añadió constantemente la solemnidad de sus actos; los vales extinguidos se quemaban en presencia del público.

En este mismo año mandó el consejo dar por extinguidas las cajas de descuento y satisfacer sus acciones á los prestamistas de Madrid y las provincias. Aprovechó el consejo para esto la feliz coyuntura por la cual, hecha la paz marítima y abiertas las Américas, recobraba el papel moneda su estimacion perdida : los vales reales llegaron á subir hasta ochenta y cinco y aun noventa. Las acciones se devolvieron en esta clase de moneda, sin perjuicio de liquidar las cajas y entregar á cada prestamista las ganancias que pudiesen resultarles.

Las ventas de los bienes de obras pias, patronatos, capellanías, etc., se siguieron ejecutando con ventaja y actividad bajo igual direccion de la comision gubernativa. El crédito, el comercio, la agricultura y las industrias nacionales comenzaron á prosperar visiblemente, y las llagas de la guerra se cicatrizaban por instantes. Los cinco gremios, el banco de San Cárlos, la compañia de Filipinas, y la de seguros marítimos y terrestres sobrevivian á los trabajos de los años anteriores. Esta última, sostenida y ayudada por las gracias y los auxilios especiales con que el rey la habia favorecido, no tan solo mantuvo su existencia y su crédito, sino que extendió mas y mas su objeto primitivo, añadiendo á los seguros del comercio terrestre, el de toda suerte de fincas, los bienes de menores, los haberes de los rentistas, y hasta las acciones y derechos de los prestadores. Los premios ó intereses que esta compañia cobraba eran tan moderados que no excedian de un *medio por mil* en algunas operaciones de las que tomaba á cargo suyo (1). Hecho un prolijo exámen en aquellos dias, los quebrantos del comercio durante nuestra lucha con la nacion inglesa, fueron trabajos y escaseces, mas que ruinas y quiebras, casi nada comparadas á las que sufrieron las demas naciones guerreantes sine xceptuar la Francia y aun la misma Inglaterra. Reanimada la confianza y restablecido el movimiento, nuevas leyes y decretos protectores de la industria y del comercio entre España y sus Indias, facilitaron las empresas mercantiles y aumentaron los talleres (2). Una paz mas larga de la que logramos y por la cual hicimos tantos sacrificios, junto ademas con ella el aumento de las luces que empezaban á esclarecer y á convertir aun á los hombres mas adictos á las viejas rutinas, habrian multiplicado la riqueza de España sobre toda medida y la habrian asegurado sobre sus propias bases, desconocidas tristemente en los siglos anteriores. El impulso fué dado en España y en ultramar con general aplauso. La América reconocida recuerda todavía con especial afecto los dias de Cárlos IV.

En medio de estos bienes y esta dicha que comenzaba

---

(1) Esta compañía, de cuyos importantes servicios casi nadie ha hecho mencion, tenia sus principales oficinas en Madrid en la corredera de San Pablo, y las correspondientes en las varias plazas de comercio de las demas provincias.

(2) La Cataluña especialmente no podrá olvidar el incremento que tomaron su industria y su comercio por la real cédula de 6 de noviembre de 1802, en virtud de la cual fué establecida la libre importacion de los algodones de la América, exentos en aquellos puertos y en los nuestros de toda especie de derechos de salida y entrada, libre y franca tambien su exportacion para fuera del reino, concedido igual favor por mar y tierra á los de Ibiza y demas puntos en España donde prosperaba ya largamente esta cosecha nueva de mi tiempo. Estos favores, la circulacion interior, libre igualmente de derechos, la prohibicion de hilados y tejidos extrangeros, con mas la libertad de exportar los nuestros sin ninguna gabela, dieron una grande importancia en todo el reino á este ramo precioso del comercio.

ya á gozarse, tuvimos un desastre inopinado, cuyo reparo en cuanto fué posible lo ejecutó el gobierno con mano pronta y generosa. El pantano de *Puentes* que se construyó en los años últimos del reinado anterior para regar y fecundar los campos de Lorca y su partido, reventó súbitamente por doce varas mas abajo del cimiento y del espeso murallon que contenía las aguas, asoló el barrio entero de San Cristobal, arrancadas de sus cimientos mas de ochocientas casas, y llevó la destruccion por todos los terrenos bajos de la corriente del Segura hasta las puertas de la ciudad de Murcia. En el espacio de seis horas catorce leguas fueron inundadas, con inmensas pérdidas de sembrados, árboles, ganados, y lo que fué mas doloroso, de un gran número de personas perecidas en aquel conflicto. El valor de los daños ocurridos se reguló, por lo mas corto, hasta treinta millones de reales. Esta horrible catástrofe fué acontecida el 30 de abril de 1802.

El gobierno acudió á Lorca y demas pueblos inundados con auxilios cuantiosos de dinero y efectos, cuanto tuvo á mano; se les perdonaron todos los débitos de muchos años, se les eximió de impuestos por un tiempo indefinido, se les aplicó ademas una gran parte del caudal de espolios, en el cual fué comprendido el del bailio de Lora que montaba á tres millones; los reyes enviaron muchas sumas de su propio bolsillo, y una suscripcion fué abierta en todo el reino para multiplicar auxilios y consuelos á tantos desgraciados. Cárlos IV se hacia venir una ó dos veces por semana los informes de la junta de socorros que se erigió al momento, y veló por sí mismo sobre aquellos infortunios hasta quedar seguro de que las lágrimas de tantos desvalidos se hallaban enjugadas.

Volviendo á mi camino, mucho era ya de desear que se pudiera poner mano á un nuevo plan de hacienda, con que abolido el sistema monstruoso de contribuciones que venia de los siglos anteriores y aun de tiempos semibárbaros, se repartiesen al igual las cargas de los individuos y los pueblos, y ninguno pagase mas, ni directa ni indirectamente, de lo justo, establecida juntamente una buena economía en el modo de percibirse por la hacienda pública; mas desgraciadamente no se hallaba la opinion bien dispuesta todavía. El mal éxito de los ensayos que se practicaron en los dias de Urquijo y de Saavedra para restablecer el crédito, hizo que en general fuese temida y mirada siniestramente toda suerte de novedades. El bien se deseaba, pero cuanto á los medios no era dable todavía concordar las opiniones. Años enteros de instruccion y de circulacion de ideas se necesitaban largamente para hacer conocer, á los unos sus intereses verdaderos, y á los otros los sacrificios que requerian los nuevos tiempos. Los trabajos estadísticos que hice yo activar por todas partes cuando me hallaba á la cabeza del gobierno, habian sufrido interrupciones, y el gobierno carecia de datos é instrucciones, necesarias tan especialmente para emprender mudanzas en la hacienda. Demas de esto para obrar el bien se hacia forzoso que todo fuese nuevo, y esto nuevo no podia hacerse sin que la opinion comun se hallase preparada convenientemente. Los pueblos son tenaces en sus preocupaciones y en sus hábitos; tanto como se muestran deseosos de recibir alivios en sus antiguas cargas, otro tanto miran mal las nuevas á que no estan habituados: ¿se deberia buscar hacerlos dóciles por medio de la fuerza? Pero la fuerza nunca es buena para obrar reformas ni aun en los tiempos mas tranquilos; mucho menos podia serlo en unos dias en que un hombre tan ambicioso como osado, dueño de un gran poder á la redonda de la Europa, sabia beneficiar en favor suyo las inquietudes de los pueblos. La reforma del sistema de tributos en España, entendidos por tales no tan solo los que componen la renta del estado, sino tambien los eclesiásticos, los señoriales, los municipales, los curiales y tantos otros producidos por los diversos privilegios y los varios monopolios que las leyes del pais autorizan ó consienten, no era ni podia ser sino la reforma entera del estado, la de todas las clases desde las mas altas hasta las mas ínfimas, reforma necesaria, mas reforma imposible mientras los ánimos no estan maduros y dispuestos para que llegue á hacerse sin reacciones ni alborotos. Y asi fué que por mi parte, sin mezclarme en nada de la hacienda, insistí siempre en mis consejos de ir moderando en lo posible los abusos, de multiplicar las luces, de fomentar en cuanto fuese dable la industria y el comercio, remover los obstáculos que podrian apartarse dulcemente, dirigir la opinion y adquirir nuevos prosélitos por todas partes á las doctrinas saludables y á los sentimientos generosos. Estos consejos mios se adoptaron. Las tareas estadísticas fueron continuadas, las sociedades económicas recibieron un impulso nuevo, se les dejó mas libertad de discutir los intereses de los pueblos, y trabajaban mas que nunca: los periódicos ayudaban largamente para aclimatar los principios de una sabia economía política, y una nueva generacion de literatos, de sabios y de artistas añadida á la antigua, dejaba presentir mejores dias para las miras del gobierno, si la paz de la Europa y de los mares adquiria consistencia. Se publicó aquel año el censo de poblacion rectificado nuevamente, conocido con la fecha de 1801; la academia de la Historia presentó al rey por mano de sus dignos socios don Francisco Martinez Marina y don Manuel Abella, la seccion primera de su *Diccionario geográfico-histórico*, comprensivo del reino de Navarra, señorío de Vizcaya y provincias de Alava y Guipúzcoa (1): don Antonio Gomez de la Torre

---

(1) Esta sabia corporacion habia reunido y dado á luz por aquel tiempo, con gran contento del público, la preciosa coleccion de sus trabajos literarios y científicos, con mas las cartas de Gonzalo Ayora·

dió á luz el primer tomo de su Corografía de la provincia de Toro: todas las demas tareas de este género que se hallaban comenzadas, fueron activadas con instancia: nuevos comisionados recorrieron las provincias, y entre estos mismos habia algunos que bajo la apariencia de hallarse jubilados, y aun de estar en desgracia de la corte, se introducian por todas partes para procurar al gobierno noticias estadísticas sin que los pueblos se guardasen de ellos, y para extender en las ciudades y en los campos las ideas de las mejoras y las reformas necesarias, recibidas de boca de ellos con mayor aprecio como si fuesen géneros prohibidos, que se buscan y se adquieren con mas ansia. De este género de espionage y policía en favor de las luces no sé yo que se haya hecho en otra parte alguna cosa igual ó semejante (1). Ademas de tantos hombres útiles, empleados con

---

cronista de los reyes católicos, escritas desde el Rosellon por los años de 1502 y 1503.

(1) Entre los dignos ciudadanos que aceptaron por la patria estas misiones filantrópicas, pues no sé que nadie haya restablecido la memoria especial de que era digno, nombraré al excelente ciudadano don Bernabé Portillo, que en 1808 fué entregado por un fraile á las plebes amotinadas y murió asesinado, víctima del odio que entre ciertas gentes le produjo su celo del bien público y su amor esclarecido de la patria. Este antiguo intendente de provincia fué por el tiempo de ocho años el alma de la sociedad económica de Granada y de las demas de la provincia, introdujo allí y sostuvo con su influjo muchos géneros de industria, derramó la luz en todas las materias de economía política, consiguió acreditar y hacer extender el cultivo del algodon en el litoral de Granada, y promovió en Motril, ademas de este cultivo, ó por mejor decir, fundó allí las hilaturas de esta nueva especie, que sacaron de su inaccion y su pobreza á aquellos habitantes. Al igual suyo trabajó en aquel pais para tan útiles objetos su digna hermana doña Jacoba, una de las señoras mas ilustradas de su tiempo, que reunia á sus virtudes conocimientos admirables en su sexo. ¡Qué se han hecho los hijos *de aquel benemérito patricio!* ¡Qué recompensa ha recibido su familia por los largos servicios y por la inocente sangre de aquel mártir!

este objeto en todas las provincias, unos al manifiesto y otros en lo oculto, se tenia de ordinario en las principales embajadas un adicto, encargado especialmente de recoger nociones y trasmitirlas al gobierno en materia de hacienda, cuantas estimase dignas de tenerse presentes, ya en las leyes y reglamentos adoptados en las córtes de su residencia, ya en los escritos ó debates de tribuna que añadiesen luces ú observaciones importantes. Finalmente para aprovechar estos trabajos, dar carrera á los nuestros y preparar un dia completo á las reformas y á la refundicion entera del sistema de hacienda, fundamento esencial del bien de las naciones y de la duracion de los imperios, se crearon por consejo mio y á mis instancias porfiadas, las oficinas de *fomento*, de cuyas tareas y auxilios que prestaron al gobierno trataré largamente en lugar mas oportuno.

Cuanto á las artes y á las ciencias, el año de 1802 ofreció aumentos y progresos nuevos. Yo debo aquí un elogio de justicia al que tan mal me ha pagado y tanto me ha ofendido, á mi constante amigo mientras la fortuna pareció asistirme viento en popa. Don Pedro Ceballos se constituyó en mi ayuda, con franqueza y con denuedo, por la causa de la instruccion y de las luces. ¿ Fué tan solo por agradarme? Nó; bajo el reinado mismo de Fernando VII hizo esfuerzos todavía por mantenerlas contra la reaccion de aquellos tiempos tan furiosos : algo debió quedarle de las buenas habitudes que adquirió en mi tiempo. En 1802 presidió la primer vez como ministro la reparticion de los premios á las nobles artes : su discurso dió certeza de que las ciencias y las artes adquirian en él otro amigo, abiertamente declarado en favor de ellas. Y he aquí ya nombres nuevos, no del todo desconocidos de los que vivian entonces y puedan acordarse : en pintura, don Antonio Guerrero, don Josef del Ribero, don Juan Ribera, don Angel Palmerani y don Francisco Llaser : en escultura don Angel Monasterio, don Juan de Reyes, don Manuel

Baillo, don Antonio Giorgi y don Remigio de la Vega: en arquitectura, don Juan Perez Juana, don Manuel Ynza, don Miguel Marichalar, don Fermin Diaz y don Romualdo Vierna: en grabado, don Manuel Alvarez Mon, y en perspectiva don Angel Humanez. Las obras de estos nuevos artistas y de otros mas que acudieron de varias capitales, merecieron el honor de la exposicion, y ganaron justamente muchos premios. En escultura, en arquitectura y en dibujo y grabado eran visibles los progresos. En cuanto á la pintura, mucho en verdad distaban todavía los pinceles de la gloria del gran siglo; pero se comprendia ya bien el modo de marchar en pos de ella, se afirmaba el buen gusto, se observaban mejor las reglas, se estudiaba la naturaleza, se penetraba en la ideologia y la poesia del arte, y se ensayaba el buen camino.

La calcografia de la imprenta real volvió á ocupar muchos artistas y adquirió nuevo lustre. Una de las obras emprendidas desde el año anterior, fué una coleccion de vistas del Escorial, el dibujo á cargo de Gomez Navia, y el grabado al de don Tomas de Enguidanos. La de los retratos de varones ilustres españoles, y el epítome de sus vidas, volvió á continuarse con especial esmero. Los editores de la Iconologia fueron protegidos y prosiguieron con suceso sus tareas recomendables (1). Por el propio tiempo, con los brazos abiertos, procurándole privilegios, gracias y auxilios especiales, recibí la docta empresa del *Viage pintoresco de la España*, que pareció mas adelante. Literatos y artistas distinguidos, españoles y franceses, se hicieron cargo de esta obra. Se buscaba por medio de ella, no tan solo ofrecer al mundo las antigüedades y los grandiosos mo-

---

(1) Esta empresa habia sufrido interrupciones, y aun se vió perseguida por el ministro Caballero. Este hombre tenebroso interpretaba siempre en contra del gobierno las inocentes alegorias filosóficas y morales que ofrecian las publicaciones de aquel género.

numentos que decoran y distinguen á la España, sino lo que era mas, hacer su historia mas comun y mas sensible, y que los Españoles la estudiasen por el sentido de la vista otro tanto y aun mejor que por los libros. Debia abrazar aquella empresa las cuatro grandes épocas de nuestra historia, bien glosada y explicada cada una de las láminas. Nada me parecia mas grande, ni mas propio para dar cima á mis designios, que excitar el espíritu de nacionalidad por cuantos medios fuese dable. No bastaba amar la patria por instinto; se necesitaba amarla bajo todos los respetos que ofrecian sus glorias y recuerdos, sepultados los mas de ellos en doloroso olvido. El pincel y el buril no habian dado en muchos siglos sino cuadros y estampas de santos, martirios y prodigios. Si estas obras alimentaban la fé cristiana de los pueblos, yo queria tambien se alimentase y roborase la fé ardiente de la patria. Las trompetas de Jericó no eran ya de nuestro tiempo, ni los reinos se mantenian y gobernaban con portentos.

Por aquel mismo año se vió tambien palpablemente el incremento que tomaban nuestras artes industriales. De Madrid y las provincias fueron presentadas al gobierno y á la sociedad matritense de Amigos del pais muchas obras distinguidas, de las que malamente y por cierto género de oprobio habian sido designadas tantos siglos, como obstáculo á la nobleza, con el nombre de *mecánicas*. Entre los que alcanzaron aquel año gracias del gobierno, y premios y coronas de la sociedad matritense, recordaré en este lugar á los ebanistas don Eusebio Vazquez y don Juan de Prado, al adornista don Baltasar Barcena, al maquinista Fau, al guarnicionero Oliver, al herrero Tornell, al fabricante en cobre de molduras, letras y figuras de relieve don Vicente Besó, al grabador en cristal, con oro, de paises, flores y retratos don Salvador Duchel, y otros muchos que admiraron la sociedad por sus obras al torno en metales y en maderas preciosas. Aquel año se establecieron nuevas escuelas de dibujo en las ciudades y las villas mas pobladas donde faltaba esta enseñanza. En donde no alcanzaban los fondos de los pueblos, las pagaba el gobierno.

En la parte científica eran mucho mayores los progresos que se hacian en España. La direccion de los trabajos hidrográficos dió una serie continuada de cartas esféricas en que se ocupaba con teson de real órden; coleccion preciosa por su exactitud y sus detalles, mas sonada aun entre los pueblos extrangeros que entre nosotros mismos, y buscada de todas partes. A estos trabajos importantes se añadieron lo que en el mismo género comenzó á dar á luz por aquel año nuestro malogrado Antillon (don Isidoro), honor de nuestra patria, uno de aquellos hombres (pocos en cada siglo) que abrazando toda la extension del árbol de las letras y las ciencias, llegan á comprender todas sus relaciones y á mirar facha á facha la verdad, no de perfil ó de soslayo como sucede de ordinario. Yo buscaba este hombre; yo le hallé, yo le traje, yo le mantuve en la enseñanza, lo cubrí con mi escudo contra la envidia y la ignorancia, y lo libré de la ojeriza del ministro Caballero. En verdad, no dirá nadie que yo lo protegí porque se hubiese grangeado mi amistad con la lisonja: no era Antillon un cortesano; su manera de agradecer consistia en sacrificar su tiempo y su salud á beneficio de la patria. Encargado que hubo sido á los varios profesores del real seminario de nobles de Madrid un curso completo de educacion que pudiese competir con los mejores de la Europa, Antillon fué el primero que en su especialidad de astrónomo y geógrafo, emprendió su Geografía y su excelente Atlas, lo mejor que poseemos de los tiempos modernos, propio nuestro, para este ramo de enseñanza. Como muestra se dió aquel año al público la carta del *Grande Océano*, á que despues siguieron en el mismo año, la del *Mar Atlántico*, y demas de esta, la del *Océano reunido*. A cada una de estas cartas se juntaba un análisis, y una demostracion de los principios, de las observaciones y los nuevos descubrimientos que servian de fundamento á aquel trabajo escrupuloso. ¡Cuántas ventajas ofrecia la conservacion de aquel hombre que á su amor al trabajo añadia tanta ciencia! Pero murió en un calabozo, á lo que tengo oido, pobre y miserable, lanzado allí en 1814 por los hombres que en Aranjuez y Valenzay se adquirieron el derecho de asolar la España y marcar con el sello de la ignominia y de la infamia cuanto en ciencias, en armas y en política mereció los galardones de la patria.

Los que han sobrevivido á aquellos tiempos podrán contar la emulacion con que todas las enseñanzas se disputaban el honor de formar grandes discípulos, y adelantar los ramos de sus encargos respectivos. Don Luis Proust y don Cristiano Herchen multiplicaban sus discípulos en química y mineralogia; de las provincias acudia un gran número á seguir estos estudios; don Pedro Gutierrez Bueno enseñaba la química con igual suceso en el colegio de San Cárlos; don Antonio Cabanilles competia con todos los maestros de aquel tiempo en el jardin botánico: los premios señalados por el rey para excitar la aplicacion de los alumnos no bastaron aquel año, y se necesitó añadir otros extraordinarios. Sobresalieron aquel año especialmente en estas varias enseñanzas don Andres Alcon, don Bernabé Salcedo, don Donato Garcia, Fr. Andres Pontide, religioso trinitario; don Juan Villarino, don Luis Maffei, don Manuel Leon, don Josef Palacian, etc. De estos hay alguno ó algunos todavía que regentan con honor y con fruto estos estudios importantes. En aquel año nos llegaron del Perú nuevas remesas que para aumento de la Flora peruviana y chilense nos remitió nuestro botánico don Juan Tafalla, mas de cien especies nuevas, aumento no tan solo para el lujo de la ciencia, sino tambien para la medicina, por las raras virtudes de algunas de las plantas, raices y cortezas que enviaban (1). Don Hipólito Ruiz y don Josef Pavon aumentaron su tercer tomo de la *Flora peruviana* con las varias descripciones de estas especies nuevas. Ademas de estos tres tomos, tenian ya publicado su *Prodromo ó Genera plantarum* y el primer volúmen del *Systema vegetabilium* de la misma *Flora*. Nadie ignora de que modo y con que aprecio eran buscados estos sabios y exactísimos trabajos de todas partes de la Europa.

Por temor de ser molesto, no me detendré á contar los progresos que se hacian en las varias escuelas matemáticas, hecha ya general en todo el reino la enseñanza de estas ciencias (2); ni las tareas brillantes con que se distinguia el real cuerpo de ingenieros cosmógrafos, ni la extension que recibieron los trabajos del Observatorio astronómico, ni la riqueza de los instrumentos que el gobierno le proveia sin perdonar ningun dispendio. Aquel año se pagó en Londres, por la suma de once mil libras esterlinas, un magnífico telescopio, trabajado para Madrid expresamente, bajo la direccion del señor Herschel.

Mientras tanto las imprentas trabajaban sin descanso en Madrid y en todo el reino. Ademas de los periódicos que se aumentaban con gran fruto y gozaban de bastante anchura, no es fácil numerar las varias obras, unas conti-

----

(1) Entre ellas la raiz del *Yalgoy* ó *Masca*, ó sea la *Monnina Polystachya*, reconocida como un remedio poderoso contra la disentería y otras varias enfermedades.

(2) Seria injusticia no citar aquí los discípulos con que enriqueció á la Galicia la escuela de matemáticas puras y mixtas, y la especial de hidrografía de la Coruña bajo su excelente director don Francisco Yebra. Entre los alumnos que sufrieron los últimos exámenes y salieron ya á maestros en 1802, se contaban en primera línea don Josef y don Pascual Villapol, don Josef Antelo, don Agustin Moyon, don Rafael Cobian, don Pedro Gomez y don Josef Ribaduya. El gabinete hidrográfico de aquel establecimiento se hallaba largamente surtido.

nuadas y otras emprendidas nuevamente, que ocupaban las prensas: me ceñiré á citar algunas para muestra.

En ciencias médicas y quirúrgicas, el doctor don Antonio Lavedan, socio de las reales academias de medicina de Madrid y de Sevilla, y director de la de cirugía en Valladolid, dió á luz su obra intitulada: *Tratado de las enfermedades epidémicas y contagiosas*, trabajo importante, que invadido nuestro pais por la fiebre amarilla, le invitó á emprender como un servicio especialísimo á la patria. Esta obra fué un extracto fiel y luminoso de los autores de mas nota, tales que *Sydenham, Chirac, Lind, Monró, Pringle, Strack, Clarke, Lucadon, Retz, Wright, Bancu, Martens, Chicoyneau, Papon*, etc. Se publicó en la imprenta real y se mandó vender por solo el costo que habia causado su impresion. Dos volúmenes en 4° que formó este tratado, equivalió á una biblioteca entera para el estudio de los médicos en toda la Península, que ni podian reunir tantos libros, ni conocian las lenguas en que cada uno estaba escrito.

Don Joaquin Serrano, secretario perpetuo de la Academia médica de Madrid, á las obras que habia dado en los años anteriores, añadió la traduccion de los *Elementos de medicina práctica* del consejero *Weikard*, con los comentarios de *Brera*, los opúsculos de *Roschlaub*, de *Malfati*, de *Kramer, May*, etc., junto todo con las glosas propias suyas.

Don Ramon Trujillo, nuevo discípulo del real colegio de San Cárlos, dió una traduccion con notas y adiciones del *Tratado de heridas de la cabeza*, por el célebre *Richter*.

El doctor Mitjavila seguia su larga empresa de los Opúsculos Brounianos y llegaba ya al duodécimo.

Don Diego Bances publicó en el mismo año su *Tratado de la vacuna*. Muchos otros opúsculos y memorias en favor de este feliz preservativo se escribian por todas partes en el reino: nadie ignoró en España cuanto protegí á los médicos que trabajaban para acreditar y extender aquel descubrimiento inestimable. En España se logró este bien aun mas pronto y con menos antagonistas que en la Francia.

En materia de economía y de comercio, don José Alonso Ortiz continuaba sus opúsculos y suplementos á la obra que tradujo del ingles Smith sobre la naturaleza y causas de la riqueza de las naciones.

Don José Cabredo dió la traduccion de la excelente obra de *Blainvilli, sobre teneduría de libros en partida doble.*

La marquesa de Fuerte Hijar publicó tambien su traduccion, que habia hecho del frances, sobre la *Vida, obras y proyectos económicos* del conde de Rumford. Esta obra la ofreció á la sociedad patriótica de Madrid. De escritos y memorias de esta especie seria largo y cansado citar cuanto escribian los miembros de estas sociedades en las principales ciudades de España, y las ideas y los principios luminosos que multiplicaban los diarios, con mas esta ventaja, que evitando las abstracciones con que tantos escritores han erizado la economía política, los que escribian entre nosotros acompañaban los principios y los esclarecian con sus aplicaciones á la práctica y á la especialidad de aquellos ramos en que debia versarse nuestro comercio y nuestra industria.

En materias varias, don Manuel María de Ascargota comenzó á dar su traduccion de la obra francesa de M. Dubroca, intitulada: *Conversaciones de un padre con sus hijos sobre la historia natural*, obra elemental preciosa.

Don Pedro Estala comenzó tambien á dar su excelente traduccion del Compendio de Buffon por Castel.

Herbás continuaba su *Catálogo ideológico* de las lenguas conocidas.

Las dos obras de Bielfeld, á pesar de mil intrigas suscitadas contra ellas, continuaban publicándose.

La traduccion de la *Historia del Bajo Imperio*, por

M. Le Beau, que se hallaba interrumpida por las mismas causas, volvió á continuarse.

Don José Cornide dió una nueva publicacion de la *Crónica de San Luis*, vuelta del frances en el siglo XVI por Santiago Ledel; ilustróla con un discurso preliminar, notas, apéndices, mapas del Bajo Egipto, etc.

Don Pedro Gutierrez Bueno siguió dando sus *Lecciones elementales de química* para el colegio de San Cárlos.

Don Francisco Roblejo publicó un escrito original sobre la influencia de las matemáticas en los ramos de la bella literatura. Esta obrita fué dedicada al ministro Ceballos.

Don Antonio Pellicer comenzó á publicar su traduccion de los Sermones de *Neuville*.

Don Juan Alvarez Guerra llegaba ya al tomo 13º de su excelente traduccion del Diccionario de agricultura del abate Rozier.

Don Nicasio Alvarez Cienfuegos daba sus poesías. El marques de Palacios, y don Teodoro de la Calle, continuaban sus esfuerzos y sus ensayos en el teatro trágico.

Don José de Camporaso llegaba ya al cuarto tomo de sus *Memorias políticas y militares* con que continuaba los Comentarios del marques de San Felipe.

En el mismo año comenzó á publicarse la importante obra intitulada: *El Censor en la historia de España.*

Una reunion de literatos comenzó á publicar en español la *Nueva coleccion de Filósofos antiguos moralistas*, vuelta del frances al castellano. En el fondo nada se ha dicho nuevo en nuestros tiempos en moral, ni aun en política. En un pais como la España donde la inquisicion reinaba todavía, convenia esta obra grandemente, porque daba menos alarmas y contenia en sustancia el fundamento de otros libros perseguidos ó mal vistos.

En materias religiosas y eclesiásticas no es fácil numerar la multitud de libros que se publicaban, muchos de ellos de gran fruto. Básteme nombrar por todas una sola obra; la

Historia eclesiástica ó Tratado de la Iglesia de Jesucristo, por don Felix Amat, que en 1802 habia llegado al tomo décimo.

He aquí en fin, para acabar, un pequeño catálogo de otros nombres que alegraban la España en aquel tiempo, parte de ellos de gente jóven que la llenaban de esperanza. Los escribiré sin preferencias como me van llegando á la memoria: don José Vasconi, don Serapio Sinues, don Lorenzo Normante, don Francisco Hano, don Luis Vado, don Diego Cosio y Teran, don Andres Crespo Cantolla, don Juan de Salas Calderon, don Rafael de Rodas, don Pedro Fuertes, don José y don Antonio Ojea, don Manuel Traveso, don Demetrio Ortiz, el marques de Valera, don José Ribero, don Gerónimo Arbizú, don Estévan Chaix, don Cristobal Tulens, don Ignacio Peirolon, don Nicolas Modena, don Tomas Martinez, autor de la Retórica para el uso del real seminario de nobles de Valencia; don Joaquin de la Croix, don José Inocencio del Llano, colegial mayor de Santa Catalina en Granada; don Tomas de Otero, don Pedro Pichó, don José Benito de Cistue, Fr. Lorenzo Feijóo, franciscano; Fr. Domingo Quiros, trinitario, don José Guzman, el basilio Garciperez de Vargas, don Francisco Martinez, catedrático de retórica en Granada, don Miguel José Frezneda, el conde del Aguila, don Joaquin del Cid Carrascal, don Joaquin Uriarte y Landa, don Justino Matute, don Sebastian Morera, don Alberto Lista, don Felix Reinoso; tantos otros que se escapan á mis gratísimos recuerdos. Víanse ya por aquel tiempo tres generaciones por lo menos de gente sabia y docta que criaban otra nueva: no cabian en mis mesas los discursos, las memorias, los tratados y los libros que me presentaban ó me traia cada correo. ¡Cuánto me hacia esperar esta riqueza de los hombres que se formaban, y de tantos como entraban, aun ya viejos, en el gusto y el cultivo de las ciencias positivas y aplicables á la resurreccion total de España!

Que de afanes y de contrallaciones y de apuros me debió costar proteger y sostener en todas partes este movimiento de las luces, fácil le será á cualquiera concebirlo. Don José Antonio Caballero que gozaba siempre con los reyes de una gran confianza, y que lograba que tuviesen por celo y por lealtad los embrollos y los chismes con que turbaba su reposo, me hacia la guerra sorda procurando ocasiones y buscando incidentes con que poder perder en el ánimo del rey aquellos mismos hombres, cuyos merecimientos en las letras y en las ciencias encontraban en mi apoyo sus medios de carrera y de fortuna. Esta lucha era continua y á veces dura y agria, de mi parte con franqueza y con orgullo, de la suya con asechanzas y perfidias. Me conviene responder aquí que es su propio lugar, á la invectiva que escribió contra mí, cuando en su carta, que he citado ya otras veces á don Juan Llorente, cuenta « que en Barce« lona, no pudiendo resistir á tantos males como ocasio« naba mi desmesurado favor, habia solicitado su retiro. » Caballero se abstuvo de decir qué males eran estos. Pudiera haberlo dicho francamente, y deber suyo era citar los hechos y ofrecer algunas pruebas; pero escribiendo en Francia se avergonzó tal vez de referir que aquellos grandes males eran el aliento que yo daba á los que promoviendo ó cultivando las enseñanzas nuevas que pedia nuestro siglo, nos ponian á la altura de las demas naciones que nos iban delante. Saber alguna cosa mas de lo que él habia aprendido, es decir una rancia filosofía de peripato, y otro poco mas de la instituta, lo miraba enteramente como la ocasion de ruina del estado; mal género de envidia que hace la guerra todavía á la buena enseñanza de los pueblos. He aquí pues un caso de los muchos que me ofreció en aquel viage de los reyes. Al pasar por Zaragoza, ciudad afortunada en aquel tiempo por el sabio gefe que tenia á su cabeza (1) y por la multitud de gente docta que

---

(1) El teniente general don Jorge Juan Guillelmi.

ilustraba aquella capital y á toda la provincia, una diputacion de la sociedad de Amigos del pais nos repartió algunas copias, me parece que manuscritas, de las memorias, y discursos por los cuales muchos alumnos de las enseñanzas que protegia aquel cuerpo, entre ellos los de la escuela de economía política, habian ganado premios dos ó tres semanas antes. Caballero, de su solo cabo, denunció á Cárlos IV como sediciosos estos escritos inocentes, alteró su real ánimo en medio de las fiestas, y uno ó dos dias mas que hubiese yo tardado en saber aquel ataque y acudir al reparo, muchos miembros de la sociedad, y los dignos maestros que formaron discípulos tan escogidos habrian sufrido cárceles ó destierros: ellos quizá no lo supieron, como tantos otros que antes y despues salvé yo de estos encuentros y persecuciones. De estos males hacia yo, al decir de Caballero, con mi favor desmesurado. En Barcelona, pueblo tambien de grandes luces, se ofrecieron varios casos de igual género. Contaré aun otro suceso doloroso y otro choque empeñado que en la misma ciudad se me ofreció con Caballero. Habia este aconsejado al rey jubilar algunos magistrados que por su edad y sus achaques se hallaban mas ó menos impedidos de servir sus plazas. El rey convino en ello, y Caballero aprovechando la ocasion y pintando á Su Magestad con colores exagerados la lentitud y la pereza de algunos tribunales en el despacho de los pleitos, le arrancó el real decreto de 4 de agosto para proceder en todas partes donde se estimase convenir á una reforma de individuos. La intencion de aquel hombre, sin consultar con el consejo ni con nadie para la expedicion de aquel decreto, no era otra, sino vengarse de algunos magistrados que hacian cara á las usurpaciones del poder que pretendia ejercer sobre todos los tribunales, y lo que es mas aun, deshacerse de algunos que le inspiraban gran temor de que pudiesen reemplazarle mas ó menos tarde en su destino. ¡Sobre quién cayó la primer ira del ministro

Caballero! De entre los ministros jubilados del consejo real, los primeros que recibieron este golpe fueron los camaristas don Juan Mariño de la Barrera, y don Benito Ramon de Hermida, los mismos que algun dia los habia yo pintado al rey como dignos de ocupar alguna silla de ministros sin exceptuar la de estado. De estas escandalosas tropelías hablé yo al rey, sin ninguna contemplacion, contra el ministro Caballero. Este ofreció su dimision, mas tanto el rey como la reina se opusieron á su retiro. ¡Ojalá que en aquellas circunstancias hubiese yo podido retirarme de la real comitiva de las bodas y de todo encargo sin afligir á Cárlos IV! No eran al fin de mi incumbencia los asuntos de los tribunales : el rey le daba fé sobre aquellos negocios, y el mal se quedó hecho.

CAPITULO XIV.

De las cuestiones suscitadas entre Francia y la Inglaterra sobre el cumplimiento del tratado de Amiens. — Dificultades de mi situacion en lo interior y lo exterior con respecto á los negocios del estado. — Política seguida por nuestro gabinete. — Ruptura de la paz entre Inglaterra y Francia. — Neutralidad de España. — Esfuerzos y sacrificios que fueron hechos para establecerla.

¿Fué sincera la paz de Amiens entre la Francia y la Inglaterra? Pocos lo han creido. Unos han acusado á la Inglaterra de doblez y perfidia; otros á la Francia: muchos á la una y á la otra. Yo, á mi modo de entender, tuve por cosa cierta que de una y otra parte se queria la paz de buena gana, salvo á cada una el pensamiento de su propia conveniencia y el deseo natural de asegurar sus intereses, como cada cual se proponia; á saber, la Inglaterra, por la conservacion tranquila, sin ningun desmedro, de su poder marítimo y de un influjo razonable en los negocios de la Europa; Bonaparte, por el goce igual con la nacion británica del comercio y de los mares, sin renunciar por esto á la supremacía del continente. La Inglaterra, sola cual se habia quedado en la palestra cara á cara con la Francia, agobiada bajo el peso enorme de su deuda, escasa de recursos, escarmentada poco antes por la coalicion marítima del norte que á tan duras penas logró se deshiciese, amenazada en sus hogares, mal segura de la Irlanda, y en presencia de un partido popular que clamaba por la paz de un modo temeroso, no pudo menos de abrazarla como el solo medio cierto de apartar tantos males y peligros. Si la quiso de veras, dijéronlo sus sacrificios, pues sin ceder la Francia parte alguna de las grandes adquisiciones que habia hecho, consintió la Inglaterra en renunciar y devolver la mayor parte de las suyas. No mostró tampoco oposicion á las expediciones de la Francia en las Antillas, aun pendientes las paces; ni retrocedió tampoco, cuando al tiempo de firmarlas sabia ya que la Francia habia adquirido nuevamente las regiones del Misisipi y el Misouri. Se vió tambien que en su principio, lejos de contrariar el logro de la Francia en la horrorosa lid en que se vió empeñada con los negros, le dió favor y ayuda concediéndole en la Jamaica una asistencia franca para sus provisiones y surtidos. Tal conducta probó que fué sincero de la parte de la Inglaterra el deseo de hacer la paz y mantenerla, superando este deseo los recelos y temores que infundia la ambicion de Bonaparte.

Por lo respectivo á la Francia, esta nacion magnánima, fácil de contentarse cuando la tratan dignamente, puesto fin á tantas guerras interiores y exteriores que la habian trabajado tan furiosamente, ninguna cosa habria querido tanto como afirmar aquellas paces, tales como despues ha sido dable asegurarlas, cual las tiene hoy sentadas, sin aspirar á mas dominio ni grandeza de la que había adquirido sobre el continente, junto despues á esto el goce libre de los mares. Bonaparte lo sabia bien, y la paz no era tan solo una necesidad para la Francia, sino tambien, y aun mas grande, para él mismo, que aspiraba por gage de ella á hacer mas popular su gloria y procurarse la diadema. Bonaparte quiso pues esta paz, mas desgraciadamente se engañó de medio á medio en el modo de entenderla: se engañó en creer que la Inglaterra se encontraba muy por bajo del nivel de la Francia; se engañó en creer que su gran poderío en el continente de la Europa no podia balancearse por la rivalidad de aquella gran potencia; se engañó en creer que no se atreveria ya mas, estando sola, á intentar nuevas guerras; que en una extremidad era una empresa fácil y asequible invadir aquel reino y conquistarlo; que no era menos fácil cerrar el continente á su comercio, y que en situacion tan peligrosa para ella, la Inglaterra hacia la paz sin poder dejar de hacerla y se rendia á las circunstancias. Bajo tamañas ilusiones figuróse que aquella paz habria de ser un paso cierto que le haria reunir al cetro ansiado de la Europa el tridente codicioso de los mares.

El señor Barbé-Marbois ha dicho con razon, *que si bien Bonaparte ha debido ser contado como el primero entre los hombres célebres, se podrá dudar no obstante si le contarán los venideros entre los grandes hombres* (1). Su mayor falta fué vivir en política apasionadamente, derecho siempre al blanco de un poder colosal indefinido, mas sin calcular los medios ni los tiempos, sin tener fé en su edad temprana, sin paciencia de los sucesos, siempre de prisa y de carrera en su camino, no haciendo nunca alto, comprometiendo á cada instante su fortuna y su crédito, no dando nada á la prudencia, sin constarse á sí mismo, sin saber

---

(1) Histoire de la Louisiane, première partie, page 182.

ahorrar para mañana, siempre al parecer mintiendo y engañando, no que siempre mintiese y engañase, pero dándole este aire la veleidad y la premura de su natural inquieto é impaciente. El mismo que en mayo de 1802, dando cuenta de la paz de Amiens á los grandes cuerpos del estado, concluia de esta suerte: « De hoy ya mas pa-
« sará la Francia muchos años sin victorias, sin triunfos
« y sin aquellas grandes negociaciones de que pende la
« suerte de los pueblos. La existencia de los estados, y
« mas que todo la existencia de la república, deberá se-
« ñalarse por otra suerte de ventajas que hagan olvidar
« las desgracias de la guerra; » aquel mismo que pocos dias despues, cuando le presentó el senado su decreto prorogándole por diez años sobre los diez de su eleccion, la dignidad suprema, habia dicho de esta suerte: « La for-
« tuna es inconstante: muchos que habia colmado de fa-
« vores han vivido de mas algunos años: interes era de
« mi gloria, proclamada ya la paz del mundo, poner tér-
« mino á mi carrera; » el mismo en fin, que desdeñó aceptar aquel decreto sin que el pueblo lo confirmase; pocos meses mas adelante, recibiendo el poder que los sufragios de la Francia le habian dado de por vida, allí mismo, en aquel acto, sin temer contradecirse, distante ya cielo y tierra de sus principios enunciados pocos meses antes, como un hombre embriagado ó delirante, dijo entre otras cosas de este modo: « El pueblo frances desea que le con-
« sagre mi vida toda entera... obedezco á su voluntad.
« El mejor de los pueblos será el mas feliz, como merece
« serlo, y su felicidad contribuirá á la de toda la Europa.
« *Satisfecho yo entonces de* HABER SIDO LLAMADO POR ÓRDEN
« DE AQUEL DE QUIEN TODO DIMANA PARA TRAER NUEVA-
« MENTE A LA TIERRA LA JUSTICIA, EL ÓRDEN Y LA IGUAL-
« DAD, *oiré dar mi última hora sin pena... y sin inquietud*
« *cuanto al juicio que de mis obras hubieren de formar las*
« *generaciones venideras*, etc. »

He aquí, pues, de que manera fué sincero el voto de la paz cuanto al gefe de la Francia, bien distinto del de este pueblo generoso que le entregó sus libertades para gozar bajo su mando de la paz gloriosa que le habia costado tanta sangre, y trabajos tan heróicos. Semejantes bocanadas y jactancias de misionero y dictador de la justicia entre los pueblos de la tierra, extrañas y risibles aun salidas de la boca de un sofí de Persia, pronunciadas como habian sido en medio de la Europa, y lo que es mas en medio de la Francia al comenzar el siglo diez y nueve, descubrian á las claras el fanatismo del poder que habia hecho presa de su espíritu y preparaba á las naciones otras cruzadas nuevas mucho mas desastrosas que las que habia intentado, hacia diez años, el fanatismo demagógico. No faltó, en verdad, quien se alegrase al oir proclamar de la boca de Bonaparte, del gran hijo de la república francesa, el poder de lo alto por derecho divino. « Triste alegría, dije yo al rey; ¡ahora son ya de cierto los peligros, ahora las grandes plagas de la Europa!»

Las acciones de gracias y los cantos de alegría resonaban todavía en los pueblos cuando se mostraban ya en el cielo de la Europa las fatales telarañas que indicaban tempestades nuevas: los dias claros y serenos de un sol puro que fundaron la esperanza de una paz durable, fueron pocos. Mientras resignada ya á sufrir la preponderancia inmensa que la Francia habia adquirido por sus triunfos en el continente, y llevando en paciencia la reunion de la Italia y de la Francia bajo una misma mano poderosa, cumplia sus pactos la Inglaterra, y paso á paso devolvia sus conquistas, Bonaparte hacia agregar á sus adquisiciones anteriores, como departamentos de la Francia, la isla de Elba y el Piamonte, invadia la Suiza y la obligaba por las armas á recibir sus leyes, oprimia la Holanda con sus tropas, ocupaba sus puertos, disponia de sus fuerzas, hacia otro tanto en la Liguria, y á la Inglaterra misma se atrevia á exigirle moderar las leyes de la imprenta, y arrojar de su suelo todos los extrangeros que él le designaba como enemigos de la Francia. La guerra de tribuna y de papeles comenzó la tormenta (1): la Inglaterra hizo alto. No le quedaba por volver sino á Malta; sabia el ansia de Bonaparte de reinar él solo en el Mediterráneo, y temia con razon sus propósitos, aun vivos, acerca del Egipto y de la India. La infeliz Suiza, al mismo tiempo oprimida y desarmada, habia pedido á la Inglaterra que mediase en favor suyo. Bonaparte se negó á admitir la mediacion de esta potencia, y á tratar con ella de este ó de otro objeto que no fuese relativo á los conciertos literales de la paz de Amiens. Desatendida la Inglaterra, se aumentaban las

---

(1) He aquí una muestra de este género de hostilidades en el siguiente artículo del Monitor de 6 de noviembre de 1802. « ¿ Cuál será
« la causa del interes que la faccion enemiga de la Europa manifiesta
« en favor de los insurgentes suizos? Fácilmente se echa de ver que
« desearia convertir la Suiza en un nuevo Jersey para formar en ella
« nuevas tramas, pagar traidores, propagar libelos, dar acogida á
« todos los delincuentes y á todos los enemigos de la Francia, y hacer
« en fin por el lado de levante lo que ha hecho constantemente por po-
« niente aprovechándose de la situacion de Jersey... ¿ Cuál es el in-
« teres de la Francia? El no tener sino buenos vecinos y amigos se-
« guros. Por el mediodia el rey de España, *aliado de la Francia por*
« *inclinacion y por interes*; y la república italiana y la Liguria que
» *siguen su sistema federativo*. Al norte y al este, la Holanda, el rey de
« Prusia, el duque de Baviera, el príncipe de Baden, y la Suiza. La
« faccion enemiga de la Europa, que anhela á conmover el continente,
« no hallará en estos estados ni cómplices ni tolerancia; y sin embargo
« estos agitadores no duermen ni descansan. Han querido probar sus
« fuerzas y recursos en Génova, en Suiza y en Holanda. Cuando sus
« tramas comenzaban ya en Suiza á producir algun efecto, el mani-
« fiesto del primer cónsul de 30 de setiembre lo volvió todo á su
« estado natural... Este es el resultado de diez años de triunfos, de
« riesgos, de trabajos y de inmensos sacrificios. La paz de Luneville,
« los preliminares de Londres y la paz de Amiens, en vez de hacer
« mudanza en este resultado, han servido para consolidarle. ¿ Mas

pretensiones, la querella se encrudecia, y la guerra era infalible.

Yo ví venir aquella guerra, doblemente afligido por los males que á España y á la Europa toda no podria dejar de acarrear la nueva coalicion y la tenaz contienda de aquellas dos potencias, y por la posicion dificultosa en que me hallaba en tales circunstancias. Al decir y al creer de todo el mundo, yo tenia las riendas del estado y era dueño absoluto de dirigir la marcha como mejor me pareciera. ¿Me quejaré de esta creencia? ¿diré que no era fácil engañarse? Distinguido siempre por el rey con las mayores muestras de su amistad y confianza, no permitiendo Cárlos IV que se diese

« porqué intentar ahora lo que hasta aquí no ha podido lograrse ?
« ¿ Creen acaso que nos hemos vuelto cobardes ? ¿ Nos creen menos
« fuertes de lo que hemos sido siempre ? *Mas fácil será que las olas*
« *del océano arranquen el peñasco que hace cuarenta siglos des-*
« *precia su furor*, que el que la faccion enemiga de la Europa y de
« los hombres vuelva á encender la guerra y sus furores en el seno del
« Occidente ; menos aun que se turbe ni un instante el astro de la
« Francia. »

El tono de los diarios ingleses no era menos fuerte ; algunos de ellos atacaron al mismo primer cónsul con ironías amargas. Este quiso exigir la represion : el gobierno ingles sujetó á los tribunales los agravios de que Bonaparte se quejaba, y este modo de proceder, bien que fuese el solo permitido por las leyes inglesas, irritó su amor propio. Los papeles franceses atacaron entonces á su vez á la casa reinante de Inglaterra, y Bonaparte mismo no se *abstuvo* de intentar humillar á esta potencia en sus mensages á los cuerpos del estado. Mas tarde aun fué mas lejos, y de un modo desacostumbrado en la política y finura de las cortes de la Europa, trató mal en plena corte al embajador de Inglaterra.

En este lugar rogaré á mis lectores, que en el artículo del Monitor que he citado, noten bien que al hablarse en él de los aliados de la Francia, se tuvo buen cuidado de distinguir nuestra alianza como hija solamente de *inclinacion é interes nuestro*, mientras se hablaba de otros pueblos aliados *por sistema federativo*. Este respeto hácia nosotros fué mantenido siempre mientras Cárlos IV tuvo el cetro.

ningun paso en los negocios exteriores sin mi acuerdo, tratando y figurando de su órden con los ministros extrangeros; consultado tambien y oido muchas veces con suceso en los asuntos interiores, puesto en fin á la cabeza del ejército y la armada, y encargado de su arreglo y sus mejoras, fácil era juzgar que yo era todo en el gobierno y que el poder se hallaba concentrado entre mis manos. Mas no era asi en verdad; nada se despachaba, ni aun los mismos asuntos de las reformas militares, que no fuese por el órden y las vias ordinarias de los respectivos ministerios: Cárlos IV preguntaba y escuchaba siempre á todos sus ministros, ningun asunto era tratado ó decidido á excusas de ellos, y si bien el rey deferia á mi parecer con mas frecuencia en los negocios de política, digan cuanto quisieren sus contrarios, jamas cerró sus ojos ni aun conmigo, ni hizo nunca de habitud ó á ciegas lo que yo le aconsejaba: lejos de ser asi, como se verá muchas veces todavía, siguió consejos en asuntos los mas graves, harto diferentes de los mios. He dicho ya otra vez que Cárlos IV designaba su voluntad y asentaba la base de conducta que queria se siguiese: no era amigo de trabajar en los detalles, pero aun estos queria saberlos y se imponia de todo para dar su beneplácito. Cumplir su voluntad cuanto estuvo en mi mano, decirle la verdad, exponerle mi parecer, y llevar adelante sus deseos, justos siempre, sensatos y favorables á sus pueblos, si bien á veces muy difíciles para ser ejecutados, me adquirió su confianza, tanto mayor por aquel tiempo, cuanto visto el resultado en todas partes de los sucesos de diez años, se encontró el mas bien servido y el mejor librado entre todos los reyes de la Europa. En las nuevas vicisitudes que le amenazaban, si estallaba otra vez la guerra entre la Francia y la nacion británica, era natural que confiase en mi lealtad y en mi desvelo por servirle con acierto: de mi lealtad no dudó nunca; mas temia algunas veces si yo podria engañarme; y temiendo yo tambien si me engañaba, mas de una vez cedió, y cedí yo tambien, al parecer ageno. Por desgracia mia, en esta nueva época, se encontraba en desuso el llevar los negocios, á tratarlos y discutirlos, al consejo de estado que siendo yo ministro tuve en vigor perenne todo el tiempo que llevé en mis manos las riendas del estado. ¿Quién lo podria creer que en los tres años de Saavedra y Urquijo se perdió otra vez esta costumbre como en los postreros años que gobernó Floridablanca? Ellos y mas que todos Caballero, persuadieron al rey contra la discusion de los negocios entre muchos, poniendo por delante la necesidad del secreto en los negocios de política, y el peligro de los partidos que producen de ordinario las disputas. Yo no fui dueño, por mas que lo propuse con ahinco, de renovar estas sesiones importantes donde á la luz que derramaban los diferentes pareceres, no tan solo era mas fácil el acierto, sino que obrando con arreglo al dictámen del mayor número, lo que quiera que se adoptase ponia al abrigo de cualquier censura injusta á los agentes del gobierno. ¡Dura situacion la mia, que sin ser libre de modo alguno para esquivar la carga tan penosa que Cárlos IV me imponia, casi solo para llevarla; ora mas, ora menos por lo tocante al mando, que un ministro, con un poder de mera confianza que *yo mismo* no sabria definirlo, parecia ser el árbitro de los negocios del estado, y el solo responsable de todos los sucesos delante de la España y de la Europa!

No era mas feliz mi posicion cuanto á tener seguras mis espaldas de maquinaciones enemigas. Comenzaba ya entonces á tomar figura el cruel partido que debia perder á España. A las ruines instigaciones con que el canónigo Escoiquiz habia excitado ya de antiguo en contra mia al príncipe de Asturias, se juntó que este príncipe supiese el consejo que yo habia dado á Cárlos IV de diferir su matrimonio. ¿Quién le sopló esta especie? Cárlos IV y María

Luisa no fueron imprudentes; pero el rey se lo habia dicho á Caballero pidiéndole consejo. La princesa de Asturias no era menos en contra mia, ni por cierto necesitaba haber sabido tal especie para verme con malos ojos. La reina de Nápoles su madre, ardiendo siempre en odio de la Francia, y creyéndome á mí un amigo decidido de la paz con la república, lo primero que le encargó fué que estudiase y viese el modo de minar mi influencia y destruirla: hija mas obediente no nació jamas de madre.

Tanto como es dificil en los gobiernos absolutos levantarse un partido poderoso y enemigo sin tener quien lo sostenga en las regiones altas de la corte, tan fácil le es formarse si se recluta bajo nombres y banderas que prometan la impunidad y ofrezcan visos de un buen éxito. El canónigo Escoiquiz, mal hallado en Toledo y en la paz de su coro, soñando siempre sus grandezas en el reinado venidero, y pidiéndole á la fortuna por cualquier modo que esto fuese, la pronta ocupacion del trono por su augusto discípulo, vino á visitar y á ofrecer sus parabienes á los nuevos esposos, halló sus corazones bien dispuestos para la guerra que él ansiaba en el palacio, se afirmó en su esperanza, trazó las líneas del ataque, juntó amigos que le ayudaran, pocos en verdad, sin ningunos talentos, sin ningunas virtudes, sin ningun crédito en la corte (1),

---

(1) Basta nombrar los campeones alistados por Escoiquiz, para juzgar que no es pasion sino justicia calificarlos de este modo. Visto ha sido el desdichado papel que han representado en los sucesos de la España un duque del Infantado, un conde de Teba, despues conde de Montijo, un Villariezo, un duque de San Cárlos, y otros hombres de la misma faccion, de puro oscuros ya olvidados. Entre tantas personas de ilustracion que figuraban en la corte, no se vió ni una sola que se arrimase á este partido. ¿Se dirá que tantos individuos eminentes estaban corrompidos, ó que todos eran ciegos excepto aquellos hombres de la nada enganchados por Escoiquiz?

III.

pero propios para servir sus inicuas intenciones, y formó el cuadro de un partido, no diré contra mí, que esto era poco y sucede todos los dias en cualquier parte, mas tambien, que si era mucho y era horrible, contra el augusto anciano su señor y su rey que le habia hecho su fortuna, que lo habia colmado de favores, que habia olvidado sus intrigas y le tenia en memoria para darle, andando el tiempo, alguna mitra. Si la implacable enemistad que él me tenia se la hubiera yo correspondido, nada habria sido para mí tan fácil, sin hacerle mal alguno, como haber puesto entre los dos mar y tierra de por medio alcanzándole una mitra en cualquier parage de la América; pero no quise nunca contrariarlo ni vengarme: yo le tenia en Toledo por dichoso. ¡Oh! en política el que manda debe ser sin duda alguna equitativo y justo aun con sus enemigos; pero generoso nunca con los díscolos y aviesos, porque tal suerte de contrarios rara vez ó nunca se desnudan de su carácter. ¡Qué de males se hubieran atajado quitándole de España honrosamente!

Aunque ignorante yo por aquel tiempo de los nuevos manejos del canónigo (que él se guardaba bien de hacerse sospechoso, y concertada desde entonces su correspondencia clandestina con el príncipe, se abstenia con cuidado de frecuentar la corte), me bastaba á mí saber y conocer por repetidas muestras, que me hallaba muy mal querido del príncipe de Asturias y de su real esposa, para presentir muchos males y desmayar mi ánimo. Sin explicar este motivo, no una vez sola sino muchas, pedí al rey con instancias vivas mi retiro á Granada en una de mis propiedades: no me fué dado conseguirlo. Cárlos IV, en medio de esto, aun callando yo y disimulando mis pesares, no dejó de descubrir y conocer el nuevo gérmen de discordia que habia entrado en el palacio por el matrimonio que ansió tanto de su hijo: fatal desgracia, que allí precisamente donde el rey pensó encontrar un medio de estrechar sus relaciones con la casa de Nápoles, y conformar con su política la marcha tanto tiempo incierta y peligrosa del gabinete siciliano, allí mismo se aumentó el mal, porque antes de las bodas, al menos no habia nada que turbase la nuestra ni que comprometiese el aula regia. Nuestra infanta doña María Isabel, casi niña todavía, aun no cumplidos sus catorce años, ninguna cosa podia en Nápoles para influir en los negocios; mientras al contrario la princesa doña María Antonia, en una edad aventajada (1), fiera de condicion, viva de ingenio, con un carácter dominante y con la escuela y las inspiraciones de su madre, vino á aumentar nuestros cuidados y peligros tomando parte en la política. Atendida la edad del príncipe, y mirada tambien la conveniencia de halagar su amor propio, porfiaba yo con su buen padre porque consintiese ya á llamarle y darle entrada en los negocios del despacho. El sí estaba ya obtenido, cuando una carta poco precavida de su hermano el rey de Nápoles, dejó ver á Cárlos IV que la princesa real se ingeria en la política y podria comprometer al gabinete en la funesta crisis que debia traer la próxima ruptura de la Inglaterra y de la Francia. En verdad no era dable prometerse la reserva y la discrecion del príncipe de Asturias con respecto á su esposa: la queria y la adoraba con todos sus sentidos, y ella lo dominaba enteramente. Cárlos IV retractó la voluntad de llamar á su hijo á tomar parte y á instruirse en los negocios del estado en tales circunstancias: amaba mas sus pueblos que su propia sangre. Mis enemigos ignorando ó fingiendo ignorar lo que pasaba adentro, todos me han acusado de que yo estorbaba que tuviese el príncipe la confianza de su padre; yo no podia indicar á

---

(1) Tenia ya diez y ocho años cumplidos, la misma edad del príncipe de Asturias con diferencia de dos meses.

nadie estos motivos: mis lectores verán si Cárlos IV se fundaba justamente para guardar esta reserva con su hijo: una especie cualquiera bien ó mal entendida que llegase á traspirar de los secretos del estado, en tal época tan expuesta y tan difícil que iba á abrirse en la Europa, podia perder todas las cosas. ¡Cuánto por mi propia paz y por ganarme el corazon del príncipe, que era un interes mio de grande monta, hubiera yo querido lo contrario! ¡Cuánto fué fácil á mis enemigos encontrar allí un pretexto para persuadirle que yo queria humillarlo, y que era yo la causa de que el rey le tuviese desviado de los negocios del gobierno! ¡Qué no podia esta idea en el ánimo del príncipe á quien el ansia de asociarse al mando le fué inspirada aun siendo casi niño por Escoiquiz; en quien entonces ya, en aquella misma actualidad, comenzaba á excitarse el deseo precoz de la corona que tan funesto fué á la España!

Con tan tristes agüeros á la parte de adentro, para mayor angustia via venir los horizontes cada vez mas cargados por la parte de afuera. El gabinete de la Francia, si llegaba á romper con la Inglaterra, no podia menos de ofrecernos compromisos y embarazos los mas graves; nuestra posicion respecto de él empezaba á variarse. Bonaparte que hasta aquel tiempo se habia mostrado siempre comedido y complaciente con nosotros hasta el extremo casi de adularnos, celebradas las bodas de los príncipes de España y Nápoles, tomó un carácter nuevo de sequedad y aun de desvío con nuestra corte. Al modesto y juicioso embajador M. Gouvion Saint-Cyr, de quien mas que de otro alguno recibió Cárlos IV demostraciones nobles y sinceras de un alto miramiento y de un respeto afectuoso, hizo Bonaparte suceder al intrépido y bronco Beurnonville, militar desgarrado, libre y resuelto en sus razones y propósitos, hombre de conciencia ancha, sin principios bien fijados en política, acomodable á todos los sistemas, ora al parecer realista, ora republicano, servidor votado siempre al que mandaba, é instrumento ya probado anteriormente por el primer cónsul para cumplir sus instrucciones á derecho y á siniestro. Con este nuevo hombre, que mudaba la escena nuevamente, tuve que verme cara á cara.

Uno de los encargos que le dió Bonaparte fué de ganarme á su política, ó trabajar en mi caida. El mismo Beurnonville, á pocos dias de su llegada, me lo dijo asi francamente creyéndome ambicioso. Yo tomé el mismo tono de franqueza, y de una vez le respondí de esta manera: « Mi política es esta y lo será hasta el fin en mis
« consejos al monarca: España siempre la primera: con
« ella y despues de ella la segunda la Francia mientras
« sea nuestra aliada y quiera serlo dignamente: en polí-
« tica, si se habla la verdad como yo acostumbro ha-
« blarla, no sirven cumplimientos. Cuanto á mi caida,
« diré á V. con la misma ingenuidad que me hará un
« grande bien en procurármela. » El arrogante embajador, lejos de incomodarse, se pagó de esta respuesta, y si bien los empeños y altercados que ofreció aquella época fueron graves y penosos con extremo, puedo no obstante asegurar que todo el largo tiempo que residió en Madrid vivimos tan amigos como es posible serlo en diplomacia y permitian las circunstancias. No pudiendo prescindir de sus encargos é instrucciones en contra de las cuales declamaba él mismo con frecuencia, se podria en verdad haber tenido por una estratagema aquella especie de amistad ó de franqueza que tenia conmigo. Darme la razon y combatir no obstante en contra de ella, era casi siempre el arte ó la manera que tenia de tratar los negocios y pretender sacar partido. ¡Fuerte situacion la mia, el timon siempre armado contra los dos escollos de Scylla y de Caríbdis, que tal eran entonces otra vez, como antes lo habian sido, la Francia y la Inglaterra! La

posteridad hará la parte de justicia que es debida al que en tales circunstancias debia llevar la proa sin estrellarla, hirviendo el golfo de la una y la otra parte y tronando los cielos de ambos lados!

La primera demanda séria con que se estrenó Beurnonville de la parte del primer cónsul, fué la pretension de unirnos á las reclamaciones de la Francia sobre Malta, alegando á este fin que España juntamente con Francia y con la Holanda concurrió á la paz de Amiens, y que era honor y deber suyo concurrir tambien á sostener aquel tratado.

Cárlos IV desde un principio, cuanto vió que empezaba á alterarse la buena inteligencia entre las dos rivales, me designó su voluntad, como tenia de uso, de esta suerte: « La paz para mis pueblos: no quebrar con la « Francia, ni romper con la Inglaterra. » El rey tenia razon; nuestra neutralidad era el único partido favorable que podia convenirnos en la nueva lid inminente de aquellas dos potencias. Probar de nuevo á conseguirlo, por mas que hablasen en contrario tantas experiencias hechas, fué para mí un deber sagrado. Fuerza fué resistir la pretension del primer cónsul. Beurnonville altercaba y arguia sobre el honor de España que sufria igual desaire al de la Francia, quedando por cumplirse un artículo esencial de aquel tratado en que eramos nosotros solidarios con la Francia y con la Holanda.

En esto habia un sofisma manifiesto. El tratado contenia intereses generales é intereses especiales para las tres potencias; los unos y los otros se debian sostener de mancomun mientras ninguna de ellas ofreciese motivos justos por su parte para que la Inglaterra, que tambien tenia intereses propios, se negase á consumar sus pactos; mas si entre alguna de ellas y entre la Inglaterra se suscitaban diferencias sobre otros hechos nuevos no consentidos ni previstos por la letra del tratado, y estos hechos no eran comunes ni de mutuo acuerdo entre las demas potencias contratantes, los altercados nuevos pertenecian tan solo á aquella que dió lugar á ellos, si la Inglaterra se fundaba justamente. ¿Hubo estos hechos nuevos de parte de la Francia? ¿Tenia motivo de alarmarse y de quejarse la Inglaterra? La Francia habia aumentado sus dominios en el continente y en el Mediterráneo despues de hechas las paces, y oprimia ademas con sus armas dos potencias de un gran peso en la balanza de la Europa. La Inglaterra tenia un derecho incontestable á una de estas dos cosas, ó á pedirle cuenta de aquellas novedades y de aquella persistencia en aumentar su poderío, ó á exigir de la Francia (cosa en verdad injusta, pero usada con frecuencia) compensaciones nuevas con que balancear de parte suya los aumentos nuevos de la Francia. En el derecho de la Europa, de largo tiempo ya ejercido y mantenido en ella, las adquisiciones nuevas que se hacian, aun por caso de herencia, producian reclamaciones y costaban guerras, ó se hacia necesario recurrir á transacciones con las potencias disidentes. El tratado de Luneville, el de Amiens, y los demas que fueron celebrados en la misma época con diversas potencias reconocian las cosas tal como se hallaban ó habian sido convenidas al tiempo de firmarse; las adquisiciones de Inglaterra en las Indias orientales de que tanto ruido hacia el primer cónsul, y las adquisiciones de la Francia sobre el suelo de la Europa, recibian igual firmeza : lo que no era explícito era implícito y se daba ó se tenia por hecho y consumado. La cuestion única, la cuestion emergente no era sino esta : posteriormente á los tratados, de su propio albedrío, sin dar razon á nadie, sin transacciones nuevas con la Europa, la Francia ha acrecentado sus dominios, ha subyugado la Suiza y domina en la Holanda ocupando sus puertos y disponiendo de sus fuerzas. La Inglaterra, al contrario, devueltas casi todas las conquistas que estipuló en Amiens restituir á sus antiguos dueños, no ha adquirido nada nuevo. ¿De qué parte venia la alteracion en el estado de las cosas que fijaron las paces generales? La cuestion pues con la Inglaterra no era española ni holandesa, sino francesa solamente.

Yo hice estas reflexiones y otras muchas al embajador frances, que él mismo hallaba justas. «¿Pero qué haria V., « me replicó, si se encontrase de esta vez en el lugar del « primer cónsul?» — « No me toca á mí, le respondí, se-
« ñalar la línea de conducta que podria realzar su gloria
« y afirmarla; mas pues V. me excita á ello, le diré
« como obraria en tales circunstancias. Lo que al fin está
« ya hecho trataria de mantenerlo, pero empleando los
« recursos de una sabia política y evitando las armas.
« Puesto que el continente está acallado, nada mas impor-
« tante que acallar á la Inglaterra é impedir que promueva
« nuevos ruidos en Europa. ¿No es primero consolidar lo
« que ahora existe, tan próspero, tan grande, tan difícil
« de creerlo y hasta de imaginarlo si no se viera hecho,
« que ponerlo en cuestion por una nueva lucha, que si llega
« á encenderse, no hay prevision humana que alcance á ver
« el término? La nacion francesa agrandada hoy dia con un
« gran número de pueblos avenidos bien con ella, fuerte
« por las simpatías de todos ellos con que esta union ha
« sido hecha, compacta, llena, rebosando de gente culta
« y gananciosa, nada de heterogéneo ni de bárbaro como
« en otros imperios, de una misma lengua, de unos mis-
« mos principios, de unas mismas costumbres, dominando
« en la Italia, rodeada de amigos y aliados... sí, la na-
« cion francesa es hoy dia, á todas luces, la nacion
« mejor acomodada que existe sobre el globo. Junto á
« esto ¡qué poder, qué prosperidad y qué grandeza no la
« esperan allende de los mares, vuelta á la posesion de sus
« colonias, cerca de tornar á ser señora de una region in-
« mensa en la América del Norte, y de otra no pequeña ni

« menos provechosa en la del mediodia (1), poseedora de los
« dos rios mas caudalosos, mas navegables y mas propios
« al gran comercio, el Misisipí allí y aquí las Amazonas!
« Cuando despues de todo, agotados los recursos del
« arte diplomática, se hubiese de dejar esa roca de Malta
« en poder de los Ingleses, ¿vale Malta este poder y esta
« riqueza á la otra parte de los mares, que será perdida,
« y quizá para siempre? ¿Necesita la Francia disfrutar
« mas puertos en el Mediterráneo, donde lo que no es
« suyo pertenece en gran parte á sus amigos y aliados?
« ¿No podrá pasar la Francia sin tener el Egipto y disputar
« á la Inglaterra sus adquisiciones orientales? ¿No deberá
« adquirir un contrapeso sobre el comercio ingles por la po-
« sesion y el goce de la Luisiana, con tan buenos vecinos,
« tan simpáticos con la Francia, tan dispuestos y bien me-
« didos para imponer respeto á la Inglaterra y disputar
« los mares? ¡Qué hermosa perspectiva la que hoy ofrecen
« los destinos á la Francia! Si la nacion francesa, conse-

―――

(1) Por el artículo VII del tratado de Amiens se fijaron definitivamente los límites de las Guayanas francesa y portuguesa en el rio Arawari. Los de la francesa fueron puestos en la ribera septentrional de dicho rio, desde su última embocadura la mas apartada del Cabo-Norte, hasta su origen, con todas las tierras que se encuentran al norte de aquella línea establecida. No se debe juzgar de la importancia de la Guayana francesa por la corta utilidad que ha sacado de ella la metrópoli, que ni aun supo sacarla de la Luisiana cuando tenia el dominio de ella. Se sabe bien cual sea el estado floreciente de las Guayanas inglesa y holandesa. El solo ramo de las grandes selvas vírgenes pertenecientes á la Guayana francesa, es un artículo inmenso de riqueza por las maderas de construccion que ofrecen mas de doscientas y cincuenta especies, todas á cual mas propias para la marina, árboles gigantes y verdaderos colosos vegetales, provision inagotable á pocos pasos de la Martínica y la Guadalupe. Los confines franceses del oeste que fijó el mismo tratado, abrazaban toda la extension contenida en una línea recta tirada desde el origen del Arawari hasta el Rio Branco.

« guidas tantas ventajas, se manifiesta cuerda y mode-
« rada, si ella misma por sí propia se refrena y pone un
« linde á su carrera prodigiosa, y si, cual debe suceder,
« obtiene por tal medio en su favor la buena fé de las na-
« ciones dejando al tiempo lo que es suyo, la Francia
« será el centro del poder europeo, y las demas poten-
« cias, ciertas cuando ya estuvieren de su cordura y su
« templanza, formarán respecto á ella círculos paralelos,
« y lograráse un mismo eje de paz y de justicia sobre el
« cual gire en adelante y se conforme en todas partes
« la política. ¿Qué podrá entonces la Inglaterra sino
« incorporarse al gran sistema y moderar sus preten-
« siones? Pero este tiempo no ha llegado; los demas ene-
« migos ó rivales de la Francia que aun se estan callados,
« han cedido á la fuerza de las armas, y sus llagas estan
« frescas y les deben doler mucho: es menester que la In-
« glaterra no vuelva á destaparlas y no exacerbe nueva-
« mente la calentura que remite; es menester dejar sanar
« aquellas llagas, y hacer amar por la sabiduría de una
« política sublime lo que el temor ha obrado solo hasta el
« presente. Quédese Malta á los Ingleses cuando no hu-
« biere otro remedio; la paz de Francia con la Europa y
« de la Europa con la Francia vale mas que el falso honor
« de arrancar á los Ingleses esa triste compensacion ó
« esos rehenes temporáneos con que parecen contentarse.
« He dicho mi opinion con toda la franqueza de que usa-
« mos mutuamente, y con la misma diré á V., que el rey
« se niega enteramente á tomar parte en las reclamaciones
« sobre Malta, porque acceder á esta demanda equival-
« dria á comprometernos en la guerra que está cerca de
« encenderse; el gabinete ingles responderia del mismo
« modo á nuestras quejas que responde á la Francia. En la
« guerra de América, el rey Cárlos III que aceptó el papel
« de mediador entre la Francia y la Inglaterra, como era
« natural que sucediese, recibió desaires, y se encontró

« empeñado contra sus propios intereses en aquella dura
« lucha. Señor embajador, como dice un proverbio
« nuestro, *de los escarmentados nacen los avisados.* »

« ¿Pero y nuestra alianza...? » replicó Beurnonville.

« Nuestra alianza, contesté al instante, no es una *socie-*
« *dad de guerra*: tal como fué entendida y la tratamos con
« el directorio ejecutivo, tal sabremos observarla y cum-
« plirla fielmente con el primer cónsul: mas allá no iremos
« nunca. Despues de esto si V. lo reflexiona ni aun á los
« mismos intereses de la Francia les conviene otra cosa, si
« la guerra estalla, sino que España sea neutral en ella,
« que no se arruine su comercio, y que viviendo en paz
« con la Inglaterra, favorezca el de la Francia por cuantos
« medios le sean dables. Escriba V. con tiempo y escriba
« V. resueltamente, porque el rey difícilmente mudará
« de consejo, y no soy yo quien tomará á su cargo trabajar
« para que cambie de dictámen. Lo he dicho ya: el bien
« de España lo primero; despues el de la Francia: en-
« trambos juntos si se puede. V. en mi lugar diria otro
« tanto. »

El Francés escribió: hubo réplicas y mas réplicas, y mientras se seguian estas disputas, he aquí la guerra vuelta á enmarañarse entre Roma y Cartago como se dijo entonces con sobrada arrogancia, pues que de aquella vez, al fin de cuentas, fué Roma y no Cartago quien pagó las setenas de aquella lucha temeraria. Imposible mayor empeño del que hizo Bonaparte por arrastrarnos á la guerra, mientras el gobierno ingles, al menos por entonces, tanto á España como á Holanda se mostraba amigo y complaciente. La Holanda no era libre, y arrimó, mandada, el hombro á la querella de la Francia. Cuanto á España, hízonos preguntar el primer cónsul de que modo categórico y positivo se debia entender nuestro tratado de alianza. La respuesta partió volando, tal como se habia ya dado de antemano y en sustancia á Beurnonville: la alianza,

como fué pactada con el cuerpo directorial de la república francesa, con las mismas reservas, y con la misma buena fé con que estas fueron hechas por nosotros y aceptadas por aquel gobierno (1). A propósito de estas reservas y sobre su observancia por la parte del directorio, habia un hecho que bastaba él solo para servir de regla sobre el derecho de la Francia y las obligaciones de la España. Por la segunda coalicion, vigente ya el tratado mas tiempo de dos años, se encontró la Francia acometida en todas sus fronteras; ¿quién no habria dicho que era aquel un caso en que el tratado de alianza con la España daba accion á aquel gobierno para pedirle ayuda? Mas sin embargo no fué visto que el directorio la exigiese en tan terrible apuro en que se via la Francia. El artículo XVIII limitaba nuestro concurso á la guerra marítima de comun interes en aquella actualidad á entrambas dos naciones, y la Francia no tenia derecho de pedir otra suerte de concurso por parte de la España: el gobierno frances, conforme y consiguiente al pacto celebrado, se abstuvo de invocar los artículos aparentes limitados despues por el décimoctavo. « Pero este
« artículo, clamaba Beurnonville, decia á la letra, *en la*
« *presente guerra*, sin exceptuar otra ninguna en ade-
« lante. »

— « Señor embajador, reponia yo, cualesquiera otras
« guerras cuyo interes no fuese igual á entrambas par-
« tes, se encontraban exceptuadas por inteligencias nues-
« tras reservadas con el directorio ejecutivo. Tengo ci-
« tada ya la segunda coalicion que era otra nueva guerra,
« y en presencia de la cual no se creyó en derecho aquel
« gobierno de reclamar nuestra asistencia. Pero aun es
« mas, que el primer cónsul sucediendo al directorio y

---

(1) Sobre estas condiciones y reservas dejé hablado largamente en el capítulo XXXIII de la primera parte donde podrán verse, y conviene que se vean.

« siguiendo aquella guerra, falta como halló á la Francia
« de recursos, no interpeló á la España para pedirle auxi-
« lio. Vino despues la cuestion del Portugal; la causa era
« comun, el interes recíproco, y la guerra fué hecha de
« comun acuerdo y en virtud de la alianza. El primer
« cónsul sabia bien la extension y los lindes que tenia
« aquel tratado. »

— « Pero á lo menos contra la Inglaterra, instaba
« Beurnonville, surtia su pleno efecto la alianza, y si la
« guerra hubiese sido prolongada, aun estaria rigiendo
« contra aquella potencia. »

— « Cierto, le decia yo; pero la paz fué hecha, y la
« Inglaterra no ha dañado á España nuevamente. »

— « Pero ha ofendido á su aliada, que es lo mismo, »
replicó Beurnonville.

— « No tanto, dije yo; nuestro tratado de alianza no
« es el viejo *pacto de familia* en que la causa era comun
« enteramente entre las dos potencias, verdadera sociedad
« de guerra á diestro y á siniestro. Esta guerra de ahora
« ha estado en manos de la Francia el evitarla : en su
« modo de ver ha estimado que su honor se encontraba
« empeñado y ha preferido el juicio de las armas. Yo me
« abstengo de censurar, y ni apruebo ni desapruebo esta
« conducta; lo que me toca á mí es decir que los intereses
« de la España no se ajustan con su asociacion á esta me-
« dida belicosa : el interes supremo es la salud del pueblo,
« y su interes depende hoy dia, como el rey lo ha pro-
« nunciado firmemente, de ser amigo de la Francia sin
« chocar con la Inglaterra. »

— « Pero eso es imposible, » replicó Beurnonville.

— « Probaremos de nuevo; quizas que la Inglaterra de
« esta vez sea mas cuerda con nosotros. »

— « ¡Y la España abandona á su aliada enteramente! »
exclamó Beurnonville.

— « No, no la abandonamos, contesté al embajador

« alargándole la mano. Cuanto permita la política sin em-
« peñarnos en la guerra, otro tanto hará España por la
« Francia. El comercio frances habrá de sufrir mucho por
« causa de esta guerra: la neutralidad de España le podrá
« ofrecer multitud de recursos que le faltarian comprome-
« tidas nuestras armas en esta nueva lucha. Neutral, po-
« drá tambien España encontrar medio de acordarse con
« algunas potencias, neutrales igualmente y amigas de la
« Francia y la Inglaterra, para mediar en las cuestiones
« suscitadas y cortar esta guerra, que empeñada seria-
« mente, volveria á incendiar la Europa; guerra dura y
« sangrienta si se enreda por todas partes, de dificil pro-
« nóstico. He aquí todo lo que podemos, siempre amigos
« de la Francia, firmes en su amistad, mientras ella nos
« corresponda, contra todas las sugestiones que podria
« mover en daño suyo la Inglaterra ó cualquiera otra po-
« tencia. »

Dada cuenta á su gobierno de esta y otras conferencias semejantes que tuvimos, y que tuvo igualmente con el primer ministro, el embajador frances recibió órden de hacer esta pregunta: « Neutral la España entre la Francia
« y la Inglaterra, ¿qué podrá hacer por la primera sub-
« sistiendo su amiga y conservando su carácter de aliada? »
Beurnonville tenia instrucciones para tratar acerca de esto, mas se abstenia de proponer y se estaba á la capa para aguardar nuestra respuesta. La sola especie que soltó fué la siguiente: « Que en las contestaciones suscitadas,
« la Francia se alargaba cuando mas á confesar que en
« aquella actualidad la verdadera inteligencia del tratado
« era dudosa, que el derecho comun ofrecia reglas para
« interpretar los tratados, y que la Francia deseaba que
« á lo menos se adoptase un medio entre aquello que
« podia llamarse *extension* ó *restriccion* del espíritu y del
« objeto del tratado de San Ildefonso; que este término
« medio lo recibiria de buen ánimo para no empeñar á

« España en quebrar con la Inglaterra, siendo tal, añadia,
« la deferencia con nosotros, que aun admitida así nuestra
« neutralidad en aquel caso, no por eso la Francia usaria
« de restricciones cuanto á auxiliar á España con sus ar-
« mas, siempre y cuando lo necesitase, sin poner nin-
« guna tasa. »

Esta salida inesperada, y á lo menos en sus formas y en su apariencia generosa, grangeó el ánimo de Cárlos IV mucho mas de lo que hubiera yo querido. La voluntad del rey fué de corresponder al primer cónsul, concediéndole cuanto fuese compatible con la paz deseada, con el honor de su corona y el bienestar de sus vasallos. Sus encargos de buscar y convenir el modo de hacer esto fueron ejecutivos con aquella vehemencia que tomaba cuando se queria mostrar reconocido. Con el embajador frances se dió por entendido de estas disposiciones favorables.

Dos caminos se hallaron listos que conviniesen á la Francia: el que yo propuse el rey, y el que pensando de diversa suerte estimó seria mejor el ministro Ceballos, inspirado desde Paris por nuestro embajador Azara. Yo habia hablado muchas veces con M. Beurnonville de un tratado de comercio entre Francia y España, que ventajoso á entrambas partes, lo seria aun mucho mas para la Francia si se llegaba á ver privada de los mares: yo habia llegado hasta indicarle como una especie de proyecto que rodaba en mi cabeza, el de un ensayo de comercio libre entre las dos naciones durante aquella guerra, sin ligarnos perpetuamente mientras no se viesen sus ventajas, y que podria seguirse, ó bien abandonarse, hechas las paces, á voluntad de cada una. Este concierto habia de establecerse levantando muchas prohibiciones (las mas de ellas) y quitando ó disminuyendo segun las circunstancias los recargos de derechos que sufrian de entrambas partes en su entrada un gran número de objetos comerciables, todo al igual y en interes recíproco. El comercio frances tendria asi la gran comodidad de poder abastecerse en nuestras plazas de los frutos y especies coloniales con menor dispendio, y de concurrir sin decaer en los mercados interiores y extrangeros con ventajas superiores á las demas naciones á quien la guerra impediria surtirse de otras partes, ó que habrian de hacerlo á mayor costo; junto despues á esto las asociaciones que podrian formarse entre mercaderes españoles y franceses para el comercio de ultramar con las precauciones convenientes para evitar tropiezos con las leyes de la marina inglesa. El embajador Beurnonville hubo de escribir con interes acerca de esto, y recibió sin duda una respuesta aprobativa, visto que al tratarse luego de los medios de favorecer nosotros á la Francia sin dejar de ser neutrales, se mostró no tan solo bien dispuesto, sino tambien solícito de realizar aquel tratado de comercio, y compensar por medio de él nuestra falta de concurrencia á aquella guerra. Tal le ví acalorado y abundando en esta idea, que llegué á obtener de él que consintiera, si se hiciese el tratado, en no pocas restricciones á favor de España, por las cuales se mantendrian en sus franquicias, libres de toda concurrencia, nuestras telas de algodon y un buen número de artículos de sederías.

Yo dí cuenta al rey de aquel camino que encontraba abierto para apartar las pretensiones de la Francia de cualquiera otro medio que nos diese entonces ó despues el carácter de auxiliares suyos obligados en sus guerras. Pero al exponer al rey mi pensamiento le rogué que consultase entre sus varios consejeros y ministros sobre aquel proyecto, visto que yo podia engañarme en materias tales y tan graves de economía y de hacienda. El rey lo hizo y pidió informes á diferentes consejeros: á todos les rogué que expusiesen con entera libertad sus pareceres, y una prueba de la sinceridad con que en esta y en tantas otras ocasiones amé siempre el acierto, sin buscar ni exigir lisonjas peligrosas, fué que el mismo ministro y grande amigo mio por entonces, el famoso Ceballos, dió su voto en contra sin que yo tomase queja de esto. A Ceballos y al mayor número de consejeros que fueron consultados les pareció arriesgado en gran manera para nuestra industria aquel proyecto.

Yo habia hecho ver que un gran número de los productos de ella se encontraban en el caso de no temer la concurrencia; que en aquellos otros ramos esenciales en que nuestras fábricas necesitaban levantarse á igual altura, el ministro frances admitia las restricciones; que en aquellos objetos, los de lujo y fantasía mayormente, que nos costaban más, fabricados en nuestra casa, que comprados al extrangero, importaban muy poca cosa los esfuerzos aislados que se hacian por algunos, sin aumentos sensibles; que la falta de concurrencia de la parte del extrangero emperezaba á los artistas, y que las fábricas se mantenian por esta causa estacionarias; que en todo evento, quitado el monopolio en los mercados nacionales, el gobierno podia auxiliar los fabricantes con subvenciones ó con premios bien distribuidos, medio cierto y probado de procurarles adelantos; que este empleo del dinero valdria mucho mejor que pagar contingentes ó subsidios de alianza; que debiamos ganar nosotros mucho mas que los Franceses en aquel proyecto; que la España, nacion agricultora por esencia, no podria menos de aumentar este ramo fundamental de su riqueza, admitidos todos sus productos en la Francia; que la balanza en esta parte debia cargar en favor nuestro, abundando España en cuantos frutos le podia vender la Francia, y careciendo esta de una multitud de artículos que rendia nuestro suelo, nuestros aceites, nuestras lanas finas, nuestros agrios, nuestros frutos secos, nuestras sosas, nuestras barrillas, nuestro esparto, nuestros plomos inagotables, nuestros azogues, nuestros fósiles, nuestras drogas, y por cima de esto nuestros riquísimos productos de las dos Américas; que por lo respectivo á estas regiones, era visto que el contrabando equivalia á los efectos del comercio libre, si mas bien no los pasaba, con la diferencia harto triste de que el contrabando no daba entradas al erario y pervertia á los naturales; que despues de todo, admitido el tratado como un simple ensayo durante el tiempo de la guerra, el comercio frances no se hallaria en el caso de hacer expediciones largas por su cuenta en nuestras Indias y tendria que valerse de nosotros, lo cual aumentaria la fortuna y los recursos de nuestros negociantes, y que en fin, como quiera que se mirasen estas cosas, el sistema del monopolio con respecto á las Américas, en el estado de civilizacion y de progreso en que se hallaban aquellos habitantes, no podia sostenerse por mas tiempo sin desagradarlos y enagenar sus corazones.

Mil otras cosas dije en favor de mi proyecto, pero en vano : aun es hoy dia y estas ideas sobre el comercio libre no hallan muchos patronos : el ministro Ceballos oponia de su parte, no sin habilidad, cuanto se dice en contra de ellas. Incierto el rey entre estas opiniones, una especie en fin que tocó, no me acuerdo bien si el ministro Ceballos ó el ministro Caballero, bastó á fijar su ánimo y lo apartó de mi dictámen. He aquí cual fué esta especie : « Si la con-
« currencia libre de los géneros franceses llegare á mal-
« parar algunas fábricas entre nosotros, son de temer el des-
« contento y los motines de la parte de los obreros. » Este era el lugar flaco del monarca ; toda idea de tumultos lo espantaba : yo no exploté jamas esta flaqueza... Exploté solo sus virtudes que eran grandes. ¡ Ah ! la España no me ha tenido cuenta de esto ! (1)

---

(1) Este horror á los tumultos que dominaba á Cárlos IV, venia desde su infancia misma. Lejos de haberse habituado en Nápoles, cuando niño, á las frecuentes asonadas de los lazzaronis y de las clases miserables del inmenso populacho, las vió siempre con espanto. Pero lo que más

¿Cuál fué pues el modo que propuso Ceballos para conciliar los intereses de la España y de la Francia en la cuestion movida? Pagar un contingente en numerario en vez de tropas y navios que habia pedido Bonaparte.

« ¿Llevará esta medida con paciencia la Inglaterra? » pregunté yo entonces.

— « Deberá llevarla, respondió Ceballos, porque en el « derecho recibido en las naciones de la Europa, no se « opone *á la paz dar subsidios á su aliado*, si se hallaban « estipulados por transacciones anteriores. »

— « ¿Nos conviene, pregunté todavía, establecer un pre- « cedente que podrá ligarnos en cualquiera otra guerra « en que la Francia, y un hombre tal como su gefe, se « atreveria á exigirnos nuevos contingentes de alianza? »

— « Se trata solo de esta nueva guerra de la Francia « con la Gran-Bretaña, y la estipulacion que llegue á « hacerse excluirá cualquiera otra, » respondió Ceballos.

Yo no insté mas, y Ceballos y Azara se compusieron con la Francia comprando la neutralidad de España por seis millones mensuales de subsidio. Todo el mundo me ha cargado á mí esta transaccion, mas costosa por sus resultados en política, que la misma suma exorbitante que fué pactada por Azara. Y sin embargo mi consejo dado al rey fué romper primero con la Francia que consentir aquel

---

fijó en su ánimo estas fuertes impresiones, fué el tumulto de Madrid contra el ministro Squilace, cuando Cárlos III se vió obligado á huir para Aranjuez saliendo fuera de la villa al parque por los sotanos del Palacio. La princesa de Asturias se encontraba á la sazon postrada con las calenturas de la alfombrilla que estaba padeciendo, y sin embargo para no dejarla sola, fué necesario envolverla y sacarla en una cama, no sin gran riesgo de que la erupcion retrocediese y le costase la vida. La revolucion francesa completó en su espíritu con mucha mayor fuerza estas vehementes aprehensiones, y en alabanza suya sea dicho, que podia mas en su corazon la idea de los excesos populares y de la sangre derramada que su propio riesgo.

tratado; consintiólo empero al fin, y fué ratificado aquel contrato.

∿∿∿∿∿∿∿∿∿∿∿∿∿∿∿∿∿∿∿∿∿

CAPITULO XV.

De la venta de la Luisiana por Bonaparte. — Detalles y observaciones sobre este acto del gobierno consular. — Curioso incidente en el tiempo del imperio sobre supuestas posesiones mias en el territorio de la Luisiana.

Se podria ciertamente disputar quien recibió mayor agravio cuando Bonaparte vendió la Luisiana por ochenta millones; si el derecho público de la Europa, donde tal modo de enagenaciones se encontraba ya desusado y resistido por la cultura de los pueblos; si la España, cuyo tratado de retrocesion contenia la cláusula de no poder cederse aquel pais á otra alguna potencia sino á la misma España dado el caso de que á la Francia no conviniese en adelante poseerla; ó si la Francia misma, á quien privó por su albedrío de la grande expectativa que la posesion de aquel pais le presentaba. Traspasar á otras manos por dinero un pueblo, cualquiera que este fuese, sin consultar su voluntad, ni aun por la forma, y este pueblo la mayor parte de Franceses ó descendientes suyos, y venderlo asi el mismo gefe de la Francia, como si se tratase de un rebaño, fué un acto de barbarie que aun en los siglos de la media edad habria sido mal mirado: ganó en verdad la Luisiana en no caer bajo el despotismo militar y colonial de Bonaparte, mas no por eso el modo de pasarlo á otro nuevo dominio dejó de ser tan bajo como inicuo, vendiendo almas por dinero. La España al menos cuando en el tiempo del ministro Urquijo cedió la Luisiana, mas bien que enagenarla, lo que hizo fué volverla á sus dueños primitivos, contando razonablemente con que volverla á estos no era hacer una ofensa á aquellos súbditos, y que al contrario sus antiguas simpatías con la Francia podrian hacerles agradable la mudanza de dominio. La transaccion fué honrosa; no hubo dinero de por medio: los Lusianeses no fueron entregados á una potencia extraña, como tampoco la Toscana fué adquirida por nosotros sin derechos que algun dia fueron gratos á aquellos dulces habitantes.

Grande fué tambien la violacion del pacto de retrocesion celebrado con España, y bajo y ruin el modo de violarlo, á oscuras, traicioneramente, sin la apariencia tan siquiera de consultar con ella, sin pedirle su consentimiento para poner en sus fronteras vecinos peligrosos, sin precaver por ningun modo este peligro, sin hacer demarcacion de límites, vendidos igualmente los intereses de la España y de la Francia. Si alguna transaccion de las hechas por aquel tiempo pudo ser fecunda y poderosa en resultados grandes, fué sin duda la que poniendo en manos de la Francia, cual se hallaba entonces fuerte por la opinion y fuerte por las armas, su colonia antigua, debia traer naturalmente la union y la alianza de tres naciones grandes, de un mismo modo interesadas en la navegacion de aquellos mares. En ninguna combinacion se podia llevar á efecto como en esta el gran proyecto de obligar á la Inglaterra á respetar los derechos marítimos de las demas naciones, so pena de excluirla para siempre de la concurrencia en el Atlántico. Desde la Costa Firme hasta el Golfo Mejicano y desde allí al mar del Norte, la alianza marítima habria reunido con la España, con la Francia y los Estados anglo-americanos, la Holanda, la Dinamarca y la Suecia. La creacion de una marina formidable en los varios puertos y arsenales de aquellas largas costas, en ninguna otra parte habria sido ni mas fácil ni mas barata á los Franceses. Despues de esto la riqueza incalculable de un pais, que asentado bajo leyes sabias y añadida la tolerancia religiosa que no tenia cabida en el sistema de la España, habria atraido preferentemente hácia aquel suelo las emigraciones europeas, y á la Francia le habria abierto un desahogo necesario en aquel tiempo mas que nunca: despues de esto todavía, la subsistencia de las islas francesas plenamente asegurada con los frutos de un pais que en toda especie podia hacer la provision de millones de individuos; pronto á más el socorro en toda tentativa de agresion y de conquista. Tales bienes y ganancias ofrecia la Luisiana á los Franceses. ¡Bonaparte prefirió venderla por un plato de lentejas!

¿Fué la necesidad quien le obligó á este mercado deplorable? M. Barbé-Marbois ha dado, cuanto cabe en una pluma bien trazada, la disculpa mas bien que la defensa de este acto; pero ha omitido muchas reflexiones por las cuales es creible que desde un principio se propuso Bonaparte aquella venta.

¿Quién le impidió, entre tantas fuerzas que destinó á Santo-Domingo, dirigir alguna parte á la Luisiana, establecer allí la base de sus operaciones, y asegurar desde aquel punto la sumision de aquella isla donde el mal solo de Siam devoraba mas soldados que la lucha encarnizada de los negros? ¿De dónde pudo haber traido, mejor que de aquel punto, las subsistencias que faltaban en la isla desde los primeros meses de la llegada del ejército? ¿Cómo fué no destinar á la Luisiana siquiera una reserva que pudo bien tomarse sobre cuarenta mil valientes por lo menos, enviados sucesivamente á perecer en Haiti? Las Antillas no vieron nunca un armamento tan potente en hombres y en escuadras; para la Luisiana no hubo nada, ni tan solo un pensamiento. ¿Se dirá que los Ingleses se opusieron á la ocupacion de aquel punto? Nó: la Inglaterra estaba resignada á esta nueva adquisicion de los Franceses. Firmados los preliminares de la paz de Amiens, por espacio de mas de un año el ministerio ingles se mostró consiguiente sin hacer oposicion, ni explícita ni implícita, á las expediciones de la Francia en el mar de las Antillas (1).

Nadie le impidió tampoco á Bonaparte condescender con los estados de la Union en cederles los parages que solici-

---

(1) La totalidad de las fuerzas navales empleadas por la Francia en la primera expedicion á Santo-Domingo ascendian á treinta y tres navíos de línea, veintiuna fragatas, y un gran número de buques menores: las tropas embarcadas componian un ejército de veintiun mil hombres. Asi esta expedicion como otras varias parciales que salieron sucesivamente con el mismo destino, habian obtenido el consentimiento del gobierno ingles. « Suframos, decian los amigos del ministerio en « el parlamento, suframos que los Franceses amen la gloria y la felicidad « de su pais, como nosotros deseamos la gloria y la felicidad del « nuestro. Las ventajas que ha logrado la Francia por la paz son con-« formes á su posicion actual, y servirán de garantía á su moderacion y « su tranquilidad á la parte de afuera, y al contento y al reposo de la « nacion entera á la parte de adentro. » El canciller del Echiquier, á los que se inquietaban por la expedicion francesa á las Antillas, respondia : « Esta expedicion en lugar de alarmarnos, deberia ser para « nosotros un motivo de tranquilidad, porque la usurpacion de la auto-« ridad por los negros es un suceso de los mas temibles, que compro-« mete en gran manera la seguridad de nuestras colonias occidentales. » Y á los que arguian al ministerio de haber tolerado la retrocesion de la Luisiana, respondia Hawkesbury : « Para juzgar de la importancia de « la Luisiana en manos de la Francia, conviene recordar que ya la po-« seyeron otra vez sin poder hacerla prosperar, siendo asi que en la « misma época sacaron gran partido de sus colonias insulares. Con « respecto á los Estados Unidos, no es de creer que esta nueva posesion « de los Franceses les traiga ningun riesgo; el poder y los recursos de « la Union son muy grandes y no dejan temer nada sobre esta nueva « vecindad. Si yo me engaño en esto, si los estados de la Union encon-« trasen motivos de alarmarse, tanto mejor, pues se unirian entonces « mas estrechamente con nosotros. » He aquí pues que Bonaparte tuvo tiempo y lugar de sobra para ocupar la Luisiana y hacerse firme en ella sin que el gobierno ingles se lo estorbase.

taban á la izquierda del Misisipi y por cima del Arcansas. Tal era el ansia y la necesidad que tenian los Anglo-Americanos de adquirir aquellos puntos juntamente con la Nueva Orleans, que á haber querido Bonaparte convenir en esto, los estados de la Union le habrian garantido lo restante del pais, suficiente á mantener quince millones de habitantes. Yo lo sé bien, pues que el ministro de la Union interesó á la España y le rogó mediase en aquellas pretensiones. Yo se lo habia indicado al embajador Beurnonville : nuestro ministro Azara se lo indicó tambien á Bonaparte; España estaba pronta á consentir aquel traspaso, que lejos de dañarla, pudo haberle sido provechoso no menos que á la Francia. Intermediada que habria sido la colonia francesa por la adquisicion que pretendian los Anglo-Americanos á la izquierda del Arcansas, se habria quitado de este modo toda suerte de contacto entre los Ingleses del Canadá, y el territorio de la Francia, mientras esta habria formado otra barrera entre los pueblos de la Union y los desiertos mejicanos. A este precio, ademas, se habria tratado una alianza defensiva entre las tres naciones. ¿Y qué habria habido que temer entonces en el Golfo Mejicano de la parte de los Ingleses? Todo esto pudo hacerse; sobró tiempo, faltó solo la voluntad de Bonaparte : en su espíritu no reinaba mas idea que de vender la Luisiana : de otra suerte no es explicable su conducta : aun daré mas pruebas de esto.

Pronto nuestro gabinete á poner en manos de la Francia aquel pais al tenor de los tratados, Bonaparte tuvo la real cédula de transmision y entrega desde el mes de julio de 1802. Aun pasaron despues de esto cinco meses sin que partiese nadie para entregarse en la colonia. Por el mes de setiembre habia nombrado comandante de ella al general Bernadotte; ¿pero qué fué y cómo fué el nombramiento de aquel guerrero ilustre? Le temia por su ambicion y le importaba retirarlo de la Francia. ¿Le ofreció medios, á lo menos para manejar aquel gobierno con buen éxito? Para aceptar tan grave encargo le pidió aquel general tres mil hombres, tres mil cultivadores y los auxilios mas precisos de dinero para montar debidamente la administracion de la colonia. No era en verdad pedirle mucho, el diezmo apenas de lo que costaba ya la desastrosa expedicion de la isla de Santo Domingo confiada á su cuñado. ¿Se podrá creer la respuesta que fué dada á estas modestas peticiones? M. Barbé-Marbois (1) nos la ha contado: « No haria yo tanto ni por un hermano mio. » Poco es aquí del caso cotejar esta respuesta con aquel dicho tan frecuente en la boca de Bonaparte: « Ninguna cosa para mí; todo para la Francia. » Vése aquí el interes que tomaba en favor de ella, regulando sus concesiones por los hombres á quien habian de hacerse, mas largas ó mas cortas, no en favor de su mérito, sino segun las relaciones de intimidad ó parentesco. Bien entendida esta respuesta, (y esto sí me hace al caso) la intencion de Bonaparte no era guardar la Luisiana; ni se daba prisa por tenerla, ni sacrificaba nada para asegurarla. Nombró despues para aquel mando al general Victor, y á M. Laussat para prefecto; pero un hombre como Bonaparte, para el cual en la ejecucion de sus designios era un siglo cada instante, no les hizo apresurar su marcha. M. Laussat no partió hasta el mes de enero cuando empezaba ya á mostrarse la inquietud de la Inglaterra. Victor se quedó en Francia todavía por mas de otros tres meses: cuando iba ya á salir fué el rompimiento de la guerra, prevista mucho antes. La Luisiana seguia siempre en poder nuestro: el prefecto Laussat ni aun poderes habia llevado para entregarse de ella, ni pretendió la entrega. Si la intencion de Bonaparte no fué desde un principio enagenarla, fuerza seria decir ó que no

---

(1) *Histoire de la Louisiane*, première partie, page 223.

tuvo prevision de cosa alguna, ó que descuidó torpemente los intereses de la Francia.

Pero aun fué mas, porque en el tiempo mismo tan precioso que dejó perderse para entregarse de la colonia, no olvidó intrigar en ella por sus modos acostumbrados cuando tenia un designio que podia serle vergonzoso. Agentes oscuros que precedieron á la llegada del prefecto Laussat con títulos equívocos, se acercaron á pretender de las autoridades españolas que se pusiese fin á las franquicias del comercio, á la libre navegacion del Misisipí y al depósito establecido en la Nueva Orleans, con cuyo régimen, decian, no podian conciliarse los intereses de la Francia, como los concebia el primer cónsul. Los papeles de estos agentes dejaban entender que llevaban comisiones reservadas para preparar la llegada y las operaciones de los nuevos gefes que venian de camino. Nuestras autoridades tenian órden de guardar buena armonía con los Franceses; pero no tanto que faltasen á la dignidad y al respeto del puesto que ocupaban. Todos, menos el intendente general, se opusieron á hacer innovaciones en el régimen establecido mientras no tuviesen órdenes expresas de la corte, no pudiendo persuadirse que nuestro gabinete consintiera en modo alguno faltar á los tratados que se hallaban vigentes y tomar sobre sí el odio de tan impolíticas medidas. Y era asi que nuestra corte, sin ningun antecedente de tales pretensiones, bien agena de tal demanda, no habia autorizado ni aun sospechado semejante intriga. Pero desgraciadamente dos agentes extrangeros sedujeron al intendente y consiguieron dividir á aquellos que mandaban. Don Manuel Juan Salcedo y el marques de Casa-Calvo resistieron la innovacion cuanto estuvo de su parte: al intendente empero le dejaron que siguiese en su propósito de cuenta y riesgo suyo, protestando en contra de sus actos mientras no llegasen órdenes. De esta suerte fué interrumpida algunos meses la prosperidad de la colonia:

llegaban hasta el cielo los lamentos de aquellos habitantes, mientras de la otra parte los Anglo-Americanos daban gritos de indignacion contra aquella medida destructora que debia aniquilar su industria y su comercio. Faltó poco para que se alzasen las provincias interesadas en la navegacion del Misisipi; el presidente de la Union alcanzó á duras penas á contener los ánimos y á evitar que defendiesen sus derechos con las armas. Nadie podia dudar que era la Francia y no la España quien movia tamañas novedades: el prefecto frances luego que hubo llegado mostró su asentimiento á ellas; sus escritos y proclamas contenian grandes frases generales muy pomposas, mas sin dejar en ellas ni un rasgo de esperanza sobre levantar las prohibiciones. ¿Qué intentó Bonaparte por tal medio? Enagenar los corazones de los habitantes de la Luisiana para que deseasen el traspaso de ella, y preparar mejor á los Anglo-Americanos para que se prestasen con gran ansia á aquella venta que tenia meditada. Fué entonces la salida del ministro extraordinario M. Monroe; su mision, la de obtener á toda costa las cesiones que pretendia en Paris M. Livingston, resueltos á la guerra los Estados si la Francia les negaba la navegacion del Misisipi y los medios ciertos de tenerla. ¡Cuál fué su admiracion y cuán difícilmente acabaron de persuadirse del designio del primer cónsul de cederles la Luisiana toda entera por una suma de dinero! Excusado es el decir que mientras sucedian tales cosas, nuestra corte fiel á los tratados despachaba órdenes severas para alzar el monopolio que de su sola autoridad habia innovado el intendente de la Luisiana, y que este fué depuesto. Nuestro enviado cerca de la Union el marques de Casa-Irujo dió satisfaccion completa á aquel gobierno, y la fé española fué limpiada de aquella oscura infamia (1).

---

(1) M. Barbé-Marbois, aunque hubo de ignorar estos manejos que he contado, no por esto disculpa al primer cónsul de una medida tan im-

Los que quieran ver por extenso la deplorable transaccion de Bonaparte sobre la Luisiana, si tal nombre de transaccion puede merecer en los archivos de la Francia, la podrán hallar en la obra ya citada de M. Barbé-Marbois. La ruptura con la Inglaterra, tan fácil de evitarse en aquellas circunstancias, si Bonaparte hubiera consultado los intereses de la Francia, estaba ya muy cerca. La Luisiana se hallaba aun en poder nuestro; Victor en Francia todavía. La nueva expedicion que preparaba el primer cónsul, á lo menos al decir suyo, en Helvoet-Sluys, la mandó suspender por temor de los Ingleses. Mes y medio antes de

---

política y extraña, observando que el prefecto frances la habia aprobado, y que todos en aquel pais la atribuyeron á la Francia. Fué de notar tambien que al propio tiempo se restablecia en la Guadalupe el antiguo régimen colonial bajo el pie mismo en que se hallaba por el año de 1789, y que iguales medidas habia mandado Bonaparte se adoptasen en Santo-Domingo, causa principal del nuevo encendimiento de la guerra de los negros, y de la final catástrofe con que fué perdida aquella isla para siempre. Cargando en esto é improbando la conducta de Bonaparte, dice el mismo historiador entre otras cosas lo que sigue: « ¡Cuántas acciones de gracias hubiera merecido el primer cónsul, si en « lugar de leyes prohibitivas, hubiera hecho proclamar por su enviado « la *libertad del comercio*, y se hubiera anunciado que la Francia re-« nunciaba para siempre al sistema que en los tiempos modernos habia « prevalecido en el régimen de las colonias! Una política ilustrada de-« biera haber reconocido y pronunciado con solemnidad, que la pros-« peridad de las colonias tiene un progreso ilimitado con el régimen « libre, y que tan grande como fuere el desarrollo que se dé á este « sistema, mayores son tambien las relaciones útiles que contraen « con su metrópoli. Convenia reemplazar el privilegio y el monopolio « por la mejoracion de las mercancías y por ganancias moderadas, y á « imitacion de los antiguos, no sujetar á las colonias sino con los lazos « de la beneficencia, por el recuerdo de un orígen comun, y por el « afecto siempre durable de la metrópoli y sus hijas, cuando ademas « de hablar la misma lengua, tienen hábitos, costumbres é intereses « comunes fáciles de conciliarse. » *Histoire de la Louisiane*, première partie, page 227.

encenderse la guerra, cuenta aquel historiador que Bonaparte le habló de esta manera: « Las incertidumbres y la
« deliberacion no son buenas en estos momentos: yo renuncio á la Luisiana. No tan solo la Nueva Orleans, sino
« la colonia toda quiero cederla enteramente sin reservar
« ninguna cosa. Conozco bien el precio de lo que abandono; harto habia yo probado la estimacion que hacia
« de aquel pais, visto que mi primer acto diplomático con
« la España se dirigió á recobrarlo. Renuncio á él con la
« mayor pena; pero seria locura obstinarnos en conservarlo (1). Encargo á V. negociar este asunto con los
« enviados del congreso, aun sin esperar la llegada de
« M. Monroe; desde hoy mismo véase V. con M. Livingston: *necesito mucho dinero* para esta guerra, y no
« querria empezarla con nuevas contribuciones. Cien años
« ha que la Francia y la España no han cesado de hacer
« gastos de mejoras en la Luisiana sin que el comercio las
« haya resarcido. Se han prestado sumas de dinero á las
« compañias y á los cultivadores, que ni han entrado ni entrarán en el tesoro. El precio de estas cosas nos es debido.
« Si yo hubiera de arreglar mis condiciones por el valor
« que aquellos vastos territorios habrán de adquirir en las
« manos de los Estados Unidos, no tendria límites la can-

---

(1) Nótese aquí bien que cuando el primer cónsul decia esto, los Estados Unidos se hallaban prontos todavía, no tan solo á comprar las tierras y la libertad del Misisipi, que tanto deseaban, sino á garantir á la Francia la gran parte de aquel pais que debia quedarle. Demas de esto la Luisiana estaba todavía en poder nuestro, y los Ingleses no intentaban por entonces romper lanzas con nosotros. Y aunque lo hubiesen intentado, ademas de que el pais no estaba sin defensa, habriamos contado para ayuda con la asistencia de los Estados, para los cuales era de un interes eminente que los Ingleses no se apoderasen de la navegacion del Misisipi. Su interes en esto era mayor que el nuestro y de la Francia: la existencia y el comercio de un millon de sus habitantes dependian de la libertad de aquel rio.

« tidad que pediria; pero seré moderado *por la necesidad*
« *de vender en que me hallo.* ¡Cuenta pues con esto! *Yo*
« *quiero cincuenta millones;* menos de esta suma no admi-
« tiré ninguna : *haré mas bien una tentativa desesperada*
« *para conservar esas regiones tan preciosas...* (1). Tal vez
« me objetarán algunos que á la vuelta de dos ó tres siglos
« podrán llegar á ser mas poderosos de lo que conviene á
« la Europa, pero mi prevision no abraza estos peligros
« que ahora estan distantes : á los actuales que nos causa
« el poder colosal de la Inglaterra es á los solos que yo
« atiendo (2). »

Basta lo referido para dejar probado hasta qué punto fué voluntario y caprichoso aquel contrato, hasta qué grado ignoble, y hasta qué extremo, opuesto al interes de los Franceses. Falta solo notar que aquella inicua venta fué entablada y concluida á cencerros atapados sin la menor noticia de la España, sin que aun el mismo Azara nuestro embajador pudiese sospecharla, violando el *pacto* y el tratado con que la Luisiana fué retrocedida á condicion expresa y terminante de no poderla traspasar á nadie. M. Barbé-Marbois, á quien me es necesario citar á cada paso, cuenta asi frescamente esta infraccion escandalosa de un contrato por tantos títulos sagrado : « Los contra-
« tantes, dice (y él lo era por parte de la Francia), habrian
« deseado que la España hubiese podido concurrir á esta
« negociacion, porque habiéndose reservado por el tra-
« tado de 1º de octubre de 1800 el derecho de preferen-

---

(1) El plenipotenciario frances, mejor conocedor que Bonaparte, consiguió que el precio de aquella venta se alargase á ochenta millones de francos; y el mismo nos refiere que habiendo sido regulado el valor de la Toscana, por el año de 1800, en ciento y veinte millones, perdia la Francia cuarenta en el precio de los ochenta en que la Luisiana fué rematada.

(2) En la obra ya citada, parte primera, pág. 298, 299 y 300.

«cia, dado el caso de una cesion, *su consentimiento previo
«era sin duda necesario*. Pero el menor retardo ofrecia
«mil peligros, y la distancia de Paris á Madrid, junto á
«la lentitud ordinaria de aquel gabinete, hubieran hecho
«malograrse la negociacion (1). De esta suerte sucedió
«que hasta hallarse concluida, nada fué comunicado á
«aquella corte (2). Esta se quejó amargamente, y por
«espacio casi de un año fué imposible obtener de ella que
«aprobase el tratado. Sus quejas eran justas. La cuestion
«estuvo asi pendiente hasta el 10 de febrero de 1804 en
«que don Pedro Ceballos escribió á Mr. Pinkeney, minis-
«tro de los Estados-Unidos, que Su Magestad Católica se
«habia servido de levantar su oposicion al enagenamien-
«to de la Luisiana á pesar de las razones sólidas en que
«aquella se fundaba, proponiéndose por esta resolucion
«dar una nueva prueba de su benevolencia y amistad en
«favor de los Estados-Unidos (3).»

El interes político de la España fué la razon potísima de esta condescendencia con los Anglo-Americanos; no que la mereciesen. Por la primera vez aquel gobierno hizo una adquisicion sin consultar la razon pública ni las reglas del derecho comun establecido. El interes, regula-

_____

(1) El historiador frances pudiera haber añadido, sin temor de engañarse, que el consentimiento no habria sido dado por nuestro gabinete. Su interes político le impedia consentir que los Anglo-Americanos fuesen sus rayanos inmediatos sin ningun contrapeso con que mantener el equilibrio del poder en aquellos lugares.

(2) Pero estaba en Paris nuestro embajador, y una prueba mas de la felonía con que se procedió en aquel negocio, fué, lo primero, no haberle dado conocimiento alguno de lo que se trataba; lo segundo, haberle asegurado el ministro de relaciones exteriores que seria muy posible que á la llegada del enviado extraordinario Mr. Monroe, se hiciese la cesion de la Nueva Orleans y de las tierras que pretendian los Anglo-Americanos sin exceder las condiciones en que consentia la España.

(3) Pág. 321 y 322.

dor supremo de los actos de las naciones, cerró los ojos del congreso para aprobar aquel contrato sin el concurso de la España, á pesar de las protestas que hizo en contra el marques de Casa-Irujo; si alguna cosa pudo disculpar á aquel gobierno, fué la insinuacion falaz del ministro frances cerca de los Estados, de que nuestras protestas eran solo una apariencia para no irritar á la Inglaterra. ¿Qué remedio se podia adoptar en tales circunstancias? Negar la entrega de la Luisiana á los Franceses era aventurar el trono de la Etruria, romper la guerra con la Francia y tenerla muy probablemente con los Estados de la Union en América. Cierto, para la guerra con la Francia nos hubieran asistido los Ingleses, pero no podia esperarse la misma concurrencia contra los Anglo-Americanos, ni los Ingleses la ofrecieron. Aun asistida de ellos que la España hubiese sido, todo el mundo sabe bien cual era y de que modo la alianza y la asistencia inglesa. De otra parte, bien observado el continente, no resollaba nadie; todas las potencias devoraban en silencio sus disgustos y pesares.

Tal fué la posicion en que nos vimos por el triste interes de sesenta millones de francos que acotó el primer cónsul, vendida asi, por tan vil precio, con los intereses de la Francia, la fé que debia á España por el primer tratado que ajustó con ella (1). Un acto semejante por el cual, ademas de vender nuestro derecho, desmembraba de la Francia marítima una provincia inmensa, no se atrevió á cubrirlo por un decreto del senado, siendo asi que usó este modo de decretos para agregar á la república la isla

---

(1) Aunque el precio en que fué vendida la Luisiana ascendió á ochenta millones, el tesoro frances no debia percibir sino sesenta, quedando los otros veinte á favor de los Estados Unidos por las indemnizaciones que tenian reclamadas sobre agravios y perjuicios recibidos en el tiempo del gobierno directorial de la Francia.

de Elba y el Piamonte. Conocia su pecado y lo hizo á oscuras de la Francia y de la España. El deshonor no fué para nosotros que cumplimos nuestro tratado devolviendo la Luisiana á los Franceses, pero que protestamos cara á cara de su violento gefe contra el traspaso que hizo de ella. Si obró asi, no fué por connivencia nuestra, ni porque hubiese hallado pruebas de temor y flaqueza en nuestro gabinete; y si pasados luego muchos meses levantamos nuestra oposicion á aquel traspaso, no fué con Bonaparte, sino con los Estados de la Union con quien al fin condescendimos. Esta queja, entre otras muchas, tuvo siempre Bonaparte de nosotros. Los que tantas veces han acusado á nuestro gabinete de humillaciones nuestras á aquel hombre, nos podrian acusar con mas razon de una política tirante y menos cuerda de lo que aconsejara la prudencia contra sus fieras voluntades. Sabido fué que en aquel tiempo quiso intimidarnos y mandó formar un campo en la frontera comenzando á arrimar tropas; sabido fué tambien el tono firme con que hablé al embajador frances sobre aquella demostracion inesperada, y la resolucion con que le dije, que al proviso si no se retiraban al instante aquellas fuerzas, formaria yo otro campo en la Navarra; sabido, en fin, que el campo de Bayona fué disuelto.

No dejaré la Luisiana todavía sin referir un rasgo histórico de aquella época, por la buena memoria que debe conservarse del reinado de Cárlos IV. Nadie ignoró ni la inquietud ni la afliccion que en aquella provincia americana ocasionó la nueva de su retrocesion al dominio de la Francia, siendo asi que eran Franceses ó descendientes suyos los mas que la habitaban. Eran felices en verdad como Españoles: tal se hallaban, y tan bien eran tratados, que á los mismos Anglo-Americanos no encontraban cosa alguna que envidiarles. Luego que fué pasado aquel pais á manos de la Francia, y entonces ya, cuando nada tenian que temer ni que esperar del poder de la España,

y lo que es mas, cerca ya de hacer parte de la Union Americana, resolvieron dar un testimonio público y auténtico de su noble gratitud á los principales gefes y empleados que les habian regido dulce y sabiamente muchos años, añadiendo su despedida dolorosa del rey de las Españas, padre, mas que rey de aquellos pueblos, como le llamaban en su escrito. « Dentro de poco tiempo, decian entre otras
« cosas, vamos á gobernarnos por nosotros mismos.
« ¿Seremos mas dichosos? Bajo el sabio gobierno de V. M.
« hemos disfrutado toda la libertad que requeria nuestra
« existencia y nuestros intereses : esta misma libertad y
« aun mas lata la tendremos ciertamente; ¿pero será sin
« disensiones? ¿tendremos quien nos guarde de nosotros
« mismos y nos medie en nuestras diferencias? ¿nuestra
« paz y nuestra libertad se hallarán mejor en manos nues-
« tras que lo estaban bajo el cetro del monarca generoso
« que perdemos?... » (1) Tales cosas que decian de corazon los habitantes de la Luisiana, las habrian dicho de igual modo las demas provincias de la América. Fácil es

---

(1) Estos sentimientos afectuosos de los Luisianeses fueron tan notorios que Mr. Barbé-Marbois, aun sin ser de su propósito, ha hecho alguna mencion de ellos. En confirmacion de mi verdad citaré lo que refiere : « Los señores Salcedo y Casa-Calvo habrian ejercido una auto-
« ridad absoluta; pero lejos de que nadie les pudiese echar en cara
« ningun abuso de poder, todos daban testimonio de que habian ad-
« ministrado con sabiduría, con moderacion y con justicia. Para darles
« un testimonio público y seguro de reconocimiento y afecto, aguar-
« daron aquellos habitantes á que la cesion hecha á los Estados Unidos
« estuviese ya cumplida, y que la autoridad de aquellos gefes hubiese
« cesado enteramente. No pudiendo ya recibir de ellos mas favores,
« tenian aquellos testimonios un carácter de sinceridad mucho mas
« cierto que los que se reciben y no dejan nunca de tributarse á los
« que vienen á tomar el mando y ejercer funciones. »

En la *Historia de la Luisiana*, ya citada, parte tercera, pág. 355 y 356.

preguntarlo á los ancianos que aun existen de aquel tiempo.

Acabaré; mas aun me queda por contar aquí de paso una curiosa intriga de la policía imperial, tocante todavía á la Luisiana. En el año de 1810, tercero ya de la larga peregrinacion de mis augustos reyes, año fatal en que fueron interrumpidos los pagos de la renta que les estaba decretada en el tesoro de la Francia, fué forzoso para vivir que vendiesen sus magestades una gran parte de sus joyas y de artículos necesarios á la dignidad de sus personas. Yo no sé si por caso fué el canónigo Escoiquiz ó fueron otros, ó si fueron mas bien, como es probable, agentes del gobierno, los que habian esparcido cierta especie de que yo era dueño de tres á cuatro millones de aranzadas de tierra en el territorio luisiano (otros decian que en las Floridas), concesion que suponian haberme sido hecha en tiempo hábil por la magestad de Cárlos IV. ¡Hubiera Dios querido que esta especie hubiese sido verdadera; por ella yo no habria tenido de que avergonzarme, y mi vejez siquiera hubiera sido menos desgraciada! Mas los dones que yo debí á la real munificencia, fueron todos en el suelo de la península: mi fortuna toda entera se quedó en España; no conocí los bancos extrangeros, ni mi amor al pais supo jamas poner á parte de él mis años venideros, ni buscar fortuna ni extenderla fuera de mi patria. El tiempo lo ha hecho ver y yo amo mucho esta noble indigencia á que me encuentro reducido, falto de todos medios para mantener la vida, y habitando ahora un cuarto piso por haber pensado de aquel modo: yo no sé si serán muchos los que habiéndose hallado en igual ó semejante altura de fortuna en que yo estuve, podrán contar lo mismo. Y no lloro, ni me arrepiento; mi conciencia me hace rico de otro género de riqueza, mal conocida en este siglo, pero superior con mucho á aquella de que aun estoy desposeido.

He aquí pues, en los apuros que sufria en Marsella la subsistencia de mis reyes, me encontré con una carta de un tal Mr. *Mancel aîné y Cª.* proponiéndome la compra de la supuesta posesion que me era atribuida en los Estados anglo-americanos, ofreciéndome por ella una gran renta, y « con la circunstancia, me decia, de hacer-
« me esta propuesta, previo el consentimiento del mi-
« nistro de la policía duque de Rovigo. » Mi respuesta, fecha 7 de mayo de 1810, fué á la letra como sigue:

« Señores Mancel y compañía.— Las personas que han
« podido decir á VV. que yo era poseedor de tres á
« cuatro millones de aranzadas de tierra situadas en Amé-
« rica bajo la dominacion de los Estados Unidos, les han
« dicho una falsedad, cuyo orígen no puedo atribuir sino á
« los mismos que han movido contra mí el tropel de ca-
« lumnias de que soy objeto hace tres años.

« Inviolablemente adherido á mi patria y al augusto y
« desgraciado monarca que se dignó honrarme con su
« plena confianza, le he consagrado mi vida entera para
« probarle mi reconocimiento y mi amor por su felicidad
« y su gloria. He trabajado constantemente en hacer todo
« el bien que he podido. Si no he bastado á conseguirlo
« como mi corazon lo deseaba, todas las causas de los
« desastres ocurridos me son agenas, sin haber pendido de
« mí ni impedirlas ni vencerlas.

« Jamas en ninguna de las posiciones en que me he
« hallado por espacio de mas de quince años en que
« he servido á mis reyes, ni aun me vino al *pensa-*
« *miento* hacer adquisiciones fuera del territorio de Es-
« paña: sobre esto desafio á todo el mundo á que me
« pruebe que posea yo ni un palmo de tierra ni un escudo
« tan siquiera de renta fuera de mi patria.

« Cuanto yo poseia me habia venido de la munificencia
« del augusto monarca á quien tengo votada mi existen-
« cia. Yo habia ejercido el mando mientras reinó en las

« Españas : ahora todas mis cosas las he dejado para ape-
« garme solamente á su real persona; y mi familia y yo,
« si subsistimos, es tan solamente de las migajas de su
« mesa. Todo lo que era mio me ha sido quitado ó des-
« truido. Si conviniera á VV. tratar conmigo sobre las
« tierras de que yo era dueño en España, las proposi-
« ciones que me hacen me serian agradables y las acep-
« taria del mejor ánimo. — Saludo á VV., etc. »

Por supuesto los verdaderos ó fingidos licitantes se excusaron de tratar sobre mis bienes en España, y mal podrian haberlo hecho, cuando el emperador y su hermano Josef disponian de mis haberes como cosa propia suya sin contar conmigo y sin indemnizarme en cosa alguna. Pero firmes todavía los señores Mancel y compañía en sus proposiciones sobre América, se atrevieron á instarme sobre el mismo tema, designándome los lugares donde decian tener noticia de que yo era poseedor de un vasto territorio. Mi respuesta no les dejó lugar para excederse mas conmigo. Hízolo empero el Monitor publicando un tejido de imposturas sobre el mismo asunto. Perdí entonces la paciencia, y sin poder dudar que era aquella una intriga del gobierno, extendí una impugnacion de aquel artículo, y con ella, con las cartas de la casa Mancel y mis respuestas dadas, dirigí al duque de Rovigo el oficio cuya copia sigue :

« Marsella, 7 de setiembre de 1810. Mgr. Hace ya bas-
« tante tiempo que se procura esparcir entre el público
« que soy poseedor de un vasto territorio en la Luisiana ó
« en las Floridas. En abril último recibí una carta de un
« Mr. Mancel y compañía desde Paris, proponiéndome la
« venta de ese pretendido dominio, ofreciéndome por él
« una renta considerable, y añadiendo que lo hacian asi
« con el beneplácito del ministro de la policía general del
« imperio para dirigirme esta proposicion. Respondí in-
« mediatamente que yo no poseia ni tan solo un palmo de

« terreno fuera de España; pero la misma casa me mo-
« lestó con otra carta sobre igual suposicion á la primera,
« y con las mismas pretensiones. Díle nueva respuesta
« concebida con mayor fuerza en los mismos términos
« que la anterior, y cesó de escribirme.

« Pero la misma impostura ha sido ahora insertada en
« el Monitor, y como este diario es el único que se tiene
« en Francia por oficial y el mas extendido por todas par-
« tes, es honor mio refutar estas falsas especies, y dar á
« mi justificacion la misma publicidad que tiene el men-
« cionado periódico.

« En consecuencia de esto me he resuelto á pedir la
« autorizacion de V. E. para hacer insertar en el Monitor
« la carta que escribo á su redactor, con mas las copias
« de las cartas de Mancel y de mis respuestas que van
« aquí adjuntas, para que imponiéndose V. E. de ellas y
« no encontrando cosa alguna que se oponga á los intereses
« de S. M. I. y R., tenga la bondad de dar sus órdenes á
« fin de que tenga efecto mi solicitud, y que todas estas
« piezas se publiquen en el diario referido. Tengo el ho-
« nor, etc. »

Parecia natural que esta reclamacion tan justa se aten-
diese, mas ni aun respuesta recibí del duque de Rovigo.
¿Qué debia yo inferir de todo esto? El Monitor no publicaba nada á arbitrio suyo. Mr. Mancel y compañía fueron sin
duda agentes del gobierno, y el artículo del Monitor no es
creible se publicara sin su acuerdo, sobre todo en materias
de España y de Españoles. ¿Intentó Bonaparte despo-
jarme de mis supuestas propiedades en América, como fui
despojado enteramente por él y por su hermano de las que
tenia en España? ¿Fué su intencion tal vez pagar á Cárlos IV, que perecia en Marsella, con el producto imaginado
de mis pretendidas propiedades en la Luisiana ó en las
Floridas? Yo no sabré decirlo. Lo que quiera que aquello
hubiese sido, el tiempo que revela todas las verdades y

desmiente las mas de las calumnias, ha hecho ver que yo no tenia nada en las Américas. Otra cosa tambien dejó ver en aquellas circunstancias, que es para mí una grande gloria, es á saber, que de tantos Españoles dislocados por las intrigas de Bayona, reyes, príncipes, infantes, súbditos de diversas categorías, yo solo, único entre todos, ni acepté, ni tuve rentas, socorros ó subsidios de ninguna especie, del emperador de los Franceses.

CAPITULO XVI.

De la hacienda en 1803. — Nuevos favores y estímulos añadidos á la navegacion, la industria y el comercio. — Expediciones científicas y políticas acometidas en el mismo año. — Empresas de utilidad pública y de salud general. — Adelantos progresivos en ciencias, letras y artes.

A contar desde 1814, los hombres de Aranjuez, y los que detras de ellos recibieron y ejercieron como una especie de encomienda ó de poder hereditario el mando de la España, dueños de gobernarla con poder absoluto, disfrutaron diez y ocho años de una paz cumplida sin enemigos exteriores. A una ligera interrupcion que sufrió aquella paz por los sucesos de 1820, los primeros reyes de la Europa tomaron voz y causa en favor del rey Fernando : cien mil hombres que le acudieron de la Francia, le volvieron su poder entero. Con ningun gabinete de la Europa hubo en tan largo tiempo querellas ni contiendas : reintegrados ó repartidos los despojos del grande imperio momentáneo, se acalló el continente sin mas temor de guerra. En esta grande crísis de paz y de reposo, todos los pueblos de la Europa se han repuesto mas ó menos de sus quiebras: la Francia misma, puesta durante un tiempo bajo el yugo de las armas extrangeras, y expiando largamente la ambicion de Bonaparte, levantó su cabeza de en medio de las ruinas, organizó su hacienda, estableció su crédito, y ceñida cual volvió á verse á sus antiguos lindes y á sus recursos ordinarios, mejoró su fortuna y recobró el lugar de autoridad y de respeto que convenia á un gran pueblo. Preguntad entre tanto á los hombres de quien yo hablaba ¿qué hicieron de la España en tan largo período de la paz universal de mar y tierra?... ¿Qué hicieron por la España?... Nó...! preguntad mas bien qué hicieron de ella!... La comieron, la devoraron cual las carnes del sacrificio derrochadas en el banquete!... ¿Nó me toca á mí trazar el cuadro de esta época la mas infortunada de los siglos en los anales de mi patria? ¿Por ventura no está grabada con hondas buriladas sobre todos los corazones de sus hijos, hoy mas que nunca desolados por la espantosa guerra interna que ellos les han movido, postrer obra de sus manos?

Y sin embargo tales hombres son los que acusaron el reinado de Cárlos IV, los que lograron infamar á los fieles servidores de este buen monarca, quienes los acusaron de no haber hecho nada por la España y haber dilapidado su fortuna. He aquí un año todavía en que los horizontes se cargaban nuevamente, en que la paz se iba, y en que por retenerla entre nosotros, sin haber medio de evitarlos, se arrostraban sacrificios grandes pecuniarios.

Se caminó este año hasta la 61ª. amortizacion de vales reales desde la 48ª. donde se habia llegado en el año antecedente. En fin de agosto y á los solos tres años de restablecido el régimen del consejo de Castilla como fué montado en un principio siendo yo ministro, iba ya amortizada y cancelada la suma de doscientos cuarenta millones de reales. Al fin del mismo año, la cantidad amortizada componia un total de doscientos cincuenta y tres millones, veintiocho mil, ochocientos noventa y cuatro reales, cuatro maravedises.

Todos los intereses de la deuda se pagaron exactamente; todas las acciones de los viejos empréstitos, reembolsables por turno, fueron tambien pagadas como en los años anteriores; todos los réditos de bienes de obras pias fueron satisfechos de igual modo religiosamente.

Aun quedaban por redimir los créditos de diferentes sumas con que en los dias críticos de las pasadas guerras acudieron al gobierno los consulados de Cádiz, Malaga y algunos otros puertos. Los arbitrios señalados para atender á este reintegro no habian sido suficientes y pesaban sobre la navegacion y el comercio marítimo. El gobierno buscó el modo de pagar lo que faltaba sin gravar al público; todo fué satisfecho plenamente, capitales é intereses: los arbitrios fueron levantados.

Por el mismo año dió principio el aumento de pagas del ejército y armada, establecido por las nuevas ordenanzas. Entre las mejoras de la nueva planta, comenzada á dar ya y á realizar para el servicio militar de mar y tierra, una de ellas fué este aumento y estas justas retribuciones del oficial y del soldado; ningunas tropas de la Europa se encontraban mejor dotadas que las nuestras. A la marinería se añadieron tambien premios y ventajas nuevas, se le pagaron aquel año todos los atrasos que aun quedaban de los de 1799 y 1800; y un sistema rigoroso de contabilidad, y de medios y fondos especiales, aseguró sus pagos al corriente (1).

_____

(1) Por temor de hacer sumamente difusas estas memorias, me abstendré de añadir aquí y de analizar los nuevos reglamentos y ordenanzas que se dieron sucesivamente para el arreglo militar, objeto principal de mi encargo por aquel tiempo, y trabajo emprendido y continuado hasta el fin, á pesar de mil obstáculos, con los estados mayores de todas armas. Los que quisieren consultar estos documentos no necesitan ir á los archivos, puesto que la imprenta los multiplicó

A las dulzuras pasageras de una paz harto incierta, quiso Dios mezclarnos aquel año muchas plagas. Una cosecha muy escasa, las dos Castillas infestadas de tercianas, y la clase labradora mayormente acometida de este azote; Málaga y sus pueblos comarcanos asaltados furiosamente por la fiebre amarilla, la provincia toda consternada, su comercio interrumpido enteramente, y aquel mal reverdecido mas ó menos en Cádiz y Sevilla, eran otras tantas aflicciones que angustiaban el pais á la parte de adentro. Mas para todas cosas alcanzó la providencia del piadoso Cárlos IV. Los pueblos todos de las dos Castillas recibieron provisiones abundantes de quina superior, mandada repartir gratuitamente á la doliente muchedumbre: facultativos especiales, elegidos y enviados por parte del gobierno, recorrian las poblaciones y llevaban los consuelos y la luz de la ciencia hasta lo mas interno de las aldeas y las cabañas; los prelados y los excelentes curas españoles, invitados á nombre del monarca, redoblaban sus esfuerzos para hacer ciertos y seguros los deseos de aquel buen príncipe (1).

---

por todas partes. No por esto dejaré de presentar al público un cuerpo entero razonado de estos trabajos que seguirá á las Memorias y les servirá de suplemento.

(1) Cárlos IV llevó su celo caritativo y cristiano hasta el extremo de dejar vacíos los almacenes de su real farmacia, asi de las ricas especies de quina de que estaban surtidos, como de los demas remedios oportunos para combatir tan penosa epidemia. Cuando le dijeron los gefes de aquel establecimiento que convendria á lo menos guardar una parte de las especies mas exquisitas, respondió Su Magestad con aquella franca nobleza natural que partia de su alma: « Nó; la mejor « quina y mas eficaz, para mis queridos labradores enfermos; cada « vida de ellos que se salve será un aumento de la mia por sus bendi- « ciones que recibiré yo en pago de esta buena obra. » Acababa de llegar entonces la fragata *Dolores*, ricamente cargada de las especies mas selectas de esta preciosa cascarilla, algunas de ellas nuevas, de virtud poderosa, segun escribia nuestro botánico don Juan Tafalla que

Igual solicitud fué tenida por los pueblos asaltados de la fiebre: socorros cuantiosos salieron del erario para ellos; los cordones fueron abastecidos plenamente; los facultativos, las instrucciones del arte, los enfermeros prácticos, los químicos y expertos en las desinfecciones, todo fué prodigado. ¡Cuánto tuve yo entonces que alegrarme por mi empeño y mi teson en restaurar la medicina desde mi entrada al ministerio! Al principio de estos esfuerzos que yo hice, hubo muchos que censuraban los extraordinarios gastos que costó la mejoracion de los estudios médicos y el perfecto cultivo de sus auxiliares las ciencias naturales. Toda la gente antigua contaba estas cosas como un lujo inútil de pura ostentacion y vanidad que no se hallaba en harmonía con los apuros del estado. Affigidos luego por las epidemias que acometieron nuestro suelo, y encontrando tantos socorros de la ciencia, hubo muchos que miraron como una inspiracion del cielo lo que yo habia hecho en estos ramos, cual si hubiera previsto lo futuro.

---

dirigió aquel cargamento. El rey mandó distribuir del mismo modo aquel tesoro, quedando solo en el jardin las muestras necesarias de las especies nuevas. El reparto de estos socorros medicinales fué encomendado al marques de Ariza, y sus distributores fueron los obispos. De los muchos rasgos de caridad con que estos se distinguieron en aquella calamidad, á quien mas podia segun sus medios, citaré el de mi querido hermano político don Luis de Borbon, arzobispo de Toledo, que se encargó de surtir y surtió por sí solo á sus expensas, las copiosas distribuciones de quina y otros varios remedios que se hicieron en su vasta diócesis, acompañados de socorros pecuniarios para el alimento de los enfermos mas necesitados. Todo esto sin contar la largueza de sus socorros en el arzobispado de Sevilla, donde destinó el producto total de las rentas de aquella mitra al alivio de los pueblos afligidos por la fiebre amarilla. De memoria de hombre no se habian visto familiares de obispos tan ocupados y en una vida tan activa como aquel real prelado tenia á los suyos en el socorro de la miseria agena, gente elegida toda su familia, y muchos hombres sabios entre ellos.

Tantos gastos ordinarios y extraordinarios que llevo referidos, y el que por probar á mantener la paz con la Inglaterra se añadió en aquel año de pagar á la Francia en numerario el contingente de navíos armados que Bonaparte reclamaba (concesion, como dejé mostrado en otra parte, á la cual faltó mi voto), tantos gastos y dispendios, tan cuantiosos, no impidieron añadir nuevos favores á la navegacion, á la industria y al comercio. De estas gracias y favores se debian resentir las aduanas y bajar de por tiempo los ingresos del tesoro; pero la luz de nuestros dias alumbraba de par en par á los hombres que se ocupaban de economía y hacienda en la junta general de *comercio, moneda y minas* y en las nuevas oficinas de fomento. Yo hablaré mas adelante en otra parte de las largas tareas emprendidas en aquel departamento. Fruto de estas luces empleadas con lealtad y con acierto fueron tantas concesiones que se hicieron en el año de 1803 para aprovechar aquellos dias de paz, que desgraciadamente y sin culpa alguna nuestra, fuerza solo de los sucesos y los destinos de la Europa, no tardó mucho tiempo en malograrse. Referiré por muestra del excelente espíritu que reinaba en el gobierno algunas solamente de las muchas concesiones que se hicieron.

A la seda en rama, de cosecha propia nuestra, se concedió exencion de toda suerte de impuestos en su tráfico de unas provincias en otras, fuese por tierra, fuese por mar en buques del pais y por cuenta de Españoles. Igual favor á la seda, cria de América, de unas en otras provincias de aquellas regiones, en su salida para España, y en su entrada en nuestros puertos.

A las azúcares de América conducidas en buques españoles se les alzaron los derechos de rentas generales y los que se cargaban á su entrada para la extincion de vales. Las de nuestros litorales fueron tambien favorecidas con rebajas de mas de la mitad de los derechos que pagaban, tres en lugar de siete.

Los derechos de entrada en nuestros puertos de los cueros de América, fueron reducidos al cuartillo por ciento para el consulado, y á dos maravedises en libra para rentas generales. Estos mismos cueros y los de España elaborados y curtidos en nuestras fábricas, fueron declarados libres de toda suerte de tributo en su extraccion de nuestros puertos en buques españoles, con mas la restitucion de una mitad de los derechos que pagaron á su entrada al pelo. Este ramo de industria llegó en España al colmo de su perfeccion y encontraba compradores en todos los mercados de la Europa y de las Indias.

Las mismas exenciones de toda especie de tributo fueron concedidas á nuestros mármoles y jaspes labrados en España, industria libre enteramente, tanto en lo interior del reino como en su salida al extrangero y á las Indias. Aun los mármoles extrangeros labrados en España obtuvieron igual ventaja, cuando salian asi labrados en buques propios nuestros para otros puertos de la Europa ó de la América.

La loza fina del reino fué hecha libre enteramente dentro y fuera de España.

Todos los artículos de industria nuevos, ó innovados en el reino, sobre la exencion de derechos recibieron favores y privilegios especiales por mas ó menos tiempo en razon de los esfuerzos que debian costar á los emprendedores de estos nuevos objetos de trabajo y arte. A esta larga medida se debieron muchos artefactos no conocidos antes en España, entre ellos la fabricacion de papeles de esparto, paja, pita, palmito, etc., introducida por el excelente artista *Aristides Franklin*, con la sola condicion de emplear operarios españoles y enseñarlos; las preparaciones y extractos de la regaliza y su exportacion al extrangero, las del plomo en todo género de operaciones químicas, concedido el metal de nuestras reales fábricas á solo costo y costas; las de mercurio con las mismas facilidades, las de betunes, sales y toda suerte de fósiles indígenos, ramos nuevos de riqueza descuidados hasta entonces.

A estas gracias y privilegios se fueron añadiendo, desde 802, primas y favores especiales á nuestra marina mercante sobre toda suerte de frutos y efectos españoles despachados en los mercados extrangeros.

De la propia manera los artículos extrangeros necesarios á nuestra industria obtuvieron franca entrada: toda suerte de drogas, simples, ingredientes, etc., de que se careciese para nuestras artes, fueron exentas de tributos, hecha su importacion con bandera propia nuestra; todo género de máquinas, instrumentos ó utensilios inventados en otras partes y desconocidos en España, obtuvieron la misma gracia. Y aun se hizo mas, se estableció una agencia por cuenta del gobierno para procurar los pedidos de estas cosas que cualquiera interesado, falto de medios para poder traerlas por su cuenta, declarase serle necesarias. Los agentes del gobierno las hacian venir, y se daban por su solo costo, muchas veces á plazos, mas de una vez gratuitamente.

Igual favor y los mismos medios de procuracion se acordaron á la introduccion de nuevos instrumentos astronómicos, aparatos é instrumentos de física y de química, de matemáticas, de cirujía, y en general de toda arte que necesitase ser perfeccionada.

A estas y otras varias disposiciones semejantes, se añadió bajo las mismas miras de sistema, un nuevo arreglo en las tarifas de aduana, dirigido todo á cargar en favor nuestro la balanza de comercio.

La marina mercante fué un objeto predilecto. Nuestra hacienda consintió en perder por el momento mucha parte de sus entradas, que era sembrar riqueza para en adelante, si la prolongacion de la paz llegaba á darnos el tiempo necesario.

Para mayor aumento y mas grandes facilidades de la

navegacion y del comercio, se habilitaron nuevamente diferentes puertos en España y las Américas.

En Galicia, el del Ferrol fué puesto al igual de Cádiz y de los demas de primer órden.

Hacia tiempo que los Vizcainos deseaban tener un puerto libre de inundaciones. Para lograrlo me buscaron. La anteiglesia de Avando, situada en el infanzonado de Vizcaya sobre la orilla septentrional de la ria llamada de Portugalete, con la misma barra, la misma entrada y las mismas aguas de Bilbao, por su situacion topográfica tenia la ventaja deseada. La concesion fué hecha; habilitóse Avando para puerto, y por tal medio consiguió aquel pais un punto cierto y ventajoso de comunicaciones útiles con los dominios españoles y con las demas naciones comerciantes. Agradecido el señorío, pidió al rey y obtuvo que Avando tomase en adelante el nombre de *Puerto de la Paz*... ¡Tiempos bien diferentes! Hoy dia podia llamarse *puerto de la guerra* y de una guerra impía de hermanos contra hermanos!

Tarragona no tenia puerto; sus playas ofrecian apenas un surgidero descubierto donde ni aun los buques inferiores de comercio se encontraban al abrigo de los vientos. En los postreros meses de 1797, cerca ya de retirarme del mando, se acordó la construccion de un puerto conveniente al incremento que tomaban la agricultura y la laboriosa industria de aquellos naturales. Se señalaron los arbitrios conducentes para aquella empresa, y en el siguiente año de 1798 se dió principio á ella, puesta á cargo de don Juan Ruiz de Apodaca, capitan entonces de navío. Suscitáronse en seguida emulaciones, pleitos y recursos sobre los arbitrios designados y el derecho de administrarlos, lo bastante para interrumpirse aquella grande obra muchas veces. Cuando volví yo al mando en calidad de generalísimo, no pude ver con sangre fria la lentitud de los trabajos ni los impedimentos que oponian gentes enemigas ó envidiosas. Dada parte en la señalacion de arbitrios nuevos á los ayuntamientos y á las personas mas notables del pais, se allanaron las dificultades, se aumentaron los fondos, y el gobierno dió la mano generosamente á aquella empresa, decretando para ella la subvencion anual de ochocientos mil reales, pagados del tesoro. Púsose mano firme á los trabajos, simplificóse la administracion y sometióse á cuenta rigorosa. Las economías, la rara inteligencia y el celo del brigadier ingeniero don Juan de Smiths allanaron toda suerte de obstáculos y acrecieron los medios. Al fin ya de 1803, se encontraba el puerto en capacidad para contener navíos de guerra. La fragata *la Venganza* de treinta y seis cañones, fué el primer bastimento que en los últimos dias de octubre amarró en tierra con cuarenta pies de agua á ciento y diez brazas de la extremidad del muelle. Su extension de mil varas de largo debia ofrecer capacidad para veinte navíos de guerra al abrigo perfecto de los furiosos vientos que acometen aquellas costas. Cuanto á su solidez, *obra romana* la llamaron los ingenieros franceses M. Chevalier y M. Mechain que vinieron á visitarla, y encontraron que competia con las obras de igual clase practicadas en Cherburgo. Uno y otro, juntamente con M. Lalande, hicieron larga y honrosa mencion en los periódicos franceses de la gloria que nuestro ingeniero Smiths se adquirió en Tarragona. Esta gran obra recibió su complemento sin ninguna interrupcion en los años posteriores. Consultóse en ella no tan solo al beneficio del pais tarraconense, sino tambien á la mejor defensa para en adelante de las islas Baleares.

De igual clase de beneficios y de empresas participaban por el mismo tiempo largamente los fieles pueblos de la América, unidos cual se hallaban en aquella época tan estrechamente á su metrópoli. En 1803 se construia en Veracruz el magnífico camino de *Perote* y se levantaba el nuevo faro de San Juan de Ulúa; en las Californias se limpiaba y ensanchaba el puerto de San Francisco; y en la bahía de Cerralvo y las islas de San José y Santa Cruz se establecia una compañía para la pesca de las perlas. Se mejoraba el puerto de Trujillo en las Honduras, se agrandaban y se ponian en plena actividad los astilleros de Realejo en Nicaragua; los de Guayaquil recibian aquel aumento que los hizo mirar como el primer establecimiento de este género en la costa occidental de la América: en la del Perú, falto de buenos puertos á lo largo del litoral, se agrandaba y habilitaba el de Pisco: en las provincias de la Plata no permitia yo entonces que las autoridades se entregasen al reposo, mientras no empujasen con esfuerzo mi proyecto de formar una colonia en las islas Maluinas ó archipiélago de Falkland para la pesca de ballenas y de focas. En toda la extension de los dos hemisferios, en el continente y en las islas, donde quiera que el interes del comercio y la necesidad de ahuyentar el contrabando parecia requerirlo, se habilitaban nuevos puertos para el tráfico: en Cuba solamente por el mismo año fueron habilitados los de Manzanilla, la Goleta y Baracoa. Mucha parte de la prosperidad y la opulencia que disfruta al presente aquella isla procede de aquel tiempo.

Mientras tanto trabajaban nuestros marinos en empresas pacíficas sobre todos los mares.

En el Archipiélago de la Grecia, costas occidentales y meridionales del Asia menor, Siria, Egipto y Berbería hasta el cabo Bon, se hallaba empleada en el mismo año de 1803 la fragata *Soledad* al mando del sabio brigadier don Dionisio Galiano. El encargo de este benemérito general era de fijar exactamente, en latitud y longitud, los puntos principales de la costa, para trabajar y publicar en la direccion de trabajos hidrográficos la hoja tercera y última de nuestra gran carta nacional del Mediterráneo. De camino exploraba los mejores puntos donde convendria establecer nuevas relaciones de comercio y abrir entradas ventajosas á nuestras producciones, sobre todo á nuestros plomos, en los puertos de Levante.

En el rio de la Plata dos buques menores á cargo del alférez ó teniente de fragata don Andres de Oyarbide, se hallaban destinados á tomar conocimiento exacto de su sonda. Don Joaquin Fidalgo, capitan de navío, buscaba y situaba, con la prolijidad que tenia de costumbre, todos los bajos que hacen peligrosa la navegacion desde Cartagena de Indias hasta Cuba.

Don Josef del Rio, capitan de fragata, en la parte sud de la misma isla, desde Cabo Cruz hasta el de San Antonio, ejecutaba al mismo tiempo las operaciones de detalle necesarias para la exacta descripcion de estos parages.

Don Ciriaco Ceballos, capitan de navío, con los bergantines guardacostas de su mando, trabajaba en la exploracion de las costas occidentales del Seno Mejicano y en el exámen de la costa de Campeche. Su encargo se extendia á reconocer los puntos que necesitasen mayormente ser fortificados para amparar nuestros cruceros y prevenir defensas nuevas en el caso de otra guerra.

En las costas de Guatemala, golfo del Papagayo y orillas occidentales del virienato de Santa Fé, se hallaban destinadas la corbeta *Pastor*, la *Estremeña* y el bergantin *Peruano* para el reconocimiento y descripcion de los principales surgideros de aquellos parages y de sus medios de defensa. De estos trabajos estaban encargados don José Colmenares, don Mariano Ysasviribil y don José de Moraleda, oficiales de un gran mérito. Con sus útiles y exactísimos trabajos se completó la instruccion náutica de aquellos puntos.

El capitan de fragata don Juan Vernaci, y el teniente de navío don Isidro Cortazar partieron en aquel mismo año en la fragata *Ifigenia* á las costas de Coromandel para pasar despues por el estrecho de Malaca hasta Manila, aumentar y mejorar las descripciones que se poseian y publicaban por nuestra direccion hidrográfica, completar los conocimientos de aquel archipiélago, y continuar hasta su conclusion la carta del estrecho de San Bernardino.

Don Ignacio Alava, don Cosme Churruca, don Josef Joaquin Ferrer, don Fernando Quintana, don Francisco Riquelme, don Juan Perlet, don Domingo Navarro, don Ventura Barcaiztegui, don Antonio Robredo, don Francisco Montes, don Tomas Ugarte, don Juan Henriquez, don Miguel Zapiain y tantos otros escogidos oficiales de marina, de tantos buenos como habia, y á que ya no alcanza mi memoria, tenian varias otras comisiones de la misma especie, y enriquecian cada vez mas nuestro gabinete hidrográfico, á ninguno ya inferior por aquel tiempo en obras suyas propias entre las demas potencias de primera clase. Ni estaban enterrados, como en otro tiempo por mezquindades vanas de política, estos utilísimos trabajos. Reservada en el ministerio aquella sola parte que concernia á la defensa y á la guarda de las inmensas costas de nuestros dominios, todo lo demas salió al público y se daba á precios moderados, en grande ó en detalle: codiciábase mas la gloria y el bien comun de las naciones que el monopolio de las luces.

Al mismo año de 1803 pertenece la expedicion cosmopolita y filantrópica de la vacuna, que honrará para siempre la memoria y el reinado del benéfico Cárlos IV. El feliz descubrimiento, superior á toda alabanza, del doctor Jenner, se hallaba combatido todavia en muchas partes de la Europa, cuando España hacia salir aquel convoy de bendicion que llevó la vacuna á las Américas, y dió la vuelta al mundo para ofrecer aquel presente á las naciones mas lejanas. El 30 de noviembre zarpó de la Coruña la corbeta *Maria Pita* bajo el mando del teniente de fragata don Pedro del Barco, con diez facultativos escogidos, á la cabeza de ellos nuestro ilustre Bálmis, y unos veinticinco niños con sus madres ó con nodrizas, para ir inoculando brazo á brazo en el curso de la navegacion y hacer llegar el saludable fluido á su destino sin peligro de alterarse (1). Cada uno de estos niños, y los que despues fueron tomados en el largo curso y en ias varias reparticiones de esta vasta empresa, fueron adoptados por la piedad de Cárlos IV como hijos especiales de la patria, quedando á cargo del gobierno su mantenimiento y enseñanza hasta ponerlos en estado conveniente. Las primeras escalas fueron hechas en Tenerife, Puerto Rico y la Habana. De allí partió la expedicion á Veracruz y á los principales puntos de entrambos hemisferios, subdividiéndose las comisiones, una de ellas al mar del Asia, que llegó felizmente á las islas Filipinas. Aquel rico presente, mas que el oro y la plata, pasó de allí á otras islas y penetró en la China. Tantas y tales cosas eran hechas en España en una clara pasagera de los recios trabajos que llovian en aquel tiempo sobre los pueblos de la Europa (2).

---

(1) No por esto se omitieron los demas medios conocidos de conservar y conducir aquel fluido en seco, asi para mayor seguridad, como para experimentar hasta qué punto y de qué modo seria dable conservarlo en toda su virtud á largas distancias y en diferentes climas. Bálmis escribió un diario exactísimo de todas sus observaciones en el largo discurso de aquel viage filantrópico.

(2) Esta noble y generosa mision de la vacuna digna de figurar entre las mas cristianas y evangélicas que han salido de la Europa para las regiones de ultramar (pues *Evangelio* era tambien ó *nueva de bienes* aquella gran remesa de salud á la mitad del mundo) excitó el divino estro de nuestro lírico Quintana y valió á nuestro Parnaso aquella rica composicion bien conocida que comienza,

Virgen del mundo, América inocente.

Citaré de ella dos pasages solamente. El poeta pone en boca de Bálmis, entre otros versos, los siguientes:

« El don de la invencion es de fortuna:
« Gócele allá un Ingles; España ostente

El tiempo y la fortuna me faltaron para otra empresa que concebí en el mismo año, que empezó á prepararse, y á la cual la injusta y cruda guerra que nos movió la Gran Bretaña en el siguiente de 1804, no permitió dar cima. La deplorable venta de la Luisiana que habia hecho Bonaparte á los estados de la Union, obligaba á tomar medidas especiales para guardar nuestras fronteras de la Nueva España puestas en contacto con aquella república. En vez de fuertes y barreras materiales nunca del todo suficientes para impedir las invasiones, mucho menos en aquel punto descubierto sobre una línea inmensa, imaginé ser mejor asegurar su guarda por la lealtad y las virtudes

---

« Su corazon espléndido y sublime,
« Y dé á su magestad mayor decoro,
« Llevando este tesoro
« Donde con mas violencia el mal oprime.
« Yo volaré, que un númen me lo manda,
« Yo volaré, del pérfido Océano
« Arrostraré la furia embravecida,
« Y en medio de la América infestada
« Sabré plantar el árbol de la vida. »

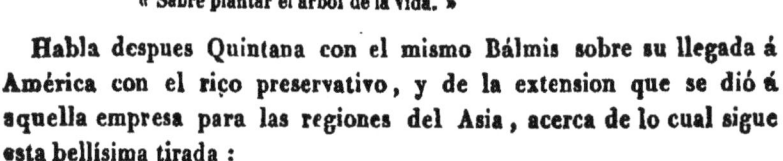

Habla despues Quintana con el mismo Bálmis sobre su llegada á América con el rico preservativo, y de la extension que se dió á aquella empresa para las regiones del Asia, acerca de lo cual sigue esta bellísima tirada:

« Llegas en fin; la América saluda
« A su gran bienhechor, y al punto siente
« Purificar sus venas
« El destinado bálsamo: tú entonces
« De ardor mas generoso el pecho llenas,
« Y obedeciendo al númen que te guia,
« Mandas volver la resonante prora
« A los reinos del Gánges, à la aurora.
« El mar del mediodia
« Te vió asombrado sus inmensos senos
« Incansable surcar: Luzon te admira,
« Siempre sembrando el bien en tu camino,
« Y al acercarte al industrioso Chino,
« Es fama, que en su tumba respetada,
« Por verte alzó la venerable frente
« Confucio, y que exclamaba en su sorpresa:
« *¡ Digna de mi virtud era esta empresa!* »

de un nuevo pueblo de Españoles guerreros, posesionados y heredados ricamente en los paises limítrofes de la Luisiana á la derecha del Sabina en la provincia de Coaguila y Texas, tierra feraz, tierra vírgen, clima apacible y saludable, soledad vastísima. Mi proyecto fué, lo primero, reclutar para aquel punto un cierto número, el mas largo que pudiera conseguirse, de soldados ya cumplidos, en edad conveniente, hijos unos de los campos, otros de los talleres de artes y oficios necesarios á las tareas campestres; lo segundo, reclutar del mismo modo familias pobres y honradas de labradores y artesanos que se hallarian con ánimo para pasar los mares y hacerse propietarios en aquella provincia fecundísima; lo tercero buscar huérfanos y viudas jóvenes que dotadas convenientemente, se pudiesen desposar con los honrados veteranos que deberian poblar y defender aquella tierra; lo cuarto destinar tambien, previas sus voluntades, otro número indefinido de jóvenes expósitos de ambos sexos, tales como entonces, por mi especial cuidado, se educaban en España. Tanto los veteranos destinados á la nueva colonia, como las familias emigrantes de labradores, jornaleros y artesanos, y los jóvenes expósitos debian recibir lotes en plena propiedad de las mejores tierras con los aperos necesarios, y formar villas y lugares en distancias oportunas que se diesen la mano unas á otras, sin mas carga que formar una milicia siempre lista para defender la entrada contra toda suerte de enemigos. Todavía ademas de esto, como hubiese cabida en aquel punto para establecer colonos por millares, me propuse hacer llamada para el mismo objeto á labradores y artesanos irlandeses, gente amiga de los Españoles, muy simpática con ellos, que se creen de un mismo orígen.

Este proyecto no fué un sueño. Hácia el fin de aquel año, y en el discurso del siguiente de 1804, se puso mano á aquella empresa. El coronel don Pedro Grimarest, militar el mas propio para el caso por su inteligencia, su carácter popular, y su ardor patriótico, fué nombrado gefe de ella, y secretario suyo don Francisco Pardo Osorio, no menos distinguido por sus conocimientos y por su celo de la patria. Cuatro mil soldados, gente trabajadora, de costumbres probadas, y un buen número de familias, ademas de los expósitos y expósitas, se encontraban ya inscritos para miembros de la nueva colonia cuando estalló la guerra nuevamente con la nacion británica. No quiso Dios que se lograse aquel proyecto, pero sin desistir de realizarlo cuando la paz ó alguna tregua pudiera permitirlo, la division de Grimarest permaneció constantemente en el servicio; los fondos, señalados; muchos gastos ya hechos, y mandada establecer una reserva de caudales para el mismo objeto en las tesorerías de Nueva España. Despues vinieron los desastres de Aranjuez y de Bayona... A lo menos no se perdió del todo lo que estaba preparado, si como tengo oido, la division de veteranos voluntarios para la colonia militar proyectada que se encontraba en Cádiz, se incorporó al ejército y ayudó grandemente á la defensa de la patria en los primeros dias mas críticos de su heróico alzamiento.

Muchas otras cosas se hicieron todavía en el año de 1805, que merecen mencionarse.

En Madrid la reina María Luisa fundó y estableció un hospital para mugeres pobres impedidas é incurables; su asistencia, por doncellas huérfanas bajo la direccion y enseñanza de dos hermanas de Jesus Nazareno del hospital de Córdoba, cuya regla fué adoptada. Todos los primeros gastos de la fundacion fueron hechos de su bolsillo. Una junta de señoras ilustres bajo la presidencia de la reina se encargó de aquella casa.

Se añadieron medios y arbitrios al hospicio de Madrid; se estableció un nuevo plan para dar asilo á los mendigos y ocuparlos. Madrid se vió libre de esta plaga. A semejanza de lo hecho en la capital del reino, se hizo proceder tambien en las provincias á la represion de los mendigos, señalando arbitrios para conseguirla. Logróse mas ó menos en las demas ciudades, en algunas plenamente, á proporcion del celo y de las luces de las autoridades y demas sugetos que debian cooperar á aquel servicio. En Barcelona sobre todo concurrieron sus habitantes á la formacion de un nuevo hospicio bajo las mejores reglas de moral, de economía y de industria para toda suerte de pobres de la ciudad y el principado. El rey fué delante de los votos de aquellos naturales : cuanto pidieron les fué otorgado largamente en materia de arbitrios y de medios ciertos y seguros. Aquel hospicio fué un modelo de sabiduría económica, y llegó á sostenerse por sí mismo. Cádiz ofreció el mismo ejemplo.

Amenazado el reino de una carestía por la escasez de la cosecha, se dió libre entrada, exenta de derechos y de impuestos de toda especie, á los granos, legumbres y harinas extrangeras; se mandó ceñir aquel año á una mitad el voto de Santiago, y asi de este como de los diezmos, tanto eclesiásticos como laicales, para impedir el monopolio desgraciadamente harto comun entre los partícipes de aquellas rentas, se ordenó poner á disposicion de los ayuntamientos para el panadeo y las *siembras* hasta la quinta parte de los granos decimales, pagaderos á condiciones razonables. Murmuróse mucho esta medida por los mas de los partícipes, pero el rey daba ejemplo aprontando la misma cuota, bajo iguales condiciones, de sus reales tercias y novenos. Bien que esta providencia salvadora hubiese sido consultada en el consejo de Castilla, y este la hubiese autorizado, no por eso la encontraron justa ni laudable los que esperaban sacar un gran partido de la general penuria. Se mandó tambien aplicar por aquel año al surtido de los pueblos toda la parte de las rentas de memorias destinadas á fiestas eclesiásticas. El bien fué para el reino: para mí, los odios y rencores. Sabian bien que tenia yo acreditado en el ánimo del rey el gran principio de que la suprema inspeccion de toda suerte de impuestos, asi eclesiásticos como civiles, y de fundaciones piadosas muy especialmente, pertenecia á sus regalías, y que el bien procomunal, superior á toda clase de privilegios y exenciones, le surtia un derecho pleno de intervenir en ellos y conciliar su goce con la cosa pública. Estas doctrinas eran axiomas y eran viejas entre los consejeros de Castilla: el ajustarme á ellas y sostenerlas con firmeza, concentró sobre mí todo el odio de aquel género de hombres que jamas perdonan.

Bajo el mismo cuidado de prevenir los males que podia causar la carestía entre las clases pobres proveyó el gobierno los medios de multiplicar las obras públicas en Madrid y en las provincias. Donde quiera que no bastaron á este objeto los caudales públicos ni las asociaciones de beneficencia promovidas en todas partes por los agentes del gobierno, sufragó los gastos el tesoro.

Por el mismo año se aprobó y comenzó á ensayarse el gran proyecto del Monte Pio de labradores. Era su objeto socorrerlos para labrar sus tierras en los tiempos oportunos, para reponer sus aperos y sus yuntas, y reparar sus casas y cortijos. Se comprendia ademas en el proyecto la imposicion de viudedades á sus mugeres y sus hijos, y establecer escuelas para estos de economía rural y agricultura. El primer ensayo comenzó á hacerse por el mes de noviembre en el arzobispado de Toledo. Sus autores y directores en virtud de real despacho, bajo la inmediata proteccion de Cárlos IV y del consejo de Castilla, fueron don Mariano y don Vicente Tiller. El arzobispo de Toledo tuvo tambien una gran parte en esta empresa.

Se dirá tal vez que esto es copiado de la vida de un gran príncipe, mas no por esto es menos cierto: cada noche me preguntaba Cárlos IV: «¿Qué se ha hecho hoy

En la misma época, el canónigo de Valencia don Francisco Tabares introducia en aquel reino el cacahuete ó maní de la América. De diferentes puntos de los pueblos meridionales de la Europa vinieron allí agentes á buscar esta especie junta con las instrucciones de Tabares, sus métodos y máquinas para el cultivo, y modo de beneficiar aquella planta. Los diarios de Francia y de la Italia hablaron largamente de este nuevo cultivo interesante, con mil elogios de Tabares.

Por el mismo tiempo comenzaba ya á prosperar el magnífico jardin de aclimatacion de San Lúcar de Barrameda, obra mia predilecta, donde las mejores plantas, árboles y arbustos de los trópicos tomaban ya derecho de ciudad entre nosotros, jardin precioso, y criadero de una grande esperanza, que asegurada ya por el año de 1808, lo arrancaron de cuajo las plebes engañadas y aturdidas por mis furiosos enemigos.

Nuestro jardin botánico envidiado en todas partes de la Europa, en setiembre del mismo año, recibia riquezas nuevas peruanas en diferentes muestras de maderas preciosas para molduras y embutidos desconocidas hasta entonces, esqueletos de plantas, árboles y arbustos ignorados igualmente, drogas raras y exquisitas para la tintura y

---

España y de su identidad con el *lichem* del norte de la Europa, haré aquí su descripcion tal como yo la ví y la tuve en mis manos traida por Lagasca. Tenia de dos á cuatro pulgadas de largo. Se componia de expansiones á manera de hojas, casi derechas, correosas, duras cuando estaban secas, ramificadas y casi pinnatífidas, con tiras á veces lineares y á veces en gajos ahorquillados; las márgenes pestañosas, los pelos cortos, fuertes y rojizos; la haz superior convexa, esta y la opuesta lisas, color ceniciento y algunas veces pardo con pequeñas manchas blancas que con el tiempo formaban tubérculos: casi terminal la fructificacion, en escudillitas sentadas, redondeadas y cóncavas; el color una especie de rojo pardo.

la materia médica, multitud de nuevos géneros y especies para enriquecer la Flora americana que al proviso se mandaron añadir á las publicaciones anteriores tan buscadas y estimadas por la Europa sabia (1). Ademas del adelanto de mi patria en todos ramos, buscaba yo que en adelante ninguno se atreviese á preguntar lo que el insolente M. Masson Morvilliers, *¿qué ha debido la Europa á la España en los últimos dos siglos?* (2) Yo ví con lágrimas de gozo que acudian extrangeros á nuestras enseñanzas de veterinaria, á nuestra escuela de ingenieros, y á nuestros cursos de botánica; que la direccion hidrográfica, de que ya he hablado muchas veces, vendia tanto ó mas al extrangero que aun á los mismos naturales, de sus ricas colecciones, trabajo propio nuestro las mas de ellas, mucha parte del ageno rectificado por nosotros (3); que llovian suscripciones de todas partes de la Europa sabia sobre el nuevo *Atlas español, razonado,* de nuestro laborioso cosmógrafo don Isidoro de Antillon; que en Londres mismo, el centro de la ciencia de los mares, en abril ó mayo de aquel año de 1803, la secretaría de longitudes decretó y libró á don

---

(1) Entre las especies recibidas en aquella remesa se encontraba una multitud de los géneros *Capparis, Cassia, Mimosa, Annona, Uvaria, Chrisobalanus, Rhannus, Thalia, Bignonia,* etc., multitud de orchideas y liliaceas, nueve géneros nuevos que requerian determinarse, variedad de cortezas, etc.

(2) En la *Nueva Enciclopedia por órden de materias,* artículo de España, seccion de *geografía,* á que respondió larga y triunfantemente nuestro sabio *Cavanillas* y otro autor anónimo; y á que dió tambien respuesta larga nuestro abate *Lampillas* en sus seis volúmenes sobre la literatura española.

(3) A los que piensen que exagero, les traeré en prueba de lo que escribo la autoridad del baron de Humboldt, que en su *Exámen político de la isla de Cuba,* capítulo II, no dudó afirmar « que el « *Depósito hidrográfico* de Madrid era el mejor establecimiento de « esta clase que existia en la Europa. »

José Mendoza de los Rios setecientas libras esterlinas para la impresion de sus tablas, *con el fin,* decia la concesion, *de que sin dañar sus intereses se pudiesen vender á un precio moderado, y se hiciesen asi mas asequibles y comunes entre los navegantes;* que si se traducia en España y se acopiaba en nuestra lengua la riqueza literaria y científica de las demas naciones, otro tanto sucedia en los pueblos extrangeros con obras nuestras de mi tiempo; que la correspondencia, en fin, de los sabios extrangeros y los nuestros era íntima y activa, comercio grande y libre de las luces en que la balanza vacilaba en favor nuestro algunas veces sobre mas de un artículo.

¿Fatigaré yo aun á mis lectores refiriendo las publicaciones y adelantamientos de aquel año? Procuraré ser breve, dejaré muchas cosas de menor importancia; contaré solo algunas, las mas dignas.

A mis ruegos y de real órden, á expensas del gobierno, publicó aquel año don Gabriel Ciscar su excelente *Curso de estudios elementales de marina,* y sus *Métodos gráficos para corregir las distancias lunares,* donde se encontraban los medios de resolver cualquier problema de astronomía náutica, puestos al alcance aun de aquellos que careciesen de nociones en la trigonometría esférica.

A mis ruegos tambien, el teniente de fragata don José Luyando dió sus *Tablas lineales para resolver los problemas del pilotage astronómico* : hízome el honor de dedicármelas (1).

---

(1) Esta obra fué trabajada en competencia con la que en 1791 habia publicado en Inglaterra el señor Jorge Marggets. Al juicio de los sabios, las tablas de Luyando fueron encontradas mas exactas que las de Marggets, construidas en escalas cinco veces mayores que las suyas, con la ventaja tambien de ser menos voluminosas, y simplificada la obra de tal modo que no constaba sino de veinticuatro láminas en lugar de ciento treinta y cinco que tenia la inglesa. Por medio de esta obra,

En el mismo año fué publicada á expensas del gobierno la interesante y curiosa relacion histórica y científica del viage hecho en 1792 por nuestros marinos don Cayetano Valdés y don Dionisio Galiano en las goletas *Sutil* y *Mejicana* para reconocer el *Estrecho de Fuca*, añadida en ella las de las demas expediciones anteriores, practicadas por Españoles, para buscar el paso deseado del noroeste de la América. A instancias mias aquellos dignos oficiales ordenaron sus sabios manuscritos, y extractaron los que relativos al mismo objeto existian en el Depósito hidrográfico, incluyendo en la misma obra la carta geográfica que con grandes riesgos y fatigas levantaron de las márgenes de aquel estrecho. Este libro fué recibido por la Europa sabia con el mayor aprecio y traducido en varias lenguas (1).

---

cualquier piloto que careciese de los altos estudios cosmográficos, sin mas instrumento que un alfiler para hallar puntos de concurso, podia resolver, en el corto tiempo de tres minutos, la hora de la nave, la altura de cualquier astro, el azimut y amplitud, y en otros cinco reducir la distancia aparente á la verdadera. A la explicacion y uso de las tablas, se seguia una exposicion muy detallada de las operaciones necesarias para hallar la variacion, latitud y longitud; verdadero prontuario de la marinería astronómica. Con esta obra y el almanaque náutico del año, cualquier piloto tenia el modo de resolver los problemas necesarios para asegurarse en su situacion sin temor de extravío. La necesidad de estos métodos abreviados es bien conocida entre los navegantes aun para los pilotos mas sabios, que ademas de la derrota tienen tantos otros objetos á que atender de la mayor importancia.

(1) Esta expedicion fué uno de los últimos esfuerzos que se habian hecho á competencia por las potencias marítimas de Europa en la costa N. O. de América para encontrar una salida al Grande Océano. Desvanecidas las esperanzas de hallar el paso á el Atlántico por mayores latitudes que la de cincuenta grados, solo restaba averiguar si podria encontrarse en la espaciosa entrada que hay en la misma costa de América por cuarenta y ocho grados y medio de altura, conocida con el nombre del estrecho de Juan de Fuca. El gobierno de España, que por las explora-

Don Juan Lopez continuaba su larga serie de cartas geográficas, siempre estimadas y buscadas en España y fuera de ella. Una de sus producciones mas interesantes que se publicaron aquel año, fué su *Mapa corográfico* de la antigua Galicia.

Dióse tambien á luz el *Atlas elemental de geografía antigua*, segunda parte, ó continuacion del publicado en 1792, con las divisiones modernas, por el célebre don Tomas Lopez. Entre otras obras póstumas de este sabio geógrafo se dió tambien al público la del reino de Tierra Firme y otras provincias de la América.

De ciencias físicas y médicas se publicaron en el mismo año de 1803 las siguientes:

Tablas comparativas de las sustancias metálicas, por don Ramon de la Cuadra.

Exposicion de los compañeros y criaderos de estas mismas sustancias, por don Ramon Espiñeyra; esta obra y la anterior, mandadas trabajar expresamente para el uso del real estudio mineralógico de Madrid y de las escuelas ultramarinas.

Los *Elementos de botánica y sistema sexual de las plantas*, del doctor Plenk, traducidos del latin al español por don Juan Bahi para los colegios reales de cirugía médica.

Los *Principios de fisiología* de M. Dumas, vueltos en español, por don Juan Carrasco.

El *Tratado elemental de física* de Brisson, traducido por don Julian Rodriguez, dedicado al ministro Ceballos.

Los *Nuevos elementos de fisiologia* de Richard, ilustrados

---

ciones de sus marinos habia contribuido á aclarar la primera duda y á demostrar la inexistencia del paso por las regiones boreales de la América, quiso completar lo que aun restaba por hacer ver en esta parte, y despachó desde San Blas la expedicion que fué el objeto de esta obra, aguardada con impaciencia por todos los geógrafos.

con notas, y añadido el plan de una nueva clasificacion de las funciones de la vida.

La *Fisiologia química*, obra nuestra original de don José Ponce de Leon, fundador y regente de la academia de química de Granada.

El *Sistema de los conocimientos químicos y de sus aplicaciones á los fenómenos de la naturaleza y el arte*, del señor Fourcroy, puesto en castellano por don Pedro María Olive. Esta larga obra se mandó traducir de real órden, encargándose por la misma á don Luis Proust enriquecerla con sus notas y observaciones. La edicion fué encargada á la imprenta real, á expensas del gobierno, con la prevencion especial de venderla á solo costo y costas. Esta publicacion fué comenzada por el mes de junio.

El postrer tomo de la *Filosofía médica* del doctor Lafon, traducida al castellano.

La Exposicion de la enseñanza de medicina clínica en el real estudio erigido por Cárlos IV en Barcelona : su autor el doctor Salvá.

La *Nosografia filosófica* de M. Pinel, traducida por don Luis Guarnerio.

La tercera edicion de la *Farmacopea hispana*, hecha de órden del rey, dedicada á S. M. por la junta superior gubernativa de la facultad de farmacia, escrupulosamente corregida, aumentada y mejorada por una junta especial de los primeros profesores de la corte.

La *Epidemilogia española*, obra original y única en su clase, dada á luz por don Joaquin Villalba. Era una historia cronológica de las pestes, contagios, epidemias y epizootias sufridas en España de que hubiese noticia desde el tiempo de los Cartagineses hasta el año de 1801, causas á que fueron atribuidas, medios curativos adoptados, y autores que han escrito de ellas.

La *Higrologia del cuerpo humano* del doctor Plenk, la medicina operatoria de Lassus, los *Estudios sobre la respira-*

cion, ó Neumática del hombre, del ingles Goodwyn, los *Experimentos sobre el galvanismo* de Federico Humboldt, puestas en nuestra lengua, etc., etc., etc.

En jurisprudencia, economía política, hacienda, etc., mencionaré tan solo las siguientes obras :

La *Ilustracion del derecho real de España*, por don Juan Sala.

La *Introduccion al estudio del derecho patrio*, por don Joaquin María Palacios.

El noveno y último volúmen de las *Instituciones del derecho público general de España*, por don Ramon Lázaro de Dou.

La quinta edicion de las *Instituciones del derecho civil de Castilla*, por don Ignacio Jordan de Asso y don Miguel de Manuel, aumentadas y enriquecidas en su parte histórica.

El tratado sobre el *orígen, antigüedad, gobierno y progresos de los graneros públicos*, con las *Cartas críticas* de don Jaime Pascual y de don José Semmanat, sobre la *inscripcion Oretana*.

La *Memoria reservada* de Necker sobre rentas provinciales, traducida con notas y observaciones por don Domingo de la Torre y Mollinedo.

Multitud de memorias, discursos premiados, notas estadísticas, y proyectos de mejoracion procedentes de las sociedades de Amigos del pais, cuyos anuncios pueden verse en los papeles públicos de aquel año.

En historia y en los varios géneros de literatura amena:

La academia de la historia llegó en 1803 al cuarto tomo de sus *Memorias*, donde sobresalian entre otros trabajos de un gran mérito, el *Ensayo histórico-crítico sobre el origen de las lenguas*, por don Francisco Martinez Marina; el *Elogio del cardenal Ximenez Cisneros*, por don Vicente Arnau, y el del conde de Campomanes por don Joaquin Garcia Domenech (1). Nuestro Cienfuegos publicaba tam-

---

(1) El año anterior habia tenido España la desgracia de perder el

bien sus *Elogios* del marques de Santa Cruz y de don José de Almarza.

Don Miguel Manuel de Rodriguez publicó las *Memorias para la vida del santo rey don Fernando*, por el padre Marcos Burriel, aumentadas con notas, apéndices y una multitud de documentos originales.

Don Juan Antonio Henriquez dió á luz el primer volúmen de su obra intitulada: *Glorias marítimas de España*. Esta obra la trabajaba por especial encargo mio.

En el mismo año fué dada la traduccion al castellano de la obra que escribió en latin nuestro célebre don Nicolas Antonio, titulada: *Erudicion española y noticia de los hombres ilustres de España, ciencias y artes en que florecieron*.

La obra del *Descubrimiento y conquista de la América*, por el autor del Nuevo Robinson, fué tambien traducida por don Juan Corradi y dedicada á uno de los señores infantes.

Don José Ortiz continuaba su Compendio cronológico de la historia de España, y llegaba al tomo VII.

Don Francisco Javier de Villanueva completaba su excelente trabajo de la *Historia de los emperadores romanos*, por M. Crevier. Esta obra fué una de las muchas en que tuve que emplear toda mi influencia y toda mi constancia para hacerla llegar á cabo contra la oposicion del ministro Caballero.

Otro triunfo mio de aquel año en este género, fué salvar del expurgo que pretendia el ministro Caballero que se hiciese de las obras de Melendez, Moratin y Cadahalso. De

---

ilustre conde. En el siguiente de 1803 perdimos al sabio y ejemplarísimo obispo don Antonio Palafox y Croy, al camarista don Juan Mariño de la Barrera, uno y otro objetos del odio y las persecuciones del ministro Caballero; al celoso y estimable marques de Narros, tercer director de la real Sociedad Vascongada, uno de sus fundadores; y al ilustre general don Josef de Urrutia.

todas tres, á pesar suyo, fueron hechas nuevas ediciones completas; y las de Cadahalso fueron añadidas con muchas piezas suyas que aun se hallaban inéditas. Hízose tambien una nueva edicion completa de las *Poesías* del conde de Noroña.

Don Felipe Rojo de Flores, auditor de guerra, dió á luz y me dedicó su obra intitulada: *Elocuencia militar*, nueva y enteramente original en su clase: coleccion preciosa razonada de arengas y oraciones militares, griegas, romanas y españolas.

Don Antonio Marqués, pensionado por el rey para escribir, dió su *Tratado de retórica epistolar,* y sus *Memorias de Blanca Capello, gran duquesa de Toscana*.

Don Pablo Pedro de Astarloa publicó su *Ensayo crítico y filosófico sobre la lengua vascongada*, obra de ideología gramatical, de un gran mérito y de una erudicion vastísima.

La *Atala* de M. Chateaubriand fué traducida con todas las bellezas de su original sin dañar á nuestra lengua. No me acuerdo ciertamente si su traductor fué nuestro benemérito escritor el señor Tapia.

Don José María de Carnerero dió aquel año su tragedia de *Elvina y Perci*.

Doña María del Rio publicó su traduccion de *Sara,* novela inglesa.

Don Antonio Valladares de Sotomayor llegaba al tomo V de su *Leandra*, etc., etc.

Un gran número de periódicos fué aumentado en *todo* el reino: en Madrid, entre otros, los siguientes de que puedo acordarme: *Jardin de ciencias y artes.* — *El Tribunal catoniano.* — *Variedades de ciencias, literatura y artes.* — *Efemérides de la ilustracion de España*. A estos dos últimos periódicos les obtuve franquicia de correos.

El Semanario de agricultura y artes llegaba ya al tomo XIII, depósito admirable de instruccion y conocimientos populares, prontuario práctico de economía política despejada de abstracciones, toda experimental, reunion y conjunto de todos los descubrimientos industriales y agrónomos nacionales y extrangeros, el mejor de todos y de mayor escala de cuantos se publicaban en Europa, honor de don Juan Antonio Melon y demas sabios que trabajaban bajo su direccion en esta grande empresa dirigida á los talleres y á los campos.

En el mismo año, como un complemento del afan general que reinaba en favor de las letras y las ciencias, el duque de la Roca y don Martin Fernandez de Navarrete presentaron al rey la cuarta edicion del Diccionario de la lengua castellana, aumentado y corregido, por la real academia.

En las bellas artes se escribieron tambien algunas cosas estimables: tales fueron entre otras:

Un pequeño tratado de la *Pintura al suero*, ensayado con buen suceso en Barcelona cuando los reyes estuvieron en aquella capital el año antecedente. Su autor don Francisco Carbonell y Bravo;

Diferentes memorias, opúsculos, diseños y modelos premiados por la academia en el mismo año antecedente;

La obra intitulada *Instruccion metódica, especulativa y práctica para aprender la música antigua y la moderna*, por don Mateo Perez de Albeniz;

Otra, de una vasta erudicion; su título, largamente desempeñado, el de *Historia universal de la música*: autor de esta don José Teixidor, organista de la real capilla. Con muy pocas excepciones (todos mis contemporáneos me serán testigos) el buen gusto, la dignidad y la pureza de la música, arte la mas moral de todas bien usada, pero la mas corrompedora si se abusa de ella, ganaba cada dia mas terreno entre nosotros, no tan solo en las iglesias, sino tambien en los teatros y en las familias de buen tono. Los villancicos y las piadosas farsas cesaron en los templos, y las tonadas torpes en la escena.

El dibujo y el grabado mostraban cada dia nuevos adelantos: el empleo de estas artes no podia ser mas acertado.

La academia de San Fernando, entre otras muchas copias de sus mejores colecciones, añadia y publicaba la de *Antigüedades árabes de Granada y Córdoba*, buriladas por los mejores profesores al tenor de los dibujos de don Pedro Arnal y don Juan de Villanueva;

La calcografía real publicaba la coleccion de vistas del Escorial y las ochenta estampas de los bellos caprichos de don Francisco Goya, dibujados por él mismo;

Bruneti y Carnicero proseguian su empresa de retratos de las Personas Reales;

Una asociacion de profesores, de los mas distinguidos, publicaban las ciento diez y nueve estampas que debian acompañar el *Tratado de artillería*, del general don Tomas Morla.

Otra reunion de profesores, no menos distinguidos, daba á luz sus láminas ingeniosas de las varias edades del hombre.

Otra, los trages de la España en sus varias provincias.

El jardin botánico y la direccion de trabajos hidrográficos ocupaban con feliz suceso otro buen número de artistas. La imprenta y el grabado multiplicaban su fortuna en aquel tiempo.

Daré fin ya á esta larguísima reseña, mencionando aquí algunas enseñanzas é institutos literarios, que ó fueron ampliados aquel año, ó establecidos nuevamente.

En Madrid fué añadida á expensas del gobierno, con grande escándalo del ministro Caballero, la *real escuela gratuita de taquigrafía*, puesta á cargo de don Francisco de Paula Marti.

En el palacio de Buen Retiro se abrió un estudio general, por cuenta del gobierno, para toda clase de aspirantes á instruirse y á formarse en la carrera de ingenieros de caminos y canales.

En Santander fué establecida una academia de dibujo, arquitectura y geometría, puesta, como la escuela náutica, bajo la proteccion del consulado.

La de Alicante recibió nuevos aumentos y se enriqueció con un precioso gabinete. Sus alumnos sobresalian y competian con los mejores de este género.

La de la Coruña se elevaba á un alto grado de perfeccion, multiplicando siempre sus discípulos.

La enseñanza de los cadetes y sargentos seguia por todo el reino á los cuerpos de milicia en academias especiales y ambulantes donde quiera que eran destinados.

En todas las ciudades comerciantes ó industriales, se establecian enseñanzas de economía política y escuelas de comercio. En Valladolid, su digno obispo don Juan Hernandez de Larrea franqueaba su palacio mismo para el estudio de economía política.

En el mismo año comenzaron á plantearse las escuelas de agricultura en las provincias.

En Sevilla el colegio de San Telmo, puesto á cargo del capitan de fragata don Adrian García de Castro, tomaba nuevos incrementos. Se enseñaban en él primeras letras, lenguas vivas, matemáticas, cosmografía, dibujo, artillería, navegacion y maniobra. El rey estableció muchas plazas gratuitas para huérfanos de la marina.

Los nuevos directores del real seminario de Vergara deseaban añadir á la enseñanza de las letras humanas los estudios filosóficos. El ministro Caballero resistió este favor por dos años consecutivos. Dirigiéronse á mí aquellos hombres ilustrados, y conseguí del rey que se erigiesen y dotasen cátedras de ideología y de filosofía moral, cuya enseñanza dió principio en 1º de octubre de 1803. Fué necesario añadir plazas de individuos externos; el local no bastaba para los pretendientes á las plazas internas y ordinarias del colegio; tal fué el crédito que tomaba aquella casa.

En el propio año por el mes de mayo, se erigieron en Cádiz con real aprobacion tres cátedras de comercio y de estudios auxiliares de este ramo bajo la direccion del consulado. Se estableció ademas una sociedad especial de ciencias y artes con socios de número, de mérito y corresponsales dentro y fuera del reino. Los encargados de esta nueva fundacion fueron don Francisco del Valle, don Francisco Bustamante y don Francisco Pastor y Calle.

Semejante á esta sociedad, pero con bases mas extensas, fué el instituto de letras y ciencias que desde el año anterior de 1802, se estableció en el colegio mayor de Santa-Cruz de Granada bajo la proteccion y presidencia del ilustre comandante general de la provincia don Rafael Vasco. El instituto abrazaba la literatura nacional y extrangera, las ciencias naturales, la historia universal, y la particular de España, los principios generales de la ciencia legislativa, y la economía política. Entre los individuos fundadores se contaban don Narciso Heredia (hoy conde de Heredia y Ofalia) recien vuelto de la América, los sabios ministros de la real chancillería don Martin Leones y Sicilia, y don Felipe Gil de Taboada y Lemos; don Mariano Josef Sicilia, don Franco Dalmau, don Bernabé Portillo, don Josef Peraleda, don Miguel Frezneda, don Josef Henriquez de Luna, don Antero Benito Nuñez, don Francisco Martinez, el P. Garci-Perez de Vargas, don Manuel Terrova y otros varios literatos. Despues vinieron de ellos en la misma provincia, don Francisco Martinez de la Rosa, don Antonio Gallegos, don Pedro Antonio Cosio y Peche, don Josef Ruiz de la Vega, don José Joaquin de Mora, el marques de Falces, don Policarpo Morales, y otros jóvenes muy distinguidos de aquel tiempo en aquella ciudad afortunada; maestros y discipulos puestos todos en evidencia en los dias críticos, los mas de ellos proscritos ó dispersados en el mundo por la faccion malvada que destronado Cárlos IV, empuñó el mando por el año de 14.

Ellos podrán contar los que aun existen, si en el tiempo que yo mandaba encontraron algun obstáculo, los unos para prodigar las luces, ó los otros para beberlas y formarse.

CAPITULO XVII.

De la América española bajo Cárlos IV. — Mis ideas acerca de la marcha que debia seguirse en el gobierno de ella. — Mis consejos al rey sobre una gran medida que habria podido conservar á la corona durante largo tiempo aquellas ricas posesiones. — Mis esfuerzos para hacerlas prosperar y conciliar sus intereses con los nuestros.

Seria exceder los límites de este escrito y dar tal vez cansancio á mis lectores, detenerme aquí á trazar la historia y los progresos de la América Española bajo los dos reinados de Cárlos III y Cárlos IV, era nueva de resurreccion y de largas esperanzas para aquellos paises, comenzada desde el tiempo del ministro Gálvez. Propios y extraños escribieron ya acerca de esto mas ó menos exactamente con opuestos pareceres, pretendiendo los unos que fué poco lo que se hizo, los otros reprobando aquellas novedades como un portillo que fué abierto al espíritu de libertad é independencia. Yo no he pensado nunca que la revolucion americana hubiese sido el fruto de los bienes y adelantos que le procuró la metrópoli; mas como quiera que otros piensen, cuando entró á reinar Cárlos IV el bien ó el mal estaba hecho. Puesto yo á la cabeza del gobierno, y observada y reconocida con sobradas pruebas la edad de adolescencia á que eran ya llegados los habitantes de la América, no tardé en persuadirme de que era fuerza gobernarlos como gente moza que no sabria sufrir las envolturas y las fajas de la infancia. No era dable volver atras, aun cuando hubiera convenido: los pueblos llevan con paciencia la falta de los bienes que no han gozado todavía; pero dados que les han sido, adquirido el derecho, y tomado el sabor de ellos, no consienten que se les quiten. No habia mas medio ni mas arte de regir con buen suceso las Américas que seguir dulcemente los progresos comenzados y caminar á media rienda, sin que el bocado hiciese mal á aquel caballo nuevo y vigoroso. Para pensar y obrar asi, á mas de los deberes de razon y de justicia, que es siempre necesario sean observados con los pueblos, caminando al par de ellos, sin exponerse los gobiernos á tener que hacerles concesiones á la fuerza, se añadian tambien en aquel tiempo motivos poderosos de política. En los temores y peligros que ofrecia la Europa y en sus graves contiendas, ¿cómo guardar aquellos pueblos á tan grandes distancias sino teniéndolos contentos y alargando las bridas cuanto era compatible con la sujecion y el respeto debido á la metrópoli? De los pueblos que se hallan bien y son tratados con decoro por sus dueños legítimos, tiene la historia bien probado que no acostumbran rebelarse. Bajo de estos principios y estos convencimientos, mi regla, ya mandando, ó ya teniendo influjo y siendo consultado, fué la de hacer que aquellos pueblos se reconociesen tratados por nosotros como hermanos propios nuestros, sin otra diferencia en cuanto á su gobierno, sino aquella que era precisa, y que ellos mismos ni la desconocieron ni la odiaron bajo el cetro suave con que mandaba Cárlos IV. Aquella diferencia consistia solamente en la necesidad de acomodarse por su propio interes y conveniencia á la tutela razonable que requeria su edad política. No habia entonces en las Américas entre la gente establecida, por poco que gozase algunos bienes, quien pensara que fuese provechoso en largo tiempo emanciparse de la comun madre, ni que tamaña empresa pudiera acometerse sin aventurar la ruina entera de los bienes que estaban ya fundados. Conocian bien que las costumbres no se encontraban todavía ni podian encontrarse en muchos años al nivel de las luces que empezaban á penetrar en sus recintos, que las que penetraban de la Europa no eran del todo limpias, que necesitaban formarse las virtudes sobre que debe ser fundada la independencia de los pueblos; que se requeria concordar los intereses divergentes ó contrarios de las diversas razas que componian aquel imperio dilatado, extender la propiedad, dividirla y subdividirla, y procurar por medio de ella el bienestar del mayor número y la seguridad del órden público, disminuir naturalmente y sin violencia, por medio del trabajo y de la industria, la desproporcion enorme de fortunas que ofrecia aquel pais por todas partes, y cebar la codicia en bienes sólidos con que fuese apartada la del mando y el dominio, tan despechada y tan terrible en las revoluciones cuando algunos lo tienen todo, y los demas no tienen nada. Esta grave mudanza (lo miraban bien) necesitaba un siglo entero, aun bien administradas y educadas cual convenia las generaciones nuevas que debian formarse. Sin estas condiciones, lejos de prometerles ningun bien la independencia, les hacia temer al contrario la disolucion entera del estado, sin que hubiese esperanza en largo tiempo de poder encontrarse alguna mano firme que tuviese las riendas contra el furor de los partidos y la ambicion de iguales, la peor de toda suerte de ambiciones, que no deja ninguna cosa ser estable. Empero por lo mismo que pensaban de este modo todas las gentes cuerdas, consiguientes á sus ideas deseaban y pedian, que el gobierno de la metrópoli se mostrase constantemente con aquellos pueblos tan benéfico y tan humano como lo estaba siendo, y que cerrando los oidos á las pérfidas sugestiones de los que calumniaban el pais por arrancar medidas rigorosas á la corte, favorables tan solamente al monopolio y la ignorancia en que fundaban su fortuna, evitase las inquietudes que entradas ya las luces en aquellas regiones y adquirida mas libertad en los negocios é intereses de la vida, podria causar la vuelta de las antiguas máximas y de las duras prohibiciones.

Estos justos deseos de aquellos pueblos fueron satisfechos noblemente todo el tiempo que reinó Cárlos IV: *unos mismos* principios de lealtad dirigieron la marcha del gobierno en los dos mundos. Preservar la muchedumbre, cuanto fué posible, de las duras cargas y atenciones que imponian aquellos tiempos, abrir campo á la industria y al provecho de las clases pobres, atraer las ricas y llamarlas al fomento y á la ayuda de su patria, acercar entre sí y concordar para este objeto las gerarquías sociales y todos los estados; extender la instruccion y dirigirla sobre los intereses positivos de que pende la riqueza de los pueblos, preparar enmiendas é introducir reformas y mejoras espontáneas sin violentar los ánimos, dada al tiempo la parte que era suya; no despreciar ningun esfuerzo de los que trabajaban por la patria y mostraban el noble orgullo de servirla; satisfacer las pretensiones que eran justas, adivinarlas y cumplirlas muchas veces sin esperar los *ruegos* ni humillar el amor propio de ninguno, no defraudar las ambiciones justas é inocentes, sino al contrario entretenerlas y cebarlas por toda suerte de atractivos en los negocios del bien público; no dejar traslucir desconfianzas aun en los casos mismos que podrian ser fundadas, y acudir al peligro por medios indirectos; mostrarse con los malos que podrian corregirse como si fuesen buenos, y traerlos al bien, ó distraerlos de lo malo con recursos y arbitrios ingeniosos; buscar en el resorte del honor el principio seguro que mantiene las monarquías, perdonar muchas cosas, castigar solo las precisas, y manejar los hombres con los lazos de Adam de que se habla en las divinas Es-

crituras, tal fué el sistema invariable (cuéntenlo bien aquellos que se acuerden) seguido en aquel tiempo en España y en la América. Para gloria y feliz recordacion de Cárlos IV, tan mal parado y mal traido por la lengua y la pluma de sus injustos detractores, los innumerables dominios de ultramar, bajo de entrambos polos, fueron fieles á su gobierno con voluntad la mas perfecta, y le guardaron la lealtad no solo resistiendo todas las seducciones y promesas con que los tentara por esfuerzos continuados un enemigo diestro y poderoso, sino lo que es mas, luchando y combatiendo con valor heróico en cuantos casos se ofrecieron para mantener sus lazos con la madre patria y el glorioso nombre de Españoles. Quietud tan general, obediencia tan sostenida y tan sincera, devocion tan sublime y tan probada á su monarca, no se vieron jamas en los reinados anteriores. Este gran hecho incontestable prueba alguna cosa en favor de su gobierno. La historia lo dirá: « Cárlos IV, en el siglo mas plagado de tur-
« baciones y trastornos que ofreció la edad moderna,
« fuerte contra todos los embates de una larga guerra
« encarnizada, á dos y á tres mil leguas de su asiento,
« conservó en paz é intacta, mientras tuvo el cetro, la
« soberbia herencia de las Indias Españolas que le dejaron
« sus mayores (1). »

---

(1) No es una observacion estéril la que ofrece esta paz de nuestras Indias en los dias de Cárlos IV. Muy respetado y muy querido hubo de ser en aquellos paises, donde siendo tan fácil sacudir el yugo en aquel tiempo, no hubo en tanta extension pueblo alguno que quisiera ni que intentase retirarle su obediencia. Su augusto padre y su ministro Floridablanca no pudieron contar tanto. Nadie ignora cuanto se halló cerca de ser perdido, por los años de 1781 á 1782, todo el vireinato del Perú y una parte del de la Plata, cuando alzó el estandarte de la insurreccion el famoso *Condorcanqui*, mas conocido por el nombre de *Tupac-Amaro*, correspondido y ayudado en la provincia de la Paz por el sanguinario *Tupa-Catari*. El olage de esta borrasca se hizo sentir

Todavía ansié yo mas, y era zanjar aquel feliz dominio para largos tiempos. Fácil era prever en el estado de la Europa, en la ambicion creciente, por dias y por instantes, del gefe de la Francia, y en la rivalidad de la Inglaterra, que nuestra paz no seria estable, ni bastaria ningun recurso de la prudencia humana para evitar un rompimiento con la una ó con la otra. En cualquiera de los dos casos peligraba mas ó menos la conservacion de las Américas, si faltaban allí buenos centros de atraccion para reunir y mantener los ánimos en favor de la metrópoli, si el instinto de la lealtad carecia de alimento, si el prestigio español llegaba á enflaquecerse en el cansancio de una guerra dilatada; sobre todo si los reveses de una lucha desigual y aventurada impedian al gobierno atender á aquellos puntos y les faltaba su asistencia. Mi pensamiento fué que en lugar de vireyes fuesen nuestros infantes á la América, que tomasen el título de *príncipes regentes*, que se hiciesen amar allí, que llenasen con su presencia la ambicion y el orgullo de aquellos naturales, que les acompañase un buen consejo con ministros responsables, que gobernase allí con ellos un senado, mitad de Americanos y mitad de Españoles, que se mejorasen y acomodaran á los tiempos las leyes de las Indias, y que los negocios del pais se terminasen y fuesen fenecidos en tribunales propios de cada cual de estas regencias, salvo solo aquellos casos en que el interes comun de la metrópoli y de los pueblos de la América requiriese terminarlos en España.

Tales fueron mis proyectos que se habrian cumplido

---

con mas ó menos fuerza en la Nueva Granada, y hasta en Nueva España. Los ejércitos rebeldes llegaron á contar hasta ochenta mil indígenas, veinte mil por lo menos bien armados, con no pocos criollos y mestizos que se unieron á su causa. Dos años largos fueron necesarios para superar la rebelion peruana, y aun despues de quebrantada, no se logró domarla enteramente hasta despues de otros dos años.

ciertamente si el influjo y poder que yo gozaba, hubiera sido tal como se ha querido ponderarlo. Yo propuse al rey mi idea y la encontró excelente; mas llegó á dudar, por desgracia, si alcanzaban sus facultades para tanto, y quiso consultarlo. El primero con quien consultó (¡mayor desgracia!) fué el ministro Caballero: fácil es adivinar que su dictámen fué contrario. Ordenóle no obstante el rey que como caso grave de conciencia pidiese parecer sobre el proyecto á los obispos mas acreditados en el reino. Consultáronse ocho prelados, y ¡cosa singular! sus respuestas unánimes aprobaron mi idea. Despues habló el rey de ella con la mayor reserva, y sin decir su orígen, á varios consejeros, y encontró en los mas de ellos igual dictámen favorable. Pero en España todo es lento. El deseo de acertar hace amontonar informes y consultas, y el mejor proyecto se deshace ó se malogra por dejar pasar la hora y el instante conveniente. Vino el tiempo que yo temia; la Inglaterra rompió la paz traidoramente con nosotros, y en tales circunstancias no osó el rey exponer sus hijos y parientes á ser cogidos en los mares. Hecho todo que hubiese sido en tiempo favorable, y aun despues sin reparar en los peligros de la travesía no imposibles de evitarse, los reinos de la América serian de España todavía. Mas me atrevo á decir; hecho de esta manera, Napoleon no habria quizá tenido tan fuertes tentaciones de hacer la España suya; y de cierto, en cualquier evento no habria podido dar el lamentable golpe tan funesto de llevar á Francia toda la familia real cautiva: España entonces, por lo menos, no habria quedado huérfana. Tanto era el bien de aquella idea que hasta á los futuros contingentes mas difíciles de ser imaginados ó previstos, habria servido de remedio. Y aun en 1808, sin el negro atentado de Aranjuez, salvada la familia real y puesta en guarda, como lo ansié tan vivamente, como se pudo hacer á toda anchura y me estorbaron impiamente que lo hiciese, tiempo habria sido todavía de enviar tres infantes á la América y asegurar aquellos reinos (1).

Dirá tal vez alguno que este proyecto no fué nuevo, y que el conde de Aranda lo habia propuesto ya veinte años antes bajo el anterior reinado. Nada por cierto tendria que avergonzarme de haber reproducido un pensamiento ageno que hubiese sido favorable á la corona y á mi patria. Pero el mio distaba cielo y tierra del del conde. Su proyecto fué enagenar el continente entero de la América española á favor de tres infantes de Castilla, establecer allí tres reinos, uno en la Nueva España, otro en el Perú, y otro en la Costa Firme, hacer un nuevo pacto de familia con aquellos nuevos reyes, establecer un gran tratado de comercio con aquellas regiones, extensivo á la Francia, con exclusion entera de la nacion británica, y fijar un tributo que deberian pagar los tres infantes como príncipes feudatarios de la monarquía española. Este proyecto fué frances enteramente, y lo comprometieron tanto en inspirárselo, que el haberlo propuesto fué el motivo principal de su caida y su desgracia todo el tiempo que reinó despues Cárlos III.

Mi pensamiento fué español enteramente. Nada de enagenar ni un palmo tan siquiera de aquel glorioso y rico imperio de las Indias, nada de quitar á la corona augusta de Castilla lo que le daba tanto lustre, tanto poder y tanto peso entre los demas pueblos de la Europa. El rey mismo no podia hacerlo sin que el reino junto en córtes lo hubiese consentido; y tal consentimiento, yo tengo esto *por* cierto, no se habria dado nunca por España. ¿Qué se podria fiar en pactos ni tratados á tan largas distancias donde

---

(1) He aquí la edad de los señores infantes en 1808: don Cárlos María Isidro, veinte años.— Don Francisco de Paula Antonio, catorce. — Don Pedro Cárlos Antonio, sobrino del rey, veintidos. — Don Antonio Pascual, hermano del rey, cincuenta y ocho.

la política extrangera habria podido enagenar el corazon de aquellos nuevos príncipes y apartarlos de nosotros, ora por seduccion, ora por medio de las armas! ¡Qué son los pactos de familia ni los lazos del parentesco para contar con la adopcion perseverante de una misma política, ni con la union y la lealtad de los gobiernos, si se cruzan motivos nuevos ó intereses contrarios á la conservacion de aquellos lazos! Sentado apenas en el trono de España, ¿tardó mucho Felipe V en embrollarse con la Francia y en venir á las manos con su propia casa? ¿Fué posible en ningun tiempo concordar por el pacto de familia la política de Nápoles con la de España, ya reinando Cárlos III, ó ya reinando Cárlos IV, padre aquel, y este hermano del rey Fernando IV? ¿Y aun los mejores príncipes son siempre dueños de hacer lo que quisieran y debiesen? Enagenar la América, con cualesquiera condiciones y reservas que esto fuera, equivalia á perderla enteramente, mas luego ó mas ahora, como vinieran los sucesos. Mi intencion fué solamente dar un pasto á la lealtad tan pronunciada en aquel tiempo de los pueblos americanos, librarlos de la dura carga intolerable de tener que agitar sus pretensiones é intereses á tan largas distancias de la corte, fomentar con nuevas leyes convenientes los incalculables medios de prosperidad y de riqueza que tenian aquellos habitantes, hacer lucir alli de cerca el resplandor del trono, darles calor y vida, y alentarlos para acometer empresas realizables, que de acá y de allende de los mares habrian vuelto á hacer la España la primera entre las gentes.... Dios no quiso, ó por mejor decir, Dios permitió á los malos que triunfasen, que asi castiga muchas veces (1).

---

(1) Una de las empresas que yo tenia en mi corazon, no quimérica, sino factible, que quizá verán algun dia realizarse los tiempos venide-

Tales designios y propósitos que yo formaba por que España lograse el pleno fruto, el verdadero fruto de sus dominios de la América, no eran fantasías, ni veleidades ni proyectos efímeros. Lo mucho que fué hecho y lo que estuvo preparado, prueba bien el empeño que se había tomado en los días de Cárlos IV de proseguir y de aumentar lo que se había empezado en los postreros tiempos de su augusto padre. De los medios que se empleaban para disponer aquel país á los destinos á que en union con su metrópoli lo había

---

ros, y acerca de la cual estaban ya tratados con certeza de un buen éxito los planes y los medios para ella, era la abertura de un paso al mar del Sur desde el Golfo Mejicano. Este gran proyecto presentado á la corte, hacia ya catorce años, y nuevamente examinado, consistia en la reunion del lago de Nicaragua con el mar Pacífico. Sabido es que aquel lago se comunica al E, por el rio de San Juan con el mar de las Antillas. Un canal hasta el golfo del Papagayo debia abrir la salida al Grande Océano, tanto tiempo buscada y deseada. La elevacion del lago (algo mas de ciento y treinta y cuatro pies), sobre el nivel del mar del Sur, y la corta extension del istmo que lo separa de aquel golfo (apenas doce mil toesas), sin ninguna grande cordillera que atraviese aquel espacio, se halla siempre convidando á este proyecto. Esta abertura y este paso es tan factible en aquel punto, que si pudiera darse un embarazo para haber de realizar tan grande obra, seria solo el de elegir entre la proporcion que ofrece el istmo para salir al Papagayo, ó tomar la direccion á mas distancia por terreno mas suave hasta el golfo de Nicoya, ó bien partir desde el lago de Leon, con quien tambien se comunica el de Nicaragua, hasta el embocadero del rio Tosta. La ejecucion de esta empresa, no tan dispendiosa que hubiese sido superior á los medios con que podia contarse, hubiera establecido y asentado en dominios propios nuestros el centro mas brillante del comercio del mundo. Para darle principio no me faltó otra cosa que una sucesion feliz de años pacíficos, de los que despues se han visto, encadenado el hombre que turbaba la tierra sin hacer por ella bien ninguno. Emprender aquella obra mientras se guerreaba con la nacion británica, habria sido llamar allí la atencion del enemigo y exponer aquel punto á una invasion que aumentase los peligros de aquella parte de la América.

llamado la divina Providencia, pudiera escribir mucho si conservara los papeles que me fueron ocupados, si tuviese yo ahora en mi poder los prolijos registros que llevaba de lo que se habia hecho y lo que se trataba de ir haciendo. A escribir de memoria solamente no me atrevo, por temor de errar las fechas, los lugares y muchos nombres de personas. En este desamparo en que me veo para escribir mucha parte de mis trabajos y tareas en favor de mi patria, fuerza me será al menos para ser mejor creido, citar algun testigo de los que visitaron mucha parte de la América reinando Cárlos IV. Los testimonios extrangeros valen algo cuando hablan bien de España. He aquí al baron de Humboldt, que si bien algunas veces fué inducido en error por las hablillas de algunos descontentos, no rehusó del todo un testimonio favorable á los esfuerzos del gobierno por el bien de las Américas:

« *Desde fines*, dice, *del reinado de Cárlos III, y durante
« el de Cárlos IV*, el estudio de las ciencias naturales ha
« hecho grandes progresos no solo en Méjico, sino tam-
« bien en todas las colonias españolas. Ningun gobierno
« europeo ha sacrificado sumas tan considerables, como las
« que ha invertido el Español para fomentar el conoci-
« miento de los vegetales. Tres expediciones botánicas, á
« saber, las del Perú, Nueva Granada y Nueva España,
« dirigidas por los señores Ruiz y Pavon, don Josef Ce-
« lestino Mutis (1), y Sesé y Moziño, han costado al tesoro

---

(1) De este sabio naturalista, hijo de Cádiz y honor de la España, dió testimonio el ilustre Linneo, cuando hablando en su suplemento del género *Mutisia*, con que designó los descubrimientos de Mutis, escribió de esta suerte: *Nomen immortale quod nulla ætas umquam delebit*. La admirable *Flora de Santa Fé de Bógota* que trabajó este gran botánico, se encuentra todavía arrumbada en los archivos del Jardin de Plantas de Madrid, sin que en tantos años que han pasado, ninguno de los que me han sucedido en el poder, siquiera por la gloria

« al pie de cuatrocientos mil pesos (1). Ademas se han es-
« tablecido jardines botánicos en Manila, y en las islas
« Canarias. La comision destinada á levantar los planos del
« canal de los *Güines* (2), tuvo encargo tambien de exami-
« nar las producciones vegetales de la isla de Cuba. Todas

---

de su patria, se haya movido á hacer que se publique. Cuando á fines del año de 1807 llegó á Madrid este nuevo tesoro de la ciencia, que envió Mutis, habia yo resuelto confiarla para que fuese dada á luz al laborioso celo y distinguida capacidad de don Mariano Lagasca, que tan justa reputacion tiene ganada entre los primeros botánicos de Europa. Pero este sabio naturalista, mal mirado por los enemigos capitales de las luces que han mandado tanto tiempo en España, lejos de poderlo hacer mas adelante, cayó tambien bajo el azote de las horribles proscripciones que afligieron el reino, y buscó un asilo en Inglaterra. El célebre Mutis cultivó con igual suceso todas las ciencias físicas y matemáticas y las propagó en la Nueva Granada. Fué primeramente catedrático de matemáticas en el colegio mayor del Rosario de Santa Fé de Bogota, tuvo allí la direccion de la expedicion botánica de la Nueva Granada, y en el año de 1808 fué nombrado por Cárlos IV su astrónomo real con la especial comision de establecer en la misma ciudad un buen observatorio. Los que desearen hallar alguna cosa de sus tareas y escritos, la podrán hallar en las disertaciones suyas que hizo imprimir la Academia real de Stokolmo, en el *suplemento* de Linneo, en el periódico que se publicaba en Bogota consagrado á las ciencias naturales, en el *Semanario de Nueva Granada*, y en las observaciones de aquel sabio de que han hecho mencion el baron de Humboldt, y nuestro Cabanillas. Mutis murió muy anciano, y honró tres reinados, el de Fernando VI, el de Cárlos III y el de Cárlos IV.

(1) La Flora de la Nueva España aguarda todavía su publicacion como la de Santa Fé de Bogota.

(2) Esta empresa fué decretada, siendo yo ministro de estado, por el año de 1796: la nivelacion fué hecha, y los planos levantados en los siguientes de 1797 y 1798 bajo la direccion de nuestros ingenieros españoles don Francisco y don Felix Lemaur. El objeto era abrir un canal navegable para barcos chatos en un trecho de diez y ocho leguas desde el golfo de Batabano hasta la bahía de la Habana, al traves de los ricos llanos de los Güines.

« estas investigaciones hechas hasta ahora, por el espa-
« cio de veinte años (1), en las regiones mas fértiles del
« nuevo continente, no solo han enriquecido el imperio
« de las ciencias con mas de cuatro mil especies nuevas
« de plantas, sino que tambien han contribuido mucho
« para propagar el gusto de la historia natural entre los
« habitantes del pais. La ciudad de Méjico tiene un jardin
« botánico muy apreciable en el palacio del virey. El pro-
« fesor Cervantes tiene allí sus cursos anuales que son
« muy concurridos. Este sabio ha reunido á sus herbarios
« una rica coleccion de minerales mejicanos. El señor
« Moziño que acabamos de nombrar como uno de los co-
« laboradores del señor Sesé, y el cual habia llevado sus
« penosas excursiones desde el reino de Guatemala hasta
« la costa N. O. ó la isla de Vancouver y Quadra, como
« tambien el señor Echevarría, pintor de plantas y ani-
« males, cuyas obras pueden competir con lo mas perfecto
« que en este género ha producido la Europa, son ambos
« nacidos en la Nueva España, y ambos ocupaban un lu-
« gar muy distinguido entre los sabios y los artistas, antes
« de haber dejado su patria.

« Los principios de la nueva química, que en las colo-
« nias españolas se designa con el nombre algo equívoco
« de *nueva filosofía*, estan mas extendidos en Méjico que
« en muchas partes de la península. Un viagero europeo
« se sorprenderia de encontrar en lo interior del pais,
« hácia los confines de la California, jóvenes mejicanos
« que raciocinan sobre la descomposicion del agua en la
« amalgamacion al aire libre. La escuela de minas tiene
« un laboratorio químico, una coleccion geológica clasifi-
« cada segun el sistema de Werner, y un gabinete de

---

(1) El autor escribia despues de su viage á la Nueva España terminado hácia el año de 1804.

« física, en el cual no solo se hallan preciosos instrumen-
« tos de Ramsden, Adams, De Lenoir, y Luis Berthoud,
« sino también modelos ejecutados en la misma capital
« con la mayor exactitud, y de las mejores maderas del
« pais. En Méjico se ha impreso la mejor obra mineraló-
« gica que posee la literatura española, el Manual de
« orictognosia, dispuesto por el señor del Rio según los
« principios de la escuela de Freiberg, donde estudió el
« autor. En Méjico se ha publicado la primera traducción
« española de los Elementos de química de Lavoisier. Cito
« estos hechos separados, porque dan una idea del ardor
« con que se ha abrazado el estudio de las ciencias exac-
« tas en la capital de la Nueva España, al cual se dedican
« con mucho mayor empeño que al de las lenguas y lite-
« ratura antiguas.

« La escuela de minas aventaja mucho sobre la Uni-
« versidad en la enseñanza de las matemáticas. Los discí-
« pulos de aquel establecimiento van mas adelante en el
« análisis. Cuando restablecida la paz, y libres las comu-
« nicaciones con la Europa, lleguen á ser mas comunes
« los instrumentos astronómicos (los cronómetros, los
« sextantes, y los círculos repetidores de Borda), se halla-
« rán, aun en las partes mas remotas *del reino*, jóve-
« nes capaces de hacer observaciones y de calcularlas por
« los métodos mas modernos. » — Sigue luego el autor haciendo el elogio bien merecido de nuestros célebres geó-
metras y cosmógrafos mejicanos Velazquez, Gomez,
Alzate, etc., etc. (1).

Poco antes en el mismo capítulo se extiende el autor á
hablar de estos mismos progresos en la Habana, Lima,
Quito, Popayan y Caracas. « De todas estas grandes ciu-

---

(1) *Ensayo político sobre la Nueva España*, tomo I, lib. II, cap. VII.

« dades, dice luego, la Habana se asemeja mas á las
« de Europa en cuanto á sus usos, lujo refinado, y tono
« del trato social. En la Habana se conoce mejor la situa-
« cion de los negocios políticos y su influjo en el comer-
« cio. La sociedad patriótica estimula al estudio de las
« ciencias con el celo mas generoso, pero los efectos no
« son tan vivos como en otras partes, porque el cultivo
« y precio de los frutos coloniales llaman en aquel pais
« toda la atencion de sus habitantes. El estudio de las ma-
« temáticas, química, mineralogia y botánica está mas
« extendido en Méjico, Santa Fé y Lima, etc. »

Sigue despues el mismo autor, de esta suerte : « *Nin-
« guna ciudad del nuevo continente, sin exceptuar las de
« los Estados Unidos, presenta establecimientos científicos
« tan grandes y sólidos como la capital de Méjico*. Citaré
« ahora solamente la escuela de minas dirigida por el
« sabio Elhuyar (don Fausto), el jardin botánico y la aca-
« demia de pintura y escultura, conocida con el nombre
« de *Academia de las nobles artes de Méjico*. Esta aca-
« demia trae su orígen del tiempo del ministro Gálvez : va-
« rios particulares mejicanos concurrieron á fundarla por
« su patriotismo. El gobierno le ha cedido una casa espa-
« ciosa, *en la cual se halla una coleccion de yesos mas bella
« y mas completa que ninguna de las de Alemania*. Se ad-
« mira uno al ver que el *Apolo de Belveder* y el grupo de
« *Laocoonte,* y otras estatuas aun mas colosales, han pa-
« sado por caminos de montaña que á lo menos son tan
« estrechos como los de San Gotardo ; y se sorprende al
« encontrar estas grandes obras de la antigüedad reuni-
« das bajo la zona tórrida, y en un llano ó mesa que está
« á mayor altura que el convento del gran San Bernardo.
« La coleccion de yesos puesta en Méjico ha costado al
« rey cerca de cuarenta mil pesos.... Las rentas de esta
« academia son de veinticuatro mil quinientos pesos, de
« los que el gobierno paga doce mil, el cuerpo de mineros

« mejicanos cerca de cinco mil, y el consulado mas de
« tres mil. No se puede desconocer el influjo que ha tenido
« este establecimiento en formar el gusto de la nacion,
« haciéndose esto visible mas principalmente en la regu-
« laridad de los edificios y en la perfeccion con que se
« cortan y labran las piedras, en los ornatos de los cha-
« piteles y en los relieves de estuco. Son muchos los bue-
« nos edificios que hay ya en Méjico, y aun en las ciu-
« dades de provincia como Guanajuato y Queretaro. Son
« monumentos que á veces cuestan trecientos mil pesos y
« que podrian figurar muy bien en las mejores calles
« de Paris, Berlin y Petersburgo. El señor Tolsa, escul-
« tor de Méjico, ha llegado á fundir allí mismo una esta-
« tua ecuestre de Cárlos IV; *y es obra, que exceptuando*
« *el Marco Aurelio de Roma, excede en primor y en pu-*
« *reza de estilo á cuanto nos ha quedado de este género en*
« *Europa.* La enseñanza que se da en la academia es gra-
« tuita, y no se limita al dibujo del paisage y figura: ha-
« biéndose tenido la buena idea de emplear otros medios
« á fin de vivificar la industria nacional, la academia tra-
« baja con fruto en propagar entre los artistas el gusto de
« la elegancia y belleza de las formas. Todas las noches
« se reunen en grandes salas, muy bien *iluminadas* con
« lámparas de Argand, centenares de jóvenes, de los
« cuales unos dibujan al yeso ó al natural, mientras otros
« copian diseños de muebles, candelabros de bronce, y
« todo género de adornos. En esta reunion (cosa bien
« notable en un pais en que tan inveteradas son las preocu-
« paciones de la nobleza contra las castas) se hallan con-
« fundidas las clases, los colores y razas; allí se ve al
« indio ó mestizo al lado del blanco, al hijo del pobre arte-
« sano entrando en concurrencia con los de los principales
« del pais. Bajo todas las zonas el cultivo de las ciencias
« y las artes establece una cierta igualdad entre los hom-
« bres, y les hace olvidar, á lo menos por algun tiempo,

« aquellas pasiones miserables que á la prosperidad so-
« cial han puesto tantas trabas (1). » En otro lugar, á propósito de los progresos de las artes dice lo que sigue:
« La Academia de las bellas artes, y las escuelas de di-
« bujo de Méjico y Jalapa, han contribuido mucho á ex-
« tender el gusto en las bellas formas antiguas. *En estos*
« *últimos tiempos se han fabricado en Méjico vajillas de plata*
« *de valor de treinta á cuarenta mil pesos, que en elegancia*
« *y perfeccion del trabajo, pueden competir con todo lo que*
« *se ha hecho de este género en los pueblos mas civilizados*
« *de Europa* (2). » — Sobre la actividad de este ramo de
industria añade luego: « En Méjico, la cantidad de metales
« preciosos, que desde el año de 1798 hasta 1802, se ha
« convertido en vajillas, ha ascendido un año con otro á
« trecientos cinco marcos de oro, y veintiseis mil ocho-
« cientos tres marcos de plata. En la casa de la moneda,
« en el mismo quinquenio, han sido declarados en obje-
« tos de platería que pagan el quinto, mil novecientos
« veintiseis marcos de oro, y ciento treinta y cuatro mil
« veinticuatro de plata (3). »

Por si dudase alguno de la actividad y la importancia de
las expediciones y las tareas científicas en que constantemente fué ocupada la marina real en los dias de Cárlos IV,
de los grandes servicios que ha debido la navegacion á
nuestros sabios oficiales de aquel tiempo, y de la conducta
generosa del gobierno, por la cual tantos útiles trabajos
que agrandaban el dominio de la ciencia, fueron comuni-
cados á todas las naciones, he aquí al baron Humboldt
consignando en la historia estos nobles esfuerzos y esta gloriosa concurrencia de la España: « No estamos, dice

---

(1) En el mismo capítulo VII ya citado del libro II.
(2) Tomo IV, lib. V. cap. XII.
(3) En el mismo cap. XII.

« cias bélgicas, habian pasado rápidamente á Méjico y
« al Perú desde que en aquellos paises se formaron las
« primeras colonias; pero desde entonces hasta el reinado
« de Cárlos III, los mineros americanos casi nada han
« aprendido de los europeos, á excepcion de la saca con
« pólvora en las rocas que resisten al pico. Este rey y su
« sucesor Cárlos IV, han acreditado el mas loable *deseo*
« de que participasen las colonias de todos los beneficios
« que saca la Europa de la perfeccion de las máquinas, de
« los progresos de las ciencias físico-químicas y de su
« aplicacion á la metalurgia. La corte ha enviado á sus ex-
« pensas mineros alemanes á Méjico, al Perú y á la Nueva
« Granada, si bien estos auxilios no han producido to-
« davía la utilidad tan deseada, porque el gobierno respe-
« tando el derecho de propiedad, deja siempre á los mine-
« ros que obren libremente en la adopcion de los medios y
« mejoras que ofrece á aquella industria (1). »

Tal fué en efecto en todo tiempo mi principio inmuda-
ble, no forzar á nadie ni aun á aceptar el mismo bien que
se le hace. Las mas rancias preocupaciones ceden al fin al
interes cuando este se demuestra y llega á ser palpable.
Este efecto no tardó en verse cuanto á las mismas máquinas que podian asombrar por lo *costoso de ellas*. He
aquí lo que el señor Humboldt refiere acerca de esto :
« Las minas de Moran, muy célebres en otro tiempo,
« fueron abandonadas, hace ya cuarenta años, por la
« abundancia de sus aguas, imposibles de agotarse. En este
« distrito vecino al de Real del Monte, cerca de la boca del
« gran cañon de desagüe de la Vizcaina, es donde se colocó,
« en 1801, una máquina con columna de agua, cuyo ci-
« lindro tiene diez y seis decímetros de diámetro, y veinti-
« seis de altura. *Esta máquina que es la primera de este*

---

(1) Tomo III, lib. IV, cap. XI.

« género que se haya construido en América, es muy supe-
« rior á las que existen en las minas de Hungría: fué cons-
« truida por los cálculos y planes del señor del Rio, pro-
« fesor de mineralogía en Méjico, que ha visitado las mas
« célebres minas de Europa y reune los conocimientos mas
« sólidos y variados. Ejecutóla *M. Lachaussée*, artífice na-
« tural del Brabante, hombre de señalada habilidad, que
« tambien construyó para la escuela de minas de Méjico
« una coleccion muy importante de modelos útiles para
« el estudio de la mecánica y de la hidrodinámica... La
« construccion de la máquina y de los acueductos ha cos-
« tado ochenta mil duros. Al principio se calculó el gasto por
« la mitad de esta suma, porque se contó con mayor masa
« de agua motriz, mas abundante que otras veces cuando
« fué medida, por haber sido el año muy lluvioso. Es de
« esperar que el nuevo canal en que se trabajaba en 1803
« haya remediado esta falta... El señor del Rio cuando
« llegó á Nueva España no tuvo otro fin sino el de probar
« á los mineros mejicanos el efecto de este género de má-
« quinas, y la posibilidad de hacerlas en aquel país. Este
« fin se ha conseguido en parte, y sus ventajas se harán
« mas evidentes cuando se hubiere colocado igual má-
« quina en la mina de Rayas, en Guanajuato; en la del
« conde de Regla, en Real del Monte, y en las de Bolaños
« donde M. Sonneschmidt contó cerca de cuatro mil caba-
« llerías empleadas en mover los malacates (1). »

En la misma obra del señor Humboldt podrá verse el aumento que recibió, sobre todos los reinados anteriores, en el de Cárlos IV, el beneficio de las minas de la América.
« Los dos años, dice, en que el producto de oro y plata
« extraido de los minerales mejicanos llegó á su *maximum*,
« fueron los de 1796 y 1803. En el primero se acuñaron en

---

(1) Tomo III, lib. IV, cap. XI.

« Méjico veinticinco millones, seiscientos cuarenta y cuatro
« mil pesos, y en el segundo veintisiete millones, ciento se-
« senta y cinco mil ochocientos ochenta y ocho... Veinte
« años antes no era este producto sino de quince á diez y
« seis millones, y hace treinta años no era sino de once á
« doce. El enorme aumento que se observa en los últimos
« tiempos debe atribuirse á gran número de causas que
« han concurrido á un mismo tiempo, y entre las *cuales*
« debe ponerse en primera línea el aumento de poblacion
« en la mesa de Méjico (1), *los progresos* de las luces y de
« la industria nacional, la libertad de comercio concedida
« á la América en 1778 (2), la facilidad de proporcionarse
« mas barato el hierro y el acero para las minas, la baja
« hecha al precio del azogue (3), la descubierta de las
« minas de *Catorce* y *Valenciana*, y la creacion del tri-
« bunal de minería... Tambien contribuyeron mucho para
« este buen resultado los progresos de la instruccion pú-
« blica que se deben á la escuela de minas de Méjico, la su-
« presion de la alcabala en las compras de lo que necesitan
« las minas (4), la facilidad del rescate de las materias de

---

(1) Señal, añado yo, de un buen gobierno; que los pueblos no medran ni se aumentan bajo los gobiernos injustos, rapaces y tiránicos.

(2) Y sin embargo, despues de dada la real cédula y el reglamento del comercio libre, en los diez años que siguieron del reinado anterior el *maximum* de los productos mejicanos de oro y plata no excedió de poco mas de veintitres millones en 1783, único año en que subió á esta suma.

(3) Junto á esta diminucion de precio (deberá añadirse) el cuidado especial del gobierno en aumentar los surtidos del azogue y en hacerlo pasar á los mineros derechamente, impidiendo ó disminuyendo, por lo menos, el monopolio de los tratantes en este artículo. El señor de Humboldt hace tambien mencion mas arriba de las disposiciones tomadas por el gobierno en 1803 para surtir á Méjico por muchos años de azogue; disposicion que por lo poco que tardó en cumplirse (no por falta suya) fué despues impedida por la guerra.

(4) La supresion de esta alcabala fué mandada hacer en el año

« oro y plata en las tesorerías provinciales, y la baja que
« fué hecha al precio de la pólvora (1) reducido á cuatro
« reales de plata la libra en lugar de seis (2). »

¿Dirá alguno que era el fisco quien devoraba estos aumentos de riqueza? Pero él le dirá, que una de las causas que hacian prosperar el laborío de las minas « fué la dimi-
« nucion de los impuestos reales, la conversion del quinto
« en diezmo y la reduccion de uno y medio á uno por
« ciento (3). » Este ilustre viagero le contará tambien la asombrosa prosperidad del cuerpo de mineros, la independencia que gozaban, el tribunal que componian con diputados suyos, y su concurrencia espontánea con las miras del gobierno en el fomento de la cosa pública. « El soberbio
« edificio, dice Humboldt, que el tribunal de minería hace
« construir para la escuela de minas, costará á lo menos
« seiscientos mil pesos fuertes, de los cuales se han inver-
« tido ya casi los dos tercios desde que se comenzaron los
« cimientos. Para activar la construccion, y principal-
« mente con el fin de que tuviesen desde luego los alum-
« nos un laboratorio para hacer experiencias metálicas
« sobre lo que allí llaman *beneficio del patio*, el cuerpo
« de mineros, en solo el año de 1803, habia asignado diez
« mil duros mensuales (4). » El mismo autor le contará la obra suntuosa de los dos canales que fué emprendida bajo la direccion de don Cosme de Mier y Trespalacios, para conducir las aguas de los lagos de Zumpango y de San Cristobal á la cortadura de Nochistongo. El primero de

---

de 1783, pero habia quedado sin observancia casi en todas partes bajo diferentes pretextos especiosos. Yo hice reproducir con mano firme esta importante disposicion en 1796, y cumplirla rigorosamente.

(1) Esta concesion fué hecha en el año de 1801.
(2) Tomo III, lib. IV, cap. XI.
(3) En el mismo lugar últimamente citado.
(4) Tomo I, lib. II, cap. VII.

estos canales se empezó en 1796, y el segundo en 1798; el primero de ocho mil novecientos metros de largo, el segundo de trece mil: costo de ellos hasta su conclusion, mas allá de ochocientos mil duros (1). Humboldt le contará todavía el nuevo camino tan ventajoso que fué abierto de Méjico á la Puebla por el año de 1796, el puente proyectado en 1803 para el cual destinó el gobierno cerca de cien mil pesos de su propio tesoro, el soberbio camino de Méjico á Vera-Cruz emprendido en 1803 bajo el mando del virey don Josef Iturrigaray, y el de Vera-Cruz hasta Perote puestos á la direccion de nuestro célebre ingeniero García Conde. De este último camino dice asi M. Humboldt: « Este soberbio camino
« podrá competir con los del Simplon y del Mont Cenis...
« costará probablemente mas de tres millones de pesos, y
« es de esperar por lo que se ve, que esta útil y hermosa
« empresa no será interrumpida... Cuando el camino esté
« acabado, bajarán notablemente los precios del hierro,
« mercurio, aguardientes, papel y demas géneros de Europa; las harinas mejicanas, que hasta ahora han sido
« mas caras en la Habana que las de Filadelfia, se preferirán á estas últimas; la exportacion del azúcar y de los
« cueros del pais será mucho mas grande; se destinarán
« mas terrenos al cultivo del trigo por la facilidad de su salida; Méjico no estará expuesto á las carestías casi periódicas que han solido afligirlo, etc. » Despues sigue el mismo autor: « Durante mi residencia en Jalapa, en febrero de 1804, se habia comenzado el nuevo camino
« que se construye bajo la direccion del señor García
« Conde en los parages que presentan mayores dificultades,
« á saber en el barranco llamado *el plan del Rio*, y en la
« *cuesta del Soldado*. Se ha determinado poner columnas de

---

(1) Tomo I, lib. III, cap. VIII.

« pórfido á lo largo del camino, para señalar, ademas de
« las distancias, la altura del terreno sobre el nivel del
« Océano. Estas inscripciones que no se encuentran todavía
« en ninguna parte de la Europa, ofrecerán un particular
« interes al viajero, etc., etc. (1). »

Tales cosas se emprendian con los ricos metales de la Nueva España. ¿Se dirá quizá que estas grandes riquezas se explotaban á expensas de la agricultura y de las demas industrias? Pero el mismo baron Humboldt responderá, 1° que en la Nueva España no quedaba ni tan solo un rastro de la mita, que el trabajo de las minas era libre, y que ninguna ley obligaba á los indígenas á dedicarse á aquel trabajo. « Estos hechos, dice, tan ciertos como consola-
« dores, son poco conocidos en Europa (2). » 2° Cuanto á la agricultura, el mismo nos dirá « que sus productos
« en 1805 y 1806, ascendian á veintinueve millones de pe-
« sos, » resultando de esto que el valor del oro y la plata de las minas mejicanas era casi una cuarta parte menor que el de los frutos de la tierra cultivada (3). 3° Cuanto á artefactos, contará : « que en 1802, la sola intendencia de
« Guadalajara habia producido en telas de algodon y te-
« jidos de lana, por el valor de un millon seiscientos y
« un mil doscientos pesos; en cueros curtidos, cuatro-

---

(1) Tomo IV, lib. V, cap. XIII.

(2) Tomo I, lib. II, cap. V.

(3) Tomo II, lib. IV, cap. X. He aquí lo que sobre uno de los varios renglones de la agricultura fomentado, bajo Cárlos IV, en las regiones mejicanas, escribe Mr. Humboldt en otra parte : « Hace veinte años
« que apenas se conocia en Europa el azúcar mejicano, y hoy dia solo
« Vera-Cruz exporta mas de ciento y veinte mil quintales. En medio de
« esto, á pesar de la extension que ha tomado el cultivo de la caña de
« azúcar despues de la revolucion de Santo Domingo, no se ve en la
« Nueva España que se haya aumentado el número de esclavos. »
Tomo I, lib. II, cap. VII.

« cientos diez y ocho mil novecientos; y en jabon, doscien-
« tos sesenta y ocho mil cuatrocientos; que la intendencia
« de la Puebla hacia entrar en el comercio interior con sus
« manufacturas, un producto anual de un millon qui-
« nientos mil pesos; que en Queretaro se consumian anual-
« mente en hacer mantas y rebozos, doscientas mil libras
« de algodon; que la impresion de telas pintadas comen-
« zaba á hacer progresos en Méjico y la Puebla concur-
« riendo con las de Manila; que en la provincia de Oajaca
« se teñia ya de púrpura el algodon en rama; que en 1803,
« las fábricas de Queretaro consumian al año sesenta y
« tres mil novecientas arrobas de lana de *ovejas meji-*
« *canas*, y que el valor de sus tejidos de esta especie pa-
« saba algo mas allá de seiscientos mil pesos; que la fá-
« brica de cigarros de la misma ciudad rendia por mas
« de dos millones doscientos mil duros anuales; que las
« de jabon de la Puebla, Méjico y Guadalajara produ-
« cian inmensamente, la de Guadalajara sola por valor
« de doscientos sesenta mil pesos; » todo esto sin contar
muchos otros ramos especiales de artes y oficios muy ade-
lantados, algunos al igual de Europa, y las labores especiales de los Indios, los pañuelos de seda de Misteca y de
Tistla, sus ingeniosas fabricaciones en maderas *preciosas*,
paja, plumas, etc., de que el baron de Humboldt hace tambien un justo aprecio (1).

Ciertamente á un gobierno no es posible pedirle mas,
y esto en tiempo de guerras capitales, sus relaciones casi
siempre interrumpidas con aquellos paises, y fiado enteramente á la lealtad de los hombres que enviaba á cumplir
allí sus intenciones saludables. Buenos habian de ser de
casta los que elegia el gobierno á quien tanto se ha ta-
chado por sus detractores y enemigos de ser venal y cor-

---

(1) Tomo IV, lib. V, cap. XII.

rompido. Nó : los hombres que compran los empleos, se desquitan sobre los pueblos que administran; y en los dias de Cárlos IV tan plagados de tormentas y trabajos por las circunstancias de la Europa, dias en que tan fácil fuera á las autoridades enviadas á la América, esquilmarla impunemente, no se vieron sino progresos y adelantos de riqueza y de cultura sobre los otros siglos y reinados anteriores. Testigos podrán serme los ancianos que queden de aquel tiempo. En la obra ya citada tantas veces del baron de Humboldt, no se pueden correr muchas hojas sin encontrar á cada paso los elogios multiplicados de los gefes y empleados que administraban aquellos paises, estudiados tan atentamente por aquel viagero. Elegiré un pasage solamente. Despues de alabar debidamente los benéficios del gobierno de Cárlos III en favor de los indígenas, sigue de esta suerte : « El establecimiento de las intendencias,
« debido en su origen al ministro Gálvez, ha formado una
« época memorable para el bienestar de los Indios. Las
« vejaciones á que estaba continuamente expuesto el culti-
« vador de parte de los magistrados subalternos, asi espa-
« ñoles como indios, se han disminuido infinito por la
« vigilancia activa de los intendentes. Los indígenas gozan
« ya de los beneficios que les habian concedido las leyes;
« suaves y humanas en lo general, pero de cuyo efecto se
« les habia privado en los tiempos anteriores de barbarie y
« opresion. La primera eleccion de las personas á quien
« la corte confió los importantes puestos de intendentes ó
« gobernadores de provincia, fué felicísima, y este bien
« se sostiene. *Entre los doce sugetos que gobernaban el pais*
« *en 1804, no habia ni uno solo á quien el público acusase*
« *de corrupcion ó falta de integridad* (1) ».

No por mí precisamente, mas por mi patria mucho mas,

---

(1) Tomo I, lib. II, cap. VI.

y por aquel buen rey que gobernó las dos Españas como un ángel del bien para todos sus pueblos, rendiré siempre gracias al baron de Humboldt por aquellos hechos y verdades de que ha dado testimonio, por los nombres tambien ilustres que no ha dejado en el olvido. Causa gozo y gloria y gratitud á un Español, encontrar á cada llana de lo que ha escrito un extrangero tantos de estos nombres dignos de memoria que ha revelado al mundo sin ninguna envidia. Visitando la América á principios del siglo XIX, halló una gran region cuya cultura compitió en pocos años con la cultura de la Europa, pais del cual se habia dicho que era bárbaro é ignorante y que estaba tiranizado, siendo asi que gobernado al igual de la España, tal vez con mas regalo (1), brillaba ya con todo género de luces en sus di-

---

(1) Muchos se quejaban en mi tiempo de que comparada la poblacion y los medios que ofrecian respectivamente la España y la América española, pagaba esta un tercio menos de impuestos que la primera. Esto era verdad; pero asi convenia para mantenernos el afecto y la lealtad de aquellos naturales, y para ayudar el gran desarrollo de industria y de prosperidad que comenzaba á hacerse no tan solo en las islas sino en entrambos continentes ártico y antártico. Los vireyes y capitanes generales gozaban en mi tiempo de una facultad verdaderamente absoluta para hacer el bien, sin poder hacer el mal, dado el caso, por entonces no visto, de que lo hubiesen intentado. Compuestas las audiencias de un gran número de individuos ilustrados, eran un freno contra todos los abusos y una égida para los pueblos. Habia ademas obispos excelentes que ayudaban al bien con su influjo y con su patriotismo de verdaderos ciudadanos. La luz, tambien, esparcida en todas partes, formaba un baluarte en la opinion que obligaba á la autoridad á mostrarse equitativa y justa. A la industria del pais se le dejaba en aquel tiempo campo ancho : las antiguas leyes, ó mas bien las antiguas medidas prohibitivas de un cierto número de artículos de agricultura y de artefactos, caian en desuetud por todas partes, desuetud calculada y consentida de buena voluntad por parte del gobierno, porque ¿ dónde habia interes ni razon para privar de estos recursos á aquellos habitantes, sobre todo en las largas guerras que

versas capitales y en lo interior de las provincias, obra toda de quince á veinte años, de la cual la mayor parte pertenece á Cárlos IV. En aquellos paises, donde quiera que Humboldt llevó sus pasos, en las ciudades, en los campos y en los desiertos mismos, encontró no tan solo quien pudiera entenderlo y responderle con la pantómetra en la mano, sino tambien quien le ayudase doctamente en sus útiles trabajos. De la multitud de sabios, americanos y españoles, los mas de ellos contemporáneos, ingenieros, marinos, cosmógrafos, profesores de ciencias naturales, y de hombres empapados en todo género de estudios, amantes de las luces y llenos de virtudes, que el ilustre Aleman elogia á lo largo de su obra, se podria formar un catálogo soberbio para honrar un siglo entero. No me atrevo á cansar ya mas á mis lectores: consultarla podrán los que quisieren, y encontrarán los hechos y las citas gloriosas que aquí omito.

---

impedian surtirlos convenientemente desde España? Por igual razon, con respecto al tráfico exterior gozaron largamente los vireyes de las facultades de abrir puertos al comercio con los pueblos neutrales, segun lo hallasen necesario ó conveniente para que la produccion no decayese y se aumentase la riqueza; medida por la cual despues de consultarse grandemente al bien de aquellos pueblos, se logró disminuir el contrabando como nunca se habia visto. De esta suerte se evitaban las calamidades de la guerra en aquellos paises, y se afirmaba en gran manera su fidelidad á la metrópoli.

FIN DEL TOMO TERCERO.

DOCUMENTOS

CITADOS

EN ESTE TERCER TOMO.

I

Real decreto de 27 de febrero de 1801, declarando la guerra al Portugal.

Cuando felizmente hice la paz con la república francesa, fué uno de mis primeros cuidados facilitar á las demas potencias este beneficio, teniendo presentes con particularidad aquellas con cuyos príncipes me hallaba enlazado por vínculos de sangre; y la república se ofreció admitir mis buenos oficios por los unos, y mi mediacion para estos. Desde aquella época han sido repetidas y vivas mis diligencias para procurar al Portugal una paz ventajosa consiguiente al lugar que en dicho tratado tuvo en mi memoria, y á la necesidad en que le consideraba de una administracion tranquila. En esto, ademas del fin saludable que me proponia directamente en utilidad del Portugal, llevaba por objeto aislar á la Inglaterra, separarla de esta corte, que por su situacion marítima la importaba mucho, y obligarla de este modo, si era posible, á la paz deseada por toda Europa, que ella sola turba con obstinacion. Mis persuasiones eficaces y reiteradas habian al parecer vencido la repugnancia que siempre mostró el gabinete portugues dominado por el de Londres á un acomodo con la república; y su plenipotenciario en Paris firmó en el año de 1797 un tratado tan ventajoso, cual no podia prometérselo en la situacion respectiva de las dos potencias; pero la Inglaterra, viendo que le arrebataban de las manos un instrumento tan útil á sus miras ambiciosas, redobló sus esfuerzos, y abusando de la credulidad de aquel gabinete con ideas de acrecentamientos quiméricos, le hizo tomar la extraña resolucion de negarse á ratificarlo, frustrando asi mis esperanzas, y faltándose á sí misma, y á lo que debia á mi alta intervencion. Desde entonces la conducta de aquel gobierno tomó un carácter mas decisivo, y no contento con prestar á mi enemiga la Inglaterra todos los medios que han estado en su poder para hostilizarme, y á la república francesa mi aliada, ha llegado su delirio á perjudicar directamente á mis vasallos, y ofender mi dignidad con una resistencia pertinaz á mis saludables consejos. Asi ha visto toda Europa con escándalo ser sus puertos el abrigo seguro de las escuadras enemigas, y unos ventajosos apostaderos desde donde sus corsarios ejercian con fruto sus hostilidades contra mis naves, y las de mi aliada la república: se han visto los buques portugueses mezclados con los de los enemigos formar parte de sus escuadras, facilitarles los víveres y los trasportes, y obrar con ellos en todas sus operaciones de la guerra que me hacian: se han visto sus tripulaciones de guerra y su oficialidad de mar insultar á los Franceses dentro del mismo puerto de Cartagena y autorizarlo la corte de Portugal, negándose á dar una satisfaccion conveniente; y en el Ferrol cometer iguales excesos contra mis vasallos. Los puertos del Portugal son el mercado público de las presas españolas y francesas hechas en sus mismas costas y á la vista de sus fuertes por los corsarios enemigos, al paso que su almirantazgo condena las presas que mis vasallos hacen en alta mar, y llevan á dichos puertos para su venta. Mis buques no han hallado en ellos sino una mezquina acogida. En el rio Guadiana ha cometido la soldadesca portuguesa los mayores excesos contra mis pacíficos vasallos, hiriéndoles y haciéndoles fuego como se haria en plena guerra, sin que el gobierno portugues haya dado señal alguna de su desaprobacion. En una palabra, con el exterior de la amistad se puede decir que ha obrado hostilmente contra mis reinos en Europa é Indias, y la evidencia de su conducta excusa el referir los hechos infinitos que podrian citarse en apoyo de esta verdad. ¿Y cuál ha sido la mia en medio de tantos agravios? La república francesa, justamente irritada contra el Portugal, intentaba tomar una debida satisfaccion, y sus armas victoriosas en todas partes, hubieran en mil ocasiones sembrado la desolacion en sus provincias, si mi fraternal interes por la reina fidelísima y sus augustos hijos no hubiese logrado hasta ahora que la república mi aliada suspendiese el golpe; y los Franceses se han detenido siempre en la barrera de mi mediacion. Mi amor paternal por aquellos príncipes, haciéndome olvidar á cada agravio los anteriores, me inspiraba la idea de aprovecharme de los sucesos favorables de las armas francesas para persuadir la paz con dulzura, representar con viveza á la corte de Portugal los peligros á que se exponia, y emplear en toda la efusion de mi corazon el lenguaje interesante de la ternura paternal, y de la amistad mas sincera para conseguirlo. La obstinacion del Portugal me obligó despues á tomar un estilo mas sostenido; y procuré con amonestaciones fundadas, con amenazas de mi enojo, con intimaciones respetables volverla á sus verdaderas obligaciones; pero la corte de Portugal, siempre sorda á mi voz, solo ha procurado ganar tiempo haciendo vanas promesas, enviando una y mas veces plenipotenciarios sin poderes, ó con facultades limitadas; retardando sus contestaciones, y usando de todos los subterfugios mezquinos que dicta una política falaz y versatil. La ceguedad del príncipe regente ha llegado al punto de nombrar su aliado al rey de la Gran Bretaña en una carta dirigida á mi persona, olvidando lo que debia á la santidad de sus vínculos conmigo y á mi respeto, y llamando alianza lo que en realidad no es sino un abuso indecoroso del ascendiente que la Inglaterra ha tomado sobre él. En este estado, apurados todos los medios de suavidad, satisfechos enteramente los deberes de la sangre y de mi afecto por los príncipes de Portugal, convencido de la inutilidad de mis esfuerzos, y viendo que el príncipe regente sacrificaba el sagrado de su real palabra dada en varias ocasiones acerca de la paz, y comprometia mis promesas consiguientes con respecto á la Francia, por complacer á mi enemiga la Inglaterra; he creido que una tolerancia mas prolongada de mi parte seria en perjuicio de lo que debo á la felicidad de mis pueblos y vasallos ofendidos en sus propiedades por un injusto agresor; un olvido de la dignidad de mi decoro, desatendida por un hijo que ha querido romper los vínculos respetables que le unian á mi persona; una falta de correspondencia á mi fiel aliada la república francesa, que por complacerme suspendia su venganza á tantos agravios; y en fin una contradiccion á los principios de la sana política que dirige mis operaciones como soberano: sin embargo, antes de resolverme á usar del doloroso recurso de la guerra, quise renovar por la última vez mis proposiciones á la reina fidelísima, y mandé á mi embajador duque de Frias, que recorriendo todas las épocas de esta dilatada negociacion, la hiciese ver lo irrespetuoso é injusto de su conducta, el abismo que la amenazaba, y el medio único de evitarlo por un tratado que aun todavía se prestaba á hacer la Francia por respetos á mi mediacion. La corte de Portugal ha respondido en los mismos términos que siempre, y ha enviado un negociador sin poderes ni facultades suficientes, al mismo tiempo que se niega á mis últimas proposiciones; é importando tanto á la tranquilidad de la Europa reducir á este gobierno á ajustar su paz con la Francia, y proporcionar á mis amados vasallos las indemnizaciones á que tienen tan fundado derecho, he mandado á mi embajador salir de Lisboa, y dado los pasaportes para el mismo fin al de Portugal en mi corte, resolviéndome, aunque con sentimiento, á atacar esta potencia, reunidas mis fuerzas con las de mi aliada la república, cuya causa se ha hecho una misma con la mia por el comprometimiento de mi mediacion desatendida; por el interes comun, y en satisfaccion de mis agravios propios; y á este efecto declaro la guerra á la reina fidelísima, sus reinos y súbditos, y quiero que se comunique esta determinacion en todos mis dominios, para que se tomen todas las providencias oportunas para la defensa de mis estados y amados vasallos, y puedan defensa del enemigo. Tendráse entendido en mi consejo, etc. En Aranjuez á 27 de febrero de 1801.

II.

Tratado de paz y amistad entre S. M. C. el rey de España y S. A. R. el príncipe regente de Portugal y de los Algarbes, ajustado en Badajoz, y ratificado en la misma ciudad á 6 de julio de 1801.

Realizado el fin que S. M. Católica se propuso y consideraba necesario para el bien general de la Europa cuando declaró la guerra á Portugal, y combinadas mutuamente las potencias beligerantes con la expresada real magestad, determinaron establecer y renovar los vínculos de amistad y buena correspondencia por medio de un tratado de paz; y habiéndose concordado entre sí los plenipotenciarios de las tres potencias beligerantes, convinieron en formar dos tratados, sin que en la parte esencial sean mas que uno solo, pues que la garantía es recíproca, y esta no será válida en ninguno de los dos si se verifica infraccion en cualquiera de los artículos que en ellos se expresan. A fin pues de conseguir este tan importante objeto, S. M. Católica el rey de España, y S. A. R. el príncipe regente de Portugal y de los Algarbes, dieron y concedieron sus plenos poderes para entrar en negociacion, conviene á saber: S. M. Católica el rey de España, al excelentísimo señor don Manuel de Godoy, Alvarez de Faria, Rios, Sanchez y Zarzosa; príncipe de la Paz, duque de la Alcudia, etc., y S. A. Real el príncipe regente de Portugal y de los Algarbes, al excelentísimo señor Luis Pinto de Sousa Coutino, de su consejo de estado; gran cruz de la órden de Aviz, caballero de la insigne órden del Toyson de Oro, comendador y alcalde mayor de la villa del Cauno, señor de Ferreiros y Tendaes, ministro y secretario de estado de los negocios del reino, y teniente general de sus ejércitos, etc., los cuales, despues de haberse comunicado sus plenos poderes, y de haberlos juzgado expedidos en buena y debida forma, concluyeron y firmaron los artículos siguientes regulados por las órdenes é intenciones de sus soberanos:

Art. I. Habrá paz, amistad, y buena correspondencia entre S. M. Católica el rey de España, y S. A. Real el príncipe regente de Portugal y de los Algarbes, asi por mar como por tierra, en toda la extension de sus reinos y dominios: y todas las presas que se hicieren por mar despues de la ratificacion del presente tratado, serán restituidas de buena fé, con todas las mercaderías y efectos, ó su respectivo valor.

II. S. A. Real cerrará los puertos de todos sus dominios á los navíos en general de la Gran Bretaña.

III. S. M. Católica restituirá á S. A. Real las plazas y poblaciones de Jurumeña, Arronches, Portalegre, Casteldevide, Barbacena, Campo Mayor y Ouguela, con todos sus territorios hasta ahora conquistados por sus armas, ó que llegaren á conquistarse; y toda la artillería, escopetas y cualesquiera otras municiones de guerra que se hallaren en las sobredichas plazas, ciudades, villas y lugares serán igualmente restituidas segun el estado en que estaban al tiempo en que fueron rendidas. Y S. M. Católica conservará en calidad de conquista, para unirlo perpetuamente á sus dominios y vasallos, la plaza de Olivenza, su territorio y pueblos desde el Guadiana; de suerte que este rio sea el límite de los respectivos reinos en aquella parte que únicamente toca al sobredicho territorio de Olivenza.

IV. S. A. Real el príncipe regente de Portugal y de los Algarbes no consentirá que haya en las fronteras de sus reinos depósitos de efectos prohibidos y de contrabando que puedan perjudicar a comercio é intereses de la corona de España, á excepcion de aquellos que pertenecieren exclusivamente á las rentas reales de la corona portuguesa, y que fueren necesarios para el consumo del territorio respectivo en que se hallaren depositados, y si en este ú otro artículo hubiere infraccion, se dará por nulo el tratado que ahora se establece entre las dos potencias, comprehendida la mutua garantía segun se expresa en los artículos del presente.

V. S. A. Real satisfará sin dilacion, y reintegrará á los vasallos de S. M. Católica todos los daños y perjuicios que justamente reclamaren, y que les hayan sido causados por embarcaciones de la Gran Bretaña, ó por súbditos de la corte de Portugal, durante la guerra con aquella ó esta potencia: y del mismo modo se darán las satisfacciones justas por parte de S. M. Católica á S. A. Real, sobre todas las presas hechas ilegalmente por los Españoles antes de la guerra actual, con infraccion del territorio, ó debajo del tiro de cañon de las fortalezas de los dominios portugueses.

VI. Dentro del término de tres meses, contados desde la ratificación del presente tratado, reintegrará S. A. Real al erario de S. M. Católica los gastos que sus tropas dejaron de satisfacer al tiempo de retirarse de la guerra de Francia, y que fueron causados en ella, segun las cuentas presentadas por el embajador de S. M. Católica, ó que se presentaren ahora de nuevo, salvos no obstante todos los yerros que puedan encontrarse en las sobredichas cuentas.

VII. Luego que se firme el presente tratado, cesarán recíprocamente las hostilidades en el preciso espacio de veinte horas, sin que despues de este término se puedan exigir contribuciones de los pueblos conquistados, ni algunos otros recursos mas de aquellos que se acostumbran conceder á las tropas amigas en tiempo de paz: y luego que el mismo tratado sea ratificado, las tropas españolas evacuarán el territorio portugues en el preciso plazo de seis dias, comenzando á ponerse en marcha veinticuatro horas despues de la notificacion que les fuere hecha; sin que cometan en su tránsito violencia ú opresion alguna á los pueblos, pagando todo aquello que necesiten á los precios corrientes del pais.

VIII. Todos los prisioneros que se hubieren hecho, asi por mar como por tierra, serán desde luego puestos en libertad, y restituidos mutuamente dentro del término de quince dias despues de la ratificacion del presente tratado, pagando asimismo las deudas que hubieren contraido durante el tiempo de su detencion.

Los enfermos y heridos continuarán siendo asistidos en los hospitales respectivos, y serán igualmente restituidos luego que se hallen en estado de poder hacer su marcha.

IX. S. M. Católica se obliga á garantir á S. A. Real el príncipe regente de Portugal la conservacion íntegra de sus estados y dominios sin la menor excepcion ó reserva.

X. Las dos AA. PP. contratantes se obligan á renovar desde luego los tratados de alianza defensiva que existian entre las dos monarquías, con aquellas cláusulas y modificaciones que no obstante exigen los vínculos que actualmente unen la monarquía española á la república francesa; y en el mismo tratado se regularán los socorros que mutuamente deberán prestarse luego que la urgencia asi lo requiera.

El presente tratado será ratificado en el preciso término de diez dias despues de firmado, ú antes si fuere posible. En fé de lo cual nosotros los infrascritos ministros plenipotenciarios, y en virtud de los plenos poderes con que para ello nos autorizaron nuestros augustos Amos, firmamos de nuestro puño el presente tratado y lo hicimos sellar con el sello de nuestras armas.

Hecho en la ciudad de Badajoz en 6 de julio de 1801.

(L. S.) EL PRÍNCIPE DE LA PAZ;
(L. S.) LUIS PINTO DE SOUZA.

III

Tratado de paz entre la república francesa y el reino de Portugal, celebrado en Madrid á 29 de setiembre de 1801.

El primer consul de la república francesa en nombre del pueblo frances, y S. A. Real el príncipe regente del reino de Portugal y de los Algarbes, deseando igualmente restablecer las relaciones de comercio y amistad que subsistian entre los dos estados antes de la presente guerra, *resolvieron concluir un tratado de paz por mediacion de S. M. Católica;* y á este efecto nombraron por sus plenipotenciarios, á saber: el primer cónsul de la república francesa al ciudadano Luciano Bonaparte; y S. A. Real el príncipe regente del reino de Portugal á S. E. el señor Cipriano Bibeyro Freyre, comendador de la órden de Cristo, del consejo de estado de S. A. Real, y su ministro plenipotenciario cerca de S. M. Católica: los cuales, despues del respectivo cange de sus plenipotencias, convinieron en los artículos siguientes:

ARTICULO I. Habrá desde ahora y para siempre paz, amistad y buena inteligencia entre la república francesa y el reino de Portugal. Desde el cange de las ratificaciones del presente tratado cesarán todas las hostilidades asi por mar como por tierra, en esta forma: en quince dias por lo que hace á la Europa y los mares que bañan sus costas y las de Africa de la parte de acá del ecuador: cuarenta dias despues de dicho cange por los paises y mares de América y África mas allá del ecuador; y tres meses despues por los paises y mares situados al oeste del cabo de Hornos y al este del cabo de Buena Esperanza. Todas las presas hechas desde cada una de estas épocas en los parages respectivos se restituirán recíprocamente. Se entregarán por ambas partes los prisioneros de guerra; y las relaciones políticas entre las dos potencias se restablecerán en el pie en que estaban antes de la guerra.

II. Todos los puertos y radas de Portugal en Europa se cerrarán desde luego, y permanecerán cerrados hasta la paz entre Francia é Inglaterra, para todos los navíos ingleses de guerra ó de comercio; y los mismos puertos y radas quedarán francos para todos los buques armados ó mercantes de la república francesa y de sus aliados. En cuanto á los puertos y radas de Portugal en las otras partes del mundo, obligará en ellos el presente artículo en los mismos plazos señalados arriba para la cesacion de hostilidades.

III. El Portugal se obliga á no suministrar en el discurso de la presente guerra á los enemigos de la república francesa y de sus aliados, socorro alguno de tropas, víveres ó dinero, bajo cualquier título que sea, ó con cualquier nombre que pueda ser; y todo acto, empeño ó convenio anterior, que fuese contrario al presente artículo, queda revocado, y se considerará como nulo y no hecho.

IV. Los límites entre las dos Guayanas francesa y portuguesa se fijarán de aquí adelante por el rio Carapanatuba, que desagua en el de las Amazonas á un tercio, poco mas ó menos, de grado del ecuador, latitud septentrional, mas arriba del fuerte de Macapa. Estos límites seguirán la corriente del rio hasta su nacimiento, desde donde se dirigirán hácia la gran Cordillera que divide las aguas; y seguirán la varia direccion de dicha Cordillera hasta el punto en que mas se acerca al Rio Blanco hácia el grado dos y un tercio norte del ecuador. Se devolverán respectivamente los Indios de las dos Guayanas, que en el discurso de la guerra hubieren sido cogidos y llevados de sus habitaciones. Los ciudadanos ó vasallos de las dos potencias que se hallaren comprendidos en la nueva demarcacion de límites, podrán recíprocamente retirarse á las posesiones de sus respectivos estados; tendrán tambien facultad de disponer de sus bienes muebles é inmuebles, durante el término de dos años contados desde el cange de las ratificaciones del presente tratado.

V. Entre las dos potencias se negociará un tratado de comercio y navegacion, que fije definitivamente las relaciones mercantiles entre Francia y Portugal; y entre tanto se estipula: 1° que las comunicaciones se restablecerán inmediatamente despues del cange de las ratificaciones, y que las agencias y comisarias de comercio recobrarán por una y otra parte los derechos, inmunidades y prerogativas que disfrutaban antes de la guerra. 2° Que los ciudadanos y vasallos de las dos potencias gozarán igual y respectivamente en los estados de una y otra todos los derechos de que gozan los de las naciones mas favorecidas. 3° Que los frutos y géneros procedentes del territorio ó de las fábricas de cada uno de los dos estados se admitirán reciprocamente sin restriccion, y sin que puedan ser cargados con algun derecho con que no se cargare igualmente á los frutos y mercancías análogas introducidas por otras naciones. 4° Que los paños de Francia podrán desde luego entrar en Portugal sobre el pie de las mercancías mas favorecidas. 5° Que, por lo demas, todas las estipulaciones relativas al comercio, insertas en los tratados anteriores y no contrarias al actual, se cumplirán interinamente y hasta la conclusion del tratado definitivo de comercio.

VI. Las ratificaciones del presente tratado de paz se practicarán en Madrid en el término de veinte dias á mas tardar.

Hecho doble en Madrid el 29 de setiembre de 1801.

Firmado : Luciano Bonaparte.
Cipriano Bibeyro Freyre.

FIN DE LOS DOCUMENTOS DEL TOMO TERCERO.

INDICE DE LOS CAPITULOS

CONTENIDOS

EN EL TERCER VOLUMEN.

Página

CAPITULO I. Breve reseña de los trabajos de la Europa en los dias de la dominacion de Bonaparte. — Recuerdos de aquel tiempo acerca de la España............................ 1

CAP. II. De algunos sucesos que precedieron á mi nueva entrada en el servicio de la corona.—Ocurrencias desagradables de la corte con el nuncio apostólico. — Mis oficios en favor suyo. — Asunto de la Toscana............................ 11

CAP. III. Continuacion del mismo asunto................. 22

CAP. IV. Incidente penoso sobre las cuestiones de disciplina eclesiástica agitadas en España mientras la vacante de la silla romana. — Carta al rey del nuevo pontífice Pio VII. — Caida del primer ministro interino don Mariano Luis de Urquijo. — Oficios que de órden del rey practiqué con el nuncio apostólico para tranquilizar al papa y cortar las desavenencias ocurridas. — Recepcion de la bula *Auctorem Fidei*. — Intrigas y manejos del ministro Caballero. — Nombramiento de don Pedro Ceballos para el ministerio de estado........................ 47

CAP. V. De la guerra de Portugal en 1801................ 64

CAP. VI. Continuacion del anterior. — Triunfos de nuestras armas. — Paz de Badajoz entre España y Portugal. — Cuestiones penosas acerca de esta paz con Bonaparte. — Nuestra firmeza en sostenerla y en impedir hostilidades nuevas de parte de la Francia. — Avenimiento definitivo del primer cónsul. — Paz de Francia y Portugal. — Gestiones eficaces y perentorias de nuestra parte para la retirada de las tropas francesas. — Partida de estas. — Observaciones sobre nuestra guerra de Portugal............. 80

CAP. VII. Partida de los infantes don Luis y doña María Luisa para Italia. — Su paso por Paris. — Fiestas que les fueron dadas. — Ideas y motivos que dirigian la conducta de Bonaparte. — Inauguracion pacifica de los infantes en el trono de Toscana...... 110

INDICE DE LOS CAPITULOS.

Página

Cap. VIII. Encargo especial que me fué confiado por el rey para una nueva organizacion de los ejércitos de mar y tierra. — Persecuciones suscitadas y dirigidas bajo mano por el ministro Caballero so pretexto de opiniones religiosas y políticas. — Graves turbaciones ocurridas en Valencia. — Pronta y feliz pacificacion de aquel reino á que logré dar cima sin emplear la fuerza ni apelar á los rigores. — Nuevos esfuerzos para alentar los progresos de las ciencias y las artes. — Operaciones de hacienda con respecto al crédito público en el año de 1801.................................. 122

Cap. IX. De la paz de Amiens, y de la paces generales de la Europa. — Breve ojeada sobre aquel resultado político, comparativamente entre la España y las demas naciones vecinas de la Francia.... 142

Cap. X. Intrigas con que Bonaparte intentó enredarnos en los negocios de Malta. — Mi parecer sobre el modo de evadirlas adoptado por el rey. — Incorporacion á la corona de las lenguas y asambleas españolas de la órden militar de San Juan de Jerusalem. — Expedicion francesa de Santo Domingo. — Pretensiones de Bonaparte con Cárlos IV para que le ayudase en ella con fuerzas terrestres y marítimas. — Excusas que le fueron hechas, y manera decorosa con que fué templada nuestra negativa................... 152

Cap. XI. Desposorios del príncipe de Asturias con la princesa napolitana Doña María Antonia, y del príncipe heredero de Nápoles con nuestra infanta Doña María Isabel. — Mis consejos dados al rey sobre diferir las bodas del príncipe de Asturias hasta completar su educacion y buscar nuevos medios para ella. — Fiestas y regocijos de los pueblos............................ 160

Cap. XII. De mi repulsa á una pretension de Bonaparte solicitando que Cárlos IV propusiese al conde de Provenza y demas príncipes franceses la renuncia de sus derechos, bajo ciertas condiciones. — Disputas ocurridas mas adelante con el embajador frances en materia de noticias políticas y periódicos. — Una ligera observacion al conde de Toreno........................... 169

Cap. XIII. Operaciones de la comision gubernativa del consejo en los negocios del crédito público correspondientes al año de 1802. — Hacienda: creacion de las oficinas de fomento. — Progresos de las artes y las ciencias. — Malas obras del ministro Caballero. 181

Cap. XIV. De las cuestiones suscitadas entre Francia y la Inglaterra sobre el cumplimiento del tratado de Amiens. — Dificultades de mi situacion en lo interior y lo exterior con respecto á los negocios del estado. — Política seguida por nuestro gabinete. — Ruptura de la paz entre Inglaterra y Francia. — Neutralidad de España. — Esfuerzos y sacrificios que fueron hechos para establecerla.. 200

Cap. XV. De la venta de la Lusiana por Bonaparte. — Detalles y observaciones sobre este acto del gobierno consular. — Curioso incidente en el tiempo del imperio sobre supuestas posesiones mias en el territorio de la Luisiana........................ 228

Cap. XVI. De la hacienda en 1803. — Nuevos favores y estímulos añadidos á la navegacion, la industria y el comercio. — Expediciones científicas y políticas acometidas en el mismo año. — Empresas de utilidad pública y de salud general. — Adelantos progresivos en ciencias, letras y artes............................ 247

Cap. XVII. De la América española bajo Cárlos IV. — Mis ideas acerca de la marcha que debia seguirse en el gobierno de ella. — Mis consejos al rey sobre una gran medida que habria podido conservar á la corona durante largo tiempo aquellas ricas posesiones: — Mis esfuerzos para hacerlas prosperar y conciliar sus intereses con los nuestros............................... 281

DOCUMENTOS.

I. Real decreto de 27 de febrero de 1801, declarando la guerra al Portugal... 311
II. Tratado de paz y amistad entre S. M. Católica el rey de España y S. A. Real el príncipe regente de Portugal y de los Algarbes, ajustado en Badajoz, y ratificado en la misma ciudad á 6 de julio de 1801... 315
III. Tratado de paz entre la república francesa y el reino de Portugal, celebrado en Madrid á 29 de setiembre de 1801......... 319

FIN DEL INDICE.

Lightning Source UK Ltd.
Milton Keynes UK
UKHW030937200721
387465UK00010B/1594